WAGNER PAR SES REVES

 *PSYCHOLOGIE ET SCIENCES HUMAINES*

Philippe Muller

WAGNER
par ses rêves

PIERRE MARDAGA, EDITEUR
2, GALERIE DES PRINCES, BRUXELLES

© Pierre Mardaga, éditeur
37, rue de la Province, 4020 Liège
2, Galerie des Princes, 1000 Bruxelles
D. 1981-0024-31

Croyez que l'homme est près du vrai,
lorsqu'il comprend ce qu'il rêvait.
Les Maîtres chanteurs, acte III, sc. 2.

DU MEME AUTEUR

De la psychologie à l'anthropologie, La Baconnière, Neuchâtel, 1946.
Itinéraire philosophique, La Baconnière, Neuchâtel, 1956.
Le C.A.T., recherches sur le dynamisme enfantin, Huber, Berne, 1958.
(En collaboration avec Boss, Cardinet et Maire), *La Batterie générale d'aptitudes*, manuels et matériel, Delachaux et Niestlé, Neuchâtel, 1960.
Berufswahl in der rationalisierten Arbeitswelt, rde n° 133, Rowohlt, Reinbek, 1961 (traduction portugaise).
La psychologie dans le monde moderne, Dessart, Bruxelles, 1963 (4ᵉ édition, 1968, traduction anglaise, portugaise, allemande, hollandaise).
(En collaboration avec P. Silberer), *L'homme en situation industrielle*. Manuel de psychologie industrielle, Payot, Paris, 1968 (épuisé).
Les tâches de l'enfance, L'Univers des connaissances, Hachette, Paris (épuisé) (traduction allemande, italienne, hollandaise, espagnole, anglaise et japonaise), 1969.
Vingt ans de présence politique, La Baconnière, Neuchâtel, 1974.
Approches de l'homme contemporain, Messeiller, Neuchâtel, 1976.
Options philosophiques, Collection *La raison dialectique*, L'Age d'Homme, Lausanne, 1976.
Prévision et amour, I, Le discours un, Collection *La raison dialectique*, L'Age d'Homme, Lausanne, 1977.

Philippe Muller a dirigé à l'Université de Neuchâtel l'Institut de Psychologie, et y enseigne également la philosophie générale. Il anime le Centre d'Etudes hégéliennes et dialectiques, co-éditeur de la Collection *La raison dialectique* aux éditions de l'Age d'Homme, Lausanne.

Ce livre développe une conférence préparée pour le Cercle Wagner de Suisse romande (Genève). Il a été rendu possible par l'immense travail de détail assumé par ma femme. Mon collègue germaniste de l'Université de Neuchâtel, R. Zellweger, m'a assisté de ses conseils dans la mise au point de la version française des rêves, et mérite à tous égards le diplôme de 'wagnérien honoraire' qui lui a été remis lors d'une récente manifestation officielle. L'idée de départ de l'exposé qu'on va lire découle d'entretiens animés avec Ernesto Grassi, professeur honoraire de l'Université de Munich. Il voudra bien accepter la dédicace de ce livre.

Ph. Muller

A Ernesto Grassi

Première partie
Introduction : L'œuvre, ou l'homme ?

'S'il y a une chose que j'aie apprise au cours de mon existence, c'est que le public ne sait pas toujours ce qu'il en est des œuvres et des poèmes, mais il est très rare qu'il sache ce qu'il en est du créateur et du poète', écrit Goethe à von Reinhard le 22 juin 1808. La critique a varié sur l'importance qu'il faut accorder à l'homme pour mieux approcher l'œuvre. Pour notre compte, nous ne croirons pas avoir dominé l'interprétation de Wagner en étudiant un aspect de son existence, sa vie nocturne des rêves, mais peut-être aura-t-on éclairé finalement davantage encore sa création que sa personnalité.

Goethe, Wagner, Thomas Mann, ces trois sommets de la culture allemande s'associent désormais étroitement dans notre conscience moderne. Leurs œuvres s'appellent et se répondent. *Faust* libère Wagner du réalisme historique dans lequel l'opéra s'engourdissait. L'*Anneau du Nibelung* va jeter le *Docteur Faustus* dans sa quête de la signification. Mais d'autres analogies rapprochent les trois hommes. Ils se sont eux-mêmes exposés dans leur intimité, par la récupération de leur époque dans leur autobiographie ou leurs écrits personnels. Ils nous accueillent fraternellement dans leur propre dédale. Ils ont aussi toujours porté dans les heures de la veille le souvenir et la hantise des heures de la nuit, et le rêve joue chez chacun des trois un rôle de stimulation et de préparation qui lui confère une signification bien au-delà de l'intérêt clinique qu'un psychologue peut prendre aux fantasmes de son patient.

Sans le *Journal* de Cosima Wagner, enfin paru dans son intégralité (Piper Vg, Munich, I, 1976 et II, 1977) et aussitôt traduit dans les diverses langues de la culture occidentale, on n'aurait guère osé que des généralités sur le rêve chez Wagner, à partir du rôle qu'il joue dans ses grands opéras de la maturité, ou de ce qu'il lui arrive d'en dire dans *Ma vie* (ML). Mais Cosima a noté les rêves que Richard lui a racontés, et voilà 421 rêves à notre disposition, depuis janvier 1869 à la veille de la mort de Wagner, le 13 février 1883, à Venise. C'est un des plus vastes 'corpus' de rêves dont nous disposions, malgré les séries impressionnantes sur lesquelles travaillait Jung ou que les chercheurs contemporains ont élaborées dans les expériences des laboratoires spécialisés dans l'étude du sommeil. Nous verrons toute la différence qui sépare cette série-là des rêves enchaînés dans la psychothérapie freudienne ou la psychanalyse de toute observance. Pour l'heure, nous soulignerons seulement qu'elle provient d'un des hommes les plus imaginatifs du siècle passé, qui règne encore sur notre vie intérieure par les prestiges de ses songes musicaux, et qui a fait noter ses rêves dans le prolongement de son activité créatrice et non dans la situation très particulière d'un traitement ou d'une consultation psychique.

Nous commencerons par retracer succinctement les grandes étapes de la carrière de Wagner, marquées chacune par la présence d'une femme 'directrice', afin de replacer les rêves dans leur cadrage existentiel. Nous serons ainsi guidés vers la troisième compagne de Wagner, cette princesse Cosima sans laquelle il serait sans doute resté dans les mortes possibilités de l'histoire de l'art. Nous passerons en revue les circonstances dans lesquelles elle note au jour le jour tout ce qui concerne Richard, et le groupe familial, ainsi que les relations avec l'extérieur et les accomplissements publics. Cela nous sensibilisera aux diverses censures qui trient les rêves effectivement rêvés, et ramènent les quelque vingt mille rêves possibles aux quatre cent vingt et un que nous étudierons.

Nous répartirons ces rêves par année, pour mieux comprendre les lacunes de notre corpus et leur signification, nous les rangerons ensuite en diverses catégories; en passant, nous justifierons la manière dont nous les avons cotés. Nous en choisirons quelques-uns parmi les plus typés pour préparer le lecteur à la lecture complète. Cela nous aura acheminé vers le problème central de toute approche du rêve, celui de l'interprétation. Wagner et sa femme ont leur propre théorie du rêve, et elle entre pour une part, comme un filtre, dans le contenu noté. Nous rencontrerons, pour l'écarter, la tentation de l'interprétation freudienne. Au contraire, certaines approches modernes, plus contrôlées et fondées, nous donneront certains moyens nouveaux qu'il vaudra la peine de mettre en œuvre sur quelques-uns de nos rêves : French, Angyal, Erikson/Jones. Mais tout cela n'aura que mieux mis en valeur la surprise de tout lecteur attentif des *Journaux* de Cosima, le nombre proprement bouleversant des rêves où R. la voit le quitter. Nous touchons là à un mystère de la personnalité et de l'œuvre de R. Wagner et nous verrons qu'on ne peut ni l'éviter, ni l'épuiser, et que c'est sans doute par une convergence d'approches, une 'surdétermination' et un respect grandissant pour Cosima que nous parviendrons à le comprendre un peu.

L'homme nous ramènera à l'œuvre, aux œuvres dans la lignée desquelles il a inscrit les siennes, mais nous aurons appris à discerner la part déterminante que Cosima, précisément elle, a prise dans cette 'institutionalisation' de la gloire.

A. Wagner et ses trois femmes 'directrices'

Il serait presque impossible d'écrire aujourd'hui, sans présomption et sans doute beaucoup d'outrecuidance, un livre sur Wagner et les femmes, non pas dans l'œuvre, mais dans les méandres de sa biographie. Dans le rêve **354**, où il rêve de ses 'anciennes bien-aimées', il en fait une foule oppressante au point qu'il est tout soulagé d'être arrêté par les gendarmes, par erreur... On a 'treize soleils' dans le rêve **311**, qui renvoient sans doute aux figures féminines de sa vie (malgré Cosima, qui compte treize lettres dans son nom à lui). Mais la vérité plus vraie fait surface dans le rêve **398**, que je retranscris entièrement :

'R. a rêvé d'une nuit éclatante dans laquelle il découvrait trois planètes'.

Finalement, à part quelques allusions éparses à d'autres personnages féminins, ce sont trois figures qui dominent sa vie intérieure, Minna, Mathilde et Cosima.

Aa - Minna est l'épouse de la jeunesse et des tourments. C'est elle qui va présider pour Wagner au lancement de l'œuvre, à la conquête de soi, à l'approche de sa vérité propre, mais chacun des pas que Richard fait ainsi vers plus d'authenticité l'éloigne aussi davantage de sa première compagne. Il l'a rencontrée tout au début de sa carrière, alors qu'il était encore maître de chapelle et passait de scène en scène, dans les petites villes allemandes plus ambitieuses que bien équipées pour la musique ou l'opéra. Passons sur les anecdotes, les hasards de la rencontre, les premiers rapprochements, la tactique amoureuse singulière de Richard, qui se fait malade pour conquérir Minna par sa fibre maternelle, les déplacements, l'évasion hors de Riga, vers Londres hostile, vers Paris aux abords fermés, entrouverte par l'intercession de Meyerbeer. Le premier projet de Wagner, c'est de faire aussi bien que ce modèle de réussite, d'arriver à la gloire par l'opéra historique. *Rienzi*, de fait, lui ouvre les premières portes (1838, il a vingt-cinq ans). Mais le *Vaisseau* (1843) déroute le public qui venait de l'acclamer. Il rompt déjà avec le réalisme historique. Wagner se sert de moyens oniriques (c'est-à-dire 'impossibles', incompatibles avec la réalité quotidiennement vécue), et Minna commence à douter. Le salut de son compagnon par l'amour oblatif? Cela dépasse ses forces. Elle ne demandait que la sécurité, que l'aise comparable à celle qu'on pouvait espérer dans le monde du spectacle d'alors, sans être pour autant une grande vedette, bref ce qu'elle aurait sans doute obtenu d'elle-même sans Richard. *Tannhäuser*, avec son écartèlement de l'amour entre celui qui sauve, l'amour de la pure Elisabeth, et celui qui damne, rapporté à la Vénus possessive des païens, la quête de l'unité, de l'identité personnelle, toute cette nouvelle anthropologie dépasse ce qu'elle comprend, mais aussi ce que le public, avec elle, est disposé à accepter. On sait par une lettre du médecin de Minna, Pusinelli, d'octobre 1859, que les relations intimes du couple se terminent à peu près à ce moment. Richard écrira à Minna :

'Comme c'est merveilleux d'être maintenant 'le vieux Richard' [34 ans...] 'la vieille Minna [elle en a 38, mais elle vieillit précocement en raison de sa santé chancelante]'.

Lohengrin n'arrange rien, avec sa quête de l'identité malgré la traîtrise et la faiblesse de la femme. Et les bousculades de l'échauffourée de Dresde (mai 1849), la part que Richard y prend et qui vont le faire bannir, sous menace de mort, le renoncement aux sécurités durement gagnées, creuseront l'écart entre les époux, qui, désormais, dérivent loin l'un de l'autre inexorablement. La liquidation de l'union n'est retardée que par le souci de Richard pour la santé constamment compromise de Minna, mais, à toutes fins utiles, il se trouve lâché dans la jungle amoureuse, une fois de plus.

Ab - Mathilde Wesendonk préside aux années de l'exil et des errances, jusqu'à la rencontre fatidique de 1864, celle de Louis II de Bavière. Certes, il n'y a pas tout de suite l'intimité de Tristan et d'Iseult, mais Wagner accède désormais à lui-même, et cette accession aura le visage de Mathilde quand il la rencontrera. Il se met au clair avec lui-même, en écrivant fébrilement ses premiers grands écrits théoriques, tout brûlants encore du feu des barricades, et de ses lectures de Paris (en juin 1849), *De la propriété* de Proudhon et *L'histoire des Girondins* de Lamartine. En fin juillet, c'est l'*Art et la Révolution*, en fin novembre, l'*Œuvre d'art de l'avenir* (qu'il dédie à Feuerbach dont il vient de lire des œuvres). Il tourne autour de ce qui deviendra bientôt le cycle du Nibelung (l'*Anneau*), s'en échappe pour son ouvrage théorique décisif, *Opéra et drame*, rédige d'un trait en trois semaines, en juin 1851, le livret du *Jeune Siegfried*; il note le thème de la chevauchée des Walkyries le 2 juillet, il a élaboré le projet complet de la Tétralogie en octobre, et se met à la rédaction des parties en partant de la fin. Le coup d'Etat de Napoléon III éloigne l'espoir d'une révolution en Europe, et convertit Wagner à l'action intérieure et esthétique. Il soupèse la possibilité de passer aux Etats-Unis. Il voyage, il se sent de plus en plus solitaire et aride (G-D, p. 102)[1], il achève pourtant le script de l'*Anneau*, qui a sa forme définitive dès décembre 1852. C'est en février que Wagner avait été pour la première fois face à face avec Mathilde; les relations restent d'abord distantes, et centrées sur les affaires (c'est Otto Wesendonk qui commandite les artistes du 'premier festival Wagner', à Zurich, les 18, 20 et 22 mai 1853). Mais ce mois encore, Wagner compose une polka pour Mathilde, un mois plus tard, une sonate. On en est aux hésitations et aux préludes. Wagner travaille à ses partitions, esquisse son *Tristan* en décembre 1855, avant même l'épisode de l'Asyl, cette maisonnette que les Wesendonk mettent à sa disposition en avril 1857, et où se nouera et se dénouera le lien de Tristan et d'Iseult. Minna reste maîtresse du terrain, mais la rupture avec Mathilde est désormais consommée (avril-mai 1858). On liquide. Wagner se reprendra à Venise, où il s'isole pour achever la composition de *Tristan et d'Iseult* (août 1858). Il en est chassé par la police autrichienne en février, et commence ce que G-D appelle 'les nouvelles errances' (1859-1863). Il termine *Tristan* le 6 août, se rend à Paris avec l'espoir d'y faire représenter *Tannhäuser*, y donne des concerts qui recrutent ses premiers partisans français (dont Baudelaire). La cour impériale donne l'ordre de monter *Tannhäuser*, qui sera le four scandaleux du siècle (il tombe sous les sifflets à roulettes de ces Messieurs du Jockey Club, dépités de n'avoir pas de ballet au deuxième acte). D'où de nouveaux départs, de nouveaux faux espoirs, de nouvelles dettes, la recherche d'autres appuis, et, dans les

---

[1] Pour les abréviations, voir la bibliographie p. 57.

interstices, la mise en chantier des *Maîtres chanteurs* dont Wagner lit le livret terminé le 5 février 1862, chez les éditeurs Schott, en présence d'un Peter Cornelius venu spécialement de Vienne à Mayence (G-D, p. 157). Cosima est maintenant plus proche. Elle avait déjà fait une apparition, avec son mari Hans von Bülow, dans les années de Zurich, mais quelque chose se noue entre elle et Richard, en août, lorsqu'ils voient à trois le *Torquato Tasso* de Goethe à Francfort. Wagner rôde sur la carte d'Europe, il est à Vienne pour des concerts à la fin de 1862 et en 1863, il pousse jusqu'à Prague, en février il part pour St-Pétersbourg où il dirige jusqu'en mars, il est à Moscou en fin mars, revient à St-Pétersbourg, repart pour Vienne, saute jusqu'à Budapest pour un concert ou deux, gagne des honoraires, les dépense aussitôt, fait des dettes, vend deux ou trois fois ses manuscrits ou ses œuvres encore à faire, bref, il s'exténue, s'enfonce, se désespère, se perd de plus en plus. Il s'échappe de Vienne pour éviter une contrainte par corps (23 mars 1864), passe par Munich où il voit dans une vitrine le portrait du nouveau roi (Louis II), se réfugie à Stuttgart ('je suis à bout, impossible d'aller plus loin' dit-il à un ami venu le rejoindre), et c'est là qu'il est atteint par le miracle, l'envoyé de Louis II (il terminera ML par une phrase qui clôt toute une période de sa vie et en inaugure une nouvelle: 'sous la protection de mon auguste ami, le fardeau des vulgaires misères de l'existence ne devait plus jamais me toucher' G-D, p. 176). Mais ce 'miracle' est double, Cosima est désormais invisiblement présente, et l'entente sera scellée à Starnberg en juillet 1864 (Richard aime employer le terme de 'miracle' pour désigner Cosima, cf. rêve 25).

Ac - On a souvent noté que toute l'œuvre de Wagner est faite au moment où Cosima intervient. Les œuvres existent toutes, soit déjà terminées et présentes sur les scènes européennes, soit rédigées en livret, soit encore, pour *Parsifal*, ébauchées au point d'avoir déjà une existence fantomatique. Mais Wagner, même avec l'appui du roi de Bavière, n'est encore qu'un torse à la Michel-Ange. L'œuvre principale est arrêtée en pleine orchestration (l'*Anneau* ne va que jusqu'à l'acte II de *Siegfried*). Certes, les grandes innovations musicales datent de *Tristan*, mais le Prélude de Parsifal ou l'Idylle n'existent pas encore. On ne peut qu'imaginer ce que serait Wagner sans Bayreuth, sans *Parsifal*, sans l'*Anneau* au complet, sans *Mein Leben*. Et, désormais, sans le *Journal* de Cosima. Dès que le couple se consolide, par l'arrivée encore clandestine de Cosima à Tribschen, en novembre 1868, elle fait le plan de ses notes journalières, et s'y tiendra avec une opiniâtreté exemplaire du 1er janvier 1869 à la mort de Richard, le 13 février 1883.

B. L'établissement du 'corpus' des rêves

Le journal n'a pas été institué (car c'est une institution conjugale : quand Cosima ne parvient pas à tenir la plume, Richard la reprend de ses doigts, et c'est une des filles qui transcrira les dernières entrées, lors de la mort) pour noter les rêves, et du reste, il ne commence pas directement par eux. Cosima le dédie à Siegfried (ou plutôt à l'enfant encore inconnu qu'elle porte en son sein, et qui naîtra en juin 1869), comme un témoignage de ce qu'a été l'amour qui l'a créé, pour le protéger aussi contre tout doute sur sa mère, le convaincre de sa dévotion totale à Richard, et la disculper d'avoir quitté son premier mari pour se faire la 'servante maîtresse' de celui qu'ils avaient admiré ensemble. Elle va tout noter d'important et de moins important, dans les méandres de la vie quotidienne : comment commence la journée, ce qu'elle fait, ce qu'il fait, les sorties en commun ou séparées, les amis reçus, les correspondances, les espoirs et les déceptions, les entretiens (Dieu, qu'ils auront de choses à se dire, généralement sur le mode du 'prononcé', en fonction d'une culture plus en extension qu'en profondeur, qui irritera Newman et Gutman, mais qui permet à Cosima d'élever ses enfants jusque tard dans leur âge scolaire, en français, en histoire, en littérature, en anglais et en italien).

Dans ces deux mille cent pages de chronique familiale, l'étranger que le lecteur d'aujourd'hui est inévitablement décèle presque autant de silences que d'informations. Cosima est une victorienne, elle en a les réticences et les préjugés. Le couple mettra de côté des nouvelles de Cervantès jugées trop audacieuses. Cosima ne laisse rien transparaître (ou si peu) de l'intimité véritable. On devine que les époux ne font pas chambre commune; elle n'en parle pas parce que cela ne ressort pas fortement sur la grisaille quotidienne, mais on pressent que cela n'est pas sans importance pour comprendre le ménage. On saisit des soupirs, des retraits (elle se dit mûre pour la vie monastique, elle parle d'élans trop impétueux de Richard), surtout elle vit sa culpabilité à l'égard de Hans comme l'interdiction, désormais, de s'épanouir dans sa chair.

L'accent va porter sur le bien-être, ou sur les malaises corporels : c'est tout naturel, quand elle est une jeune femme (née en 1837, le jour de Noël, elle a vingt-sept ans quand elle s'engage à l'égard de Richard, trente et un quand elle a de lui son dernier enfant, elle aura juste eu quarante-cinq ans quand il meurt, et elle lui survivra quarante-sept ans) et que lui aborde les jours de sa mort (il fêtera son soixantième anniversaire à Bayreuth, il mourra avant le soixante-dixième).

Les notations qu'elle entre dans son *Journal* laissent comprendre qu'elle a d'avance organisé la vie quotidienne comme un ensemble de rites. Tout est désormais suspendu au travail de Richard. Il lui faut une retraite: c'est elle qui reçoit et qui se charge de la correspondance. Elle tient école, de sorte que les enfants en tout cas ne dérangent jamais. Elle fait les comptes: lui peut dépenser. Il a besoin de souffler: elle se tient prête à l'accueillir, ils prennent le thé, ils sortent un moment, ils reviennent, souvent séparés, elle dans la hâte de retrouver les enfants et le ménage, lui dans les flâneries chez les antiquaires ou les libraires, et l'arrêt à la brasserie bavarde.

Le soir, Richard joue (il n'a jamais été un bon pianiste, mais sait se faire entendre, il chante tous les registres de ses personnages), ou lit; Cosima se met au piano (rarement, trop rarement pour l'une de celles qui aurait pu être une des grandes concertistes de son époque, dans le sillage de son père, Liszt). Mais surtout on lit, presque toujours à haute voix.

L'ampleur des références, et leur diversité, stupéfie. Prenons trois repères, la première année, 1869, à Tribschen, l'année de l'installation à Bayreuth, 1872, la dernière année italienne avant *Parsifal*, 1881. En 1869, vingt-six auteurs sont cités, parmi lesquels Schiller (pour la trilogie de *Wallenstein*, la *Conjuration de Fiesque*, les poèmes), l'*Iliade* et l'*Odyssée*, les contes de Grimm, des pièces de Lessing, huit drames de Shakespeare, Goethe bien sûr, avec la *Correspondance* et les *Années de voyage* de Wilhelm Meister, trois pièces de Calderon, les sonnets de Pétrarque, *Don Quichotte*, l'éthique de Schopenhauer (qui restera un familier des entretiens, et des monologues de Richard), certains dialogues de Platon, W. von Eschenbach, les *Entretiens* de Goethe et d'Eckermann, (sur lesquels Cosima modèle visiblement ses notations quotidiennes), une tragédie de Sophocle, le roman de Sterne, *Tristam Shandy*. Un regard sur les rêves notés en 1869 ne révèle pas de passage simple de ces lectures à l'interprétation, mais c'est peut-être parce que nous n'avons pas entièrement les moyens de retrouver exactement les passages lus ou discutés, et de comprendre comment Richard les utilise comme 'résidus de veille' pour en construire l'image du rêve.

En 1872, autres rivages culturels: il y a davantage de Grecs, et davantage aussi d'auteurs historiques. On relève, notamment, un des ouvrages mineurs de Xénophon, l'*Orestie* d'Eschyle, deux pièces d'Euripide, les *Lettres* de Platon, l'ouvrage de J. Burckhardt sur la *Renaissance en Italie*, peut-être suggéré par Nietzsche, toujours Shakespeare, Darwin, Goethe et ses deux *Faust*, encore Schopenhauer, l'*Histoire de Venise* (Daru), des contes hindous, des recueils de légendes irlandaises du XIVe siècle, la biographie de Garrick, des livres sur le moyen-âge et l'histoire du christianisme.

En 1881 enfin, un retour à Schiller (de nouveau le *Fiesco*), Aristophane, Goethe (toujours *Faust*, mais aussi *Hermann et Dorothée*), un livre sur Sappho, un livre de Renan sur Marc-Aurèle, la correspondance de Talleyrand, suivant des lectures diverses sur les Indes, faites à Bayreuth dans les mois précédents. On joue beaucoup de musique, passablement de Mozart et de Beethoven, du Weber, une incursion dans Schubert (qui n'a guère la cote), Chopin, Liszt ou dans les opéras d'Auber.

Tel est le contexte dans lequel Cosima s'isole (à peine) pour son pensum quotidien de la chronique familiale. Les rêves apparaissent dans cette perspective comme l'un des thèmes permanents de ses cahiers, comme l'un des rites de la journée.

Rien d'étonnant, d'ailleurs, à cette promotion de l'imaginaire. Wagner, à certains égards, est 'le rêve' incarné. Certes, le romantisme le porte et le guide, mais il va aussi le définir en retour par le rôle essentiel, révélateur, prophétique, rendant authentique tout ce qu'il touche, qu'il va conférer au rêve dans son œuvre.

La première des grandes réalisations wagnériennes, *Rienzi*, est déjà inscrite dans la perspective de l'impossible. La chronique dont le récit de Bulwer est tiré (c'est lui qui inspire à Wagner son scénario) présente bien Cola (Nicolas) comme un premier Don Quichotte, s'enflammant, par ses lectures d'auteurs anciens et de récits plus ou moins fabuleux, pour la grandeur de la Rome antique qu'il va chercher à relever. L'anecdote que Wagner imagine pour piéger ses personnages et les faire exprimer leur essentielle aspiration constitue une véritable tragédie romantique: l'amour d'Adriano Colonna (un noble) pour la sœur de Rienzi (un roturier) s'inscrit à contre-courant des réalités socio-économiques de la Rome médiévale, divise les nobles, brasse de façon nouvelle les cartes, unit les contraires, le peuple et les aristocrates, pour abattre le représentant de l'avenir et de la pureté impériale, jusqu'au moment où Rienzi et le couple d'amoureux périssent dans les flammes du palais incendié par la populace. Mais dans ce premier imbroglio, ce qui compte déjà, c'est la puissance organisatrice de l'imaginaire, cette aspiration de Rienzi à la grandeur impériale, placée dans le passé par les historiens, mais vigoureusement ressuscitée pour lui par son aspiration.

Rienzi oppose le rêve à la réalité comme l'illusion à la lourdeur, à la brutalité des choses. Le *Vaisseau* lui confère un rôle tout différent. C'est le rêve qui est la vérité plus vraie que le réel, son orientation secrète, sa révélation. Tout l'acte II repose sur lui. Senta et le Hollandais s'attirent l'un l'autre d'avance par leurs rêves, ils se connaissent en eux avant de se trouver face à face (Acte II, sc. 1: Mary à Senta: 'Passeras-tu ta vie entière, rêvant toujours d'un vieux portrait?' — Acte II, sc. 3: Le Hollandais: 'Tel en mes rêves me parlait à l'âme son doux visage gracieux'). Plus encore, dans la scène intermédiaire, Erik, le fiancé délaissé de Senta, anticipe par son rêve ce qui va s'accomplir sous nos yeux:

'Du haut d'un roc battu des vagues, j'étais assis, pensif et las,
Les vents mêlèrent leurs bruits aux voix des flots montant d'en bas!
Un noir vaisseau toucha la terre, voilure, vergues, rouge sang:
Deux hommes, l'un c'était père, marchaient tous deux venant vers moi.
(Senta: Et l'autre?)
Sombre vêtement, livide de teint, c'était bien lui.
(S: Ses sombres yeux!... — montrant le portrait —) le noir marin.
(S: Et moi?)
Alors, courant vers eux, tu vins pour saluer ton père;
Voyant au même instant l'autre homme, en hâte à ses genoux tu tombes, les presses d'une longue étreinte.
(S: M'a-t-il saisie?)
Oui, dans ses bras; et toi, tu t'es serrée à lui, baisant ses mains avec ardeur.
(S: Alors?)
En mer partis tous deux'. Acte II, sc. 2.

Dès le *Vaisseau*, Wagner introduit l'onirique dans les signifiants, diraient certains modernes: c'est dans les moyens scéniques déjà qu'il insinue de l'imaginaire, et qu'il va s'en servir pour reconduire l'âme à ses réalités propres, que le visible quotidien voile et masque. La première scène de *Tannhäuser*, surtout dans les mises en scène télévisées qui autorisent les obscurités et les contrastes de couleur, les diverses figures de l'amour entourant le grand lit où Vénus retient Tannhäuser, est un rêve stylisé, et, en même temps, la vérité d'une nouvelle présence au monde, par rapport à l'ascétisme médiéval et aux renoncements chrétiens, peut-être encore d'avance défiguré par le contraste.

Dans *Lohengrin*, le chevalier au cygne surgit du monde imaginaire du Graal (retenons bien qu'il est *le fils* de Parsifal, ce qui d'avance commande une certaine perspective dans l'approche de l'œuvre ultime), et une fois de plus, c'est du rêve que provient la vérité plus vraie, alors que le réel ne nous propose que des personnages d'ombre ou de médiocrité. L'*Anneau* rompt encore plus décidément avec l'historique, et sa mythologie entière, malgré ses enracinements dans des légendes germaniques, se présente comme le tissu imaginaire du réel, son essence et sa signification ultime. *Tristan et Iseult* ramène l'affrontement du couple à la confrontation de rêves et le texte de l'acte II, jouant sur le nocturne, mêle si intimement le rêve et la vérité que le réel s'écarte comme une mauvaise parodie de l'essentiel :

'Tristan: 'Par la porte de la mort où il (le philtre) a coulé pour moi,
Il m'a ouvert tout grand le royaume merveilleux de la nuit où je n'avais jamais veillé qu'en rêve' Acte II, sc. 2.

Le mot ultime se trouve dans les *Maîtres chanteurs* :

'Croyez que l'homme est près du vrai lorsqu'il comprend ce qu'il rêvait : notre œuvre et tout l'art des vers n'est rien qu'un songe interprété' Acte III, scène 2, paroles de H. Sachs, à bien des égards le porte-voix de Richard (au reste, le chant de Walther, qui va le sacrer 'maître', est un rêve présenté comme tel, et annonçant par l'Eve du paradis l'Eve de chair conquise comme prix).

C'est donc dans un climat propice que Richard racontera les rêves de ses nuits. S'il y a une déception, en première lecture, c'est que les rêves racontés sont bien moins 'oniriques' que les œuvres que nous venons d'évoquer rapidement et que la plupart, en apparence, pourraient avoir été rêvés par n'importe quel personnage du siècle passé. Pourtant, Schopenhauer, toujours à l'horizon pendant les dernières années que domine Cosima, avait relevé le rôle essentiel du rêve :

'S'installant dans le cours du sommeil, (le rêve) est l'état où la Volonté se manifeste directement, de même que dans la magie et le magnétisme, confirmant par là l'unité de la Volonté qui, au-delà des catégories, agit ainsi sans intermédiaire d'un individu à l'autre' *Essai sur les visions*, tr. citée par E.S., p. 199.

On peut donc penser que le fait de raconter les rêves, pour les époux, renouvelle et approfondit leur union. Ils y font même participer souvent les enfants, et le dernier rêve du corpus sera noté par l'aînée des filles (**421**). Pour le psychologue moderne (dont nous prendrons comme représentant RMJ) le rêve occupe entre vingt et vingt-cinq pour cent de nos heures de sommeil normal. C'est un état très spécial qu'on peut considérer comme une forme spécifique de conscience s'ajoutant à celle de la veille et à celle du sommeil dit profond, donc comme un mode constitutif de notre existence humaine, qu'on va diagnostiquer par dix traits :

'1. des mouvements oculaires rapides et conjugués, 2. un pattern d'ondes cérébrales (EEG) cortical désynchronisé à bas voltage spécifique, 3. une augmentation de la variabilité du rythme respiratoire, 4. et du rythme cardiaque (pouls), 5. une diminution du tonus musculaire, 6. une augmentation de la pression sanguine, 7. une haute température cérébrale ainsi qu'un haut taux métabolique, 8. une augmentation de la variabilité dans le seuil de réveil, 9. chez le mâle, une érection complète ou partielle et 10. l'apparition de rêves' RMJ, p. 1.

Sur une nuit 'normale' de huit heures de non-veille, le rêve occupe ainsi deux heures, par périodes intermittentes, environ toutes les deux heures, ou un peu moins. Généralement, les sujets qu'on réveille en laboratoire en racontent quatre à cinq par nuit. Dans la vie courante, on se souvient surtout du dernier rêve, celui qui précède immédiatement le réveil, mais quand on est attentif à sa vie intérieure, et qu'on la valorise comme le couple Wagner, il est assez fréquent de pouvoir rappeler deux ou trois périodes oniriques, souvent thématiquement voisines. Dans les quatorze années et deux mois sur lesquels s'étendent les notations du *Journal* on aurait eu plus de vingt mille rêves 'possibles'. Cosima en aura noté 421.

Notre corpus résulte donc d'une curieuse combinaison de productivité imaginative et de censures diverses. Certes, et tout d'abord, Richard n'a pas rappelé au réveil *tous* ses rêves (voir **233**). Comme tout un chacun, il en a oublié l'immense majorité. Souvent, il n'en retient plus que l'humeur d'ensemble, la tonalité généralement désagréable et nous noterons vingt et une fois Ten (pour: *tension*) désignant un 'simple' cauchemar, un mauvais rêve, une nuit pénible ou agitée.

De plus, Richard ne raconte pas tout. Il est rare qu'on surprenne des réticences délibérées, mais cela arrive:

'... puis il rêve que je viens le voir avec Eva, et il est hors de lui parce qu'il n'a pas les rêves convenables pour me recevoir'(7). Voir aussi **207**.

Ainsi, l'interlocutrice s'interpose, et l'on ne peut oublier que c'est par elle qu'on connaît les rêves. Cela ne diminue en rien la cruauté de certains rêves, notamment vers la fin, précisément cruels parce qu'ils ravivent ou exacerbent l'angoisse légitime de Cosima pour la santé de Richard. Mais une certaine sélection a déjà eu lieu et l'on perçoit par instants des suppressions dans le récit noté, des oublis un peu suspects.

La présence de Cosima a sans doute particulièrement atteint les rêves à contenu ouvertement sexuel: Richard les passe sous silence parce qu'il la sait jalouse et quelque peu prude, d'autant plus qu'ils ne la concernent pas directement comme tout au début (9) et (12) mais renvoient souvent à d'anciennes aventures sensuelles (ou présentées comme telles, sans participation affective, voir le rêve 36).

C. Survol du corpus

Une première approche, en apparence quantitative, montre que les rêves se répartissent très inégalement dans les quatorze années et deux mois qu'englobe le *Journal*. On en attendrait en moyenne un peu plus de vingt-neuf par an, et entre deux et trois par mois. On constate que les premières années sont moins fécondes, qu'après une année 'riche' (1874), les deux suivantes sont déficitaires (1876 et 1879) et que ce sont les dernières années qui finalement 'font' la moyenne.

Année	J	F	M	A	M	J	J	A	S	O	N	D	Total
1869	1	2	1	2	1	1	1	1	1	—	1	1	13
1870	1	2	—	1	—	—	—	1	2	4	1	—	12
1871	1	1	4	—	—	—	6	2	2	—	2	2	20
1872	2	2	2	3	2	2	1	2	4	—	2	4	26
1873	2	—	3	2	6	4	1	1	1	3	5	—	28
1874	3	3	3	2	5	3	3	2	3	2	3	3	35
1875	4	4	2	1	1	1	—	—	—	4	2	4	23
1876	3	1	1	—	1	1	—	—	—	2	—	—	9
1877	2	1	—	1	—	—	1	3	1	1	4	4	18
1878	5	2	4	4	2	7	5	4	5	8	9	9	64
1879	7	5	2	2	7	6	2	4	3	3	3	7	51
1880	3	2	3	6	3	1	3	7	3	5	3	3	42
1881	5	3	1	6	4	1	2	1	—	3	3	1	30
1882	2	4	2	1	2	5	3	—	5	8	3	4	39
1883	7	4	(+ 13 février)										11
											Total général		421

Un regard sur les événements biographiques explique en grande partie ces premières observations. La première lacune, en octobre 1869, semble accidentelle (de toute façon, Richard ne raconte guère qu'un rêve par mois cette première année du *Journal*): le temps est mauvais, Cosima a fort à faire avec les enfants, le dernier-né, à trois mois, passe par un moment pénible, Richard n'est pas bien non plus, et l'humeur générale est déprimée en raison des relations avec Louis II, qui s'obstine à faire jouer les premières pièces de l'*Anneau* sans le consentement de RW. Les lacunes de 1870 ne sont pas plus justifiées. En 1871, le couple est en voyage à travers l'Allemagne d'avril en fin juin, mais il n'y a guère de raison pour la lacune d'octobre; celle d'octobre 1872 correspond aux divers dérangements du rituel quotidien provoqué par l'installation à Bayreuth, encore provisoire pour le ménage. En février 1873, le rituel est également perturbé par les absences, au début du mois, pour des concerts à Berlin, et par les fatigues dont Richard se remet péniblement, à travers des insomnies (le 16 par exemple) qui ne cèdent que vers la fin du mois. En décembre, Richard s'absorbe dans la partition du *Crépuscule*, Cosima dans les préparatifs des fêtes, et le *Journal*, ce qui arrive rarement, regroupe plusieurs journées pour la même entrée (13-XII-1873). En revanche, les lacunes de 1875 correspondent, non pas à des malaises ou des périodes d'intense création, mais aux répétitions préparant l'année du premier Festival. Le couple est entièrement absorbé par les tracasseries qui en résultent. Ce sera pire en 1876, et les lacunes se placent aux moments de la plus intense vie sociale, suivis de décrochage et d'absence (Richard, soit n'a pas le temps de raconter ses rêves, soit les garde pour lui — l'année 1876 est précisément marquée par la présence de Judith Gautier à Bayreuth, dont nous parlerons encore). En mars 1877, RW met au net son livret de *Parsifal* (peut-être se confronte-t-il là avec les Filles-fleurs dont la dernière, Judith, a suscité en lui sans doute des notalgies qu'il n'avoue pas directement à Cosima). En mai, le couple est à Londres, dans des circonstances bouleversant le rituel quotidien, en juin, il se retrouve à Ems où Richard fait une cure. Depuis ce dernier mois, les rêves vont se presser dans les pages de Cosima, jusqu'à la nouvelle lacune de 1882, correspondant aux bousculades liées aux 'premières' de *Parsifal*.

Ces quelques indications nous sensibilisent à une cause de 'censure' supplémentaire: les rêves ne sont notés que quand la vie quotidienne s'y prête, ou qu'elle rapproche suffisamment les époux pour qu'ils aient le temps de s'épancher. De plus, on lit entre les lignes que la fréquence des rêves baisse quand Richard est en pleine orchestration. On retrouve des phénomènes de ce genre dans d'autres cas, signalés par des chercheurs sur les rêves. Le *travail* confronte le sujet au réel, il est une des formes de l'*accommodation* (Piaget), alors que le rêve renvoie à cette vie intense du sujet où il *assimile* en leur conférant sa marque, ses rencontres avec le monde extérieur (le symbole est le langage du rêve *aussi* pour cette raison-là). Il n'y a donc rien d'étonnant si notre corpus porte la trace, en creux, des périodes de travail intense.

L'approche thématique pose des problèmes considérables. De fait, il est difficile de ne pas l'inscrire d'avance dans une perspective déterminée, donc de la lier prématurément à un type d'interprétation. De plus, la subjectivité du 'cotateur' entre inévitablement dans la classification qu'il propose, et il faudrait, en bonne méthode, comparer plusieurs juges, et estimer la fidélité des jugements effectués. Mais sans trop s'embarrasser de ces difficultés, on peut en rester à un survol assez général, qui n'évite pas les doubles classifications, et qui va permettre un premier échantillonnage de notre corpus. Nous proposons les catégories suivantes, en laissant le lecteur, puisqu'il peut juger sur pièce en reprenant à son tour la catégorisation d'après notre seconde partie, corriger notre appréciation, ou lui en substituer une toute différente. Nous indiquons les catégories par ordre d'importance dans le corpus.

1. Cosima	fréquence totale : 139	rang parmi les catégories :	1
2. Frustration	54		2
3. Grand rêve	54		2
4. Famille (enfants, neveux-nièces)	46		4
5. Vanité et faveurs d'un roi	41		5
6. Minna	31		6
7. Cauchemar	31		6
8. Mort	25		8
9. Rivalité avec Liszt	20		9
10. Argent	16		10
11. Hans (von Bülow)	14		11
12. Renvoi à la parapsychologie	13		12
13. Juifs	12		13
14. Théorie du rêve, rêve ds le r.	11		14
15. Culpabilité, prison	10		15
16. Divers (thèmes dispersés)	9		16
17. Wesendonk	9		16
18. Dent (qui tombe, etc.)	5		18
19. Menaces	4		19

La présence de Cosima se manifeste tout au long des quatorze années. Elle est, dans un sens que nous allons préciser tout à l'heure, le souci principal de Richard. Nous la trouvons ou la devinons dans un peu moins du tiers exact de tous les rêves.

Viennent ensuite les frustrations. Sauf exception, nous classons dans cette rubrique les rêves qui ne concernent pas spécifiquement ses relations avec Cosima. Le premier que nous avons noté est le **51** :

'... il y avait encore une voiture qu'il ne pouvait rattrapper'.

Mais il y en a de saisissants, le **58** par exemple :

'... il a rêvé d'une représentation de *Tannhäuser* à Vienne, où Loulou et Boni devaient jouer un rôle, ce que l'on découvrait être impossible, et soudain, après le départ d'Elisabeth, une cavatine retentissait, dont il avait déjà remarqué qu'elle avait été intercalée dans la partition, qu'il avait supprimée, et qu'il entendait à nouveau ; muet de rage, il sautait sur la scène où il rencontrait sa belle-sœur Elise Wagner, qui lui disait : 'tout cela est bien joli !', tandis que lui, cherchant désespérément quelque chose à dire, finit par crier à haute et intelligible voix : 'espèce de cochon !' et se réveille à ce mot'[1].

La hantise du massacre d'une de ses œuvres revient à plusieurs reprises : c'est le *Vaisseau* que l'on défigure (**102**), *Tristan* auquel on ajoute un ballet et dont on modifie complètement le texte et la musique (**114**), derechef le *Vaisseau* qui est agrémenté d'un ballet de Servais (**161**), les *Maîtres chanteurs* (les membres de l'orchestre s'en vont à la queue leu leu, les chanteurs parlent plus qu'ils ne chantent (**191**), *Tannhäuser* encore, où, dans l'orchestre, manque la clarinette-basse, et même l'air de l'étoile du soir est dit et non chanté sans que le chef, Richter, ne semble s'en offusquer (**329**), *Lohengrin*, où les chanteurs ont oublié leur rôle (**373**). Les rêves enregistrés par Cosima ne concernent pas la Tétralogie : on sait à quel point, avant Bayreuth, la réalité avait dépassé toute fiction et avait failli durablement séparer Richard de son protecteur Louis II.

C'est encore le musicien, et lui seul, qui peut être affecté de trouver une tache d'encre sur une partition (**160**), ou de ne pas disposer de viande hâchée pour jouer un Prélude de Bach (**192**), de voir mal répondre un harmonium faussé par des esprits (**197**), de ne pas parvenir à jouer en 4/4 ce qui est à ¢ (**282**), de rater l'entrée d'un morceau de piano (**326**) alors que Cosima continue comme si de rien n'était.

---

[1] Profitons de ce rêve-là pour nous étonner du texte que l'on en fournit au lecteur français. Ce que nous rendons (correctement !) par 'cherchant désespérément quelque chose à dire' devient 'cherchant désespérément les toilettes' ...

Nous avons rangé dans la même catégorie les rêves où Richard ne trouve pas ses affaires pour rattraper Cosima (**77**), où on lui crève les yeux (**116**), où il est rabroué par le Roi de Prusse (**138**), où il ne trouve pas à boire ou à manger, où Nietzsche dit sur lui des choses perfides (**218**), où il ne parvient pas à retrouver le nom de Cosima (**317**).

Nous regroupons dans la rubrique des 'grands rêves' ceux qui nous proposent un récit un peu plus détaillé que les simples notations, les plus fréquentes, et qui comportent souvent des détails énigmatiques. Le premier qui soit rangé dans cette catégorie est le **11** : Cosima, traversant un pont avec lui, tombe à l'eau sans se faire trop mal, et cela suggère à R. de toujours porter sur lui des chaussures et des bas pour elle. Il s'en trouve dans toutes les périodes des années couvertes par le *Journal*. Le lecteur aura le plaisir de les découvrir dans les pages consacrées au corpus, et comme nous en retrouverons dans la section consacrée aux interprétations possibles, nous passons ici plus rapidement.

Il serait étonnant que RW n'ait pas introduit dans ses rêves la famille proche de lui, les deux filles de von Bülow, Daniéla et Blandine, celles qui porteront longtemps le même nom, mais qui sont déjà de Richard, Isolde et Eva, et surtout le dernier dans l'ordre des naissances, mais le premier dans les préoccupations et les aspirations des deux époux, Siegfried (Fidi). Ainsi, dans le rêve **55**, Fidi est plein de blessures au visage, dans le rêve **57**, Loldi (Isolde) mange l'ananas issu des camélias portés par le rosier à la tête de son lit, ou lui fait remarquer (**60**) l'âne qui s'enfonce dans l'étang voisin. Il arrive qu'on dérape vers les familles adjacentes, vers les neveux et nièces (**114**).

Les rêves de vanité surprennent Cosima, qui crédite Richard d'une complète absence de préoccupation de soi. Nous mettons ici le rêve où Richard se promène amicalement avec Goethe (**16**), où il s'entretient avec Bismarck vers la fin de la guerre avec la France (**76**), où il affronte le Roi de Prusse (il s'agit généralement de celui qui régnait au moment de l'échauffourée de Dresde, Frédéric-Guillaume IV, un personnage que la gauche européenne du temps n'avait guère apprécié, et qui figure peut-être pour RW le père 'non juif' dont il porte le nom, mais dont il n'est peut-être pas le fils biologique) ainsi dans les rêves **29, 65, 138** (il semble bien qu'il s'agisse là d'un de ses rêves familiers ou permanents, Richard nous en assure à l'occasion du rêve **385**). L'un de ces rêves de vanité a joué des tours aux traducteurs de la version française :

"R. a de nouveau des rêves de vanité; il était marié, pour la façade, avec une princesse, et tous les princes de la cour de Prusse étaient ses parents (nos traducteurs prennent 'pour la façade' pour le nom de famille de la princesse et l'appellent 'zum Schein'...)" (75).

Un des grands rêves de vanité concerne le pape (193), plusieurs l'Empereur Guillaume Ier, ou Moltke, Napoléon III et l'impératrice Eugénie, l'Empereur d'Autriche ou l'Empereur du Brésil (qui était à Bayreuth en 1876, et que l'on n'avait remarqué que parce qu'il avait indiqué, dans la fiche de l'hôtel, à la rubrique de la profession: 'empereur').

Les rêves qui mettent en scène Minna constituent un thème récurrent, dispersé tout au long des années dominées par Cosima. Généralement, elle donne mauvaise conscience à RW, elle en attend de l'argent, elle le dispute pour son retard (sans doute une femme, soupçonne-t-elle, non sans quelque raison, 376), mais il arrive qu'elle le protège d'un danger (103). Il la prend comme repoussoir, comme quelque chose d'assez menaçant et affreux pour l'extraire du sommeil dans lequel, sinon, il risquerait de se noyer.

Pas grand-chose à dire pour la catégorie suivante, qui concerne les cauchemars. Il est clair qu'un cardiaque comme Richard, poursuivi par divers maux supplémentaires, dont un érésipèle douloureux et récurrent, n'a guère joui d'un sommeil paisible, et il lui arrive souvent de hurler dans son rêve, de parler, de venir dans la chambre de Cosima pour s'assurer qu'elle est en sécurité. Cela donne à notre collection une tonalité quelque peu dépressive, qui ressort encore plus nettement des rêves de mort.

On en compte dès juillet 1872 (59), plus ou moins nets. Les recherches modernes sur le mourant et notamment sur les 'ressuscités' (ces personnes qui répondent au diagnostic clinique de décès mais qui 'reviennent' à eux après un moment de léthargie) incitent à ranger dans les rêves de mort quelques-uns de ceux que des interprétations analytiques prendraient pour symboliques. En voici des exemples :

'Il rêve d'une représentation de l'*Anneau* devant une assemblée de morts, Tausig, Gaspérini, sa sœur Louise, mais tous honteusement rendus méconnaissables' (170).

'(cette nuit, il a rêvé d'une masse d'individus qui pénétraient dans sa chambre, qu'il ne connaissait pas, mais qu'il voyait individuellement avec netteté)' (203).

Vers les derniers jours de Venise, ce sont presque toujours des personnes disparues qui figurent dans les images du rêve, sa mère, Johanna (**419**), Schopenhauer (**418**), Minna (**414**), Gobineau (**399**) et Herwegh (**400**). Parmi les plus saisissants:

> 'R. a rêvé qu'il partait en voyage, il me quittait très vite, l'heure du train pressait et je ne pouvais l'accompagner à cause du souci que je me faisais pour les enfants; ces adieux rapides le font pleurer, il va en courant jusqu'au pont, mais celui-ci n'est accessible qu'aux fiacres, il en cherche un, mais tous sont pleins de 'gros individus qui le regardent'; et il se dit alors avec désespoir que ce voyage n'est pas indispensable et il se réveille' (**149**)

ou bien:

> 'Depuis plusieurs jours, R. rêve de charmants paysages à travers lesquels il se promène, cette fois avec Rus qui, plein de poussière blanche dans les yeux, a quelque chose de fantomatique' (**158**) — Rus, un gros chien du ménage, est mort d'un arrêt du cœur quelques mois auparavant et semble hanter les Champs-Elysées.

Le thème de Liszt est curieusement ambigu, dans la vie de Richard comme dans ses rêves. Les deux hommes sont presque exactement contemporains (ce qui confère un relent d'inceste à la liaison, puis au mariage de Richard et de Cosima) et l'on peut s'attendre à une relation ambivalente de type fraternel. Mais à cela s'ajoutera le conflit secret, d'ordre esthétique, entre le novateur Richard et celui qui lui paraît au contraire reprendre et continuer une tradition qu'il récuse, et un autre conflit encore, entre celui qui cherchera longtemps reconnaissance et gloire, et celui qui jouit d'une réputation européenne plus par ses exécutions pianistiques que par ses compositions (qui restent pour nous seules, et qui en font, quoi qu'en ait pensé Richard, un étonnant précurseur). Les rêves reflètent cette ambivalence. Donnons un exemple de chaque nuance, et un exemple supplémentaire du conflit:

Négatif: 'R. s'est réveillé cette nuit en criant, il rêvait que mon père voulait le tuer avec un instrument de torture, je partais en le regardant froidement, car mon père m'ordonnait d'aller dans la pièce contiguë et de garder la porte' (**52**).

Positif, dix ans plus tard: 'je regardais de l'extérieur la fenêtre de ton père; il y avait un piano à la fenêtre, et agile comme je suis, je grimpais et je jouais à ton père quand il revenait le thème de Marguerite; dans la rue, étonné, il levait les yeux vers sa fenêtre; pour qu'il ne sache pas qui avait joué, je voulais repartir par la fenêtre, mais je trébuchai et me réveillai' (**377**).

Le conflit essentiel: 'R. a bien dormi, mais il a rêvé à nouveau que je voulais prendre mes affaires et partir avec mon père' (**251**).

On sait le ravage qu'a fait le besoin d'argent dans la vie de RW. Jusqu'en 1864, au moment où Louis II assure enfin sa vie matérielle, il n'a cessé de courir après la sécurité financière. Certes, il a des goûts dispendieux, et Brahms aura l'attention de mettre en circulation les lettres de sa couturière viennoise pour le déprécier sur un point sensible. On retrouvera l'argent dans les rêves. Il figure même parmi ce que RW appelle ses rêves permanents (**385**). De plus, il se croise avec les thèmes relatifs à Cosima, parce qu'elle incorpore pour lui l'aisance matérielle. C'est sans doute à cette lumière-là qu'il faut comprendre ses obsessions de n'avoir pas apporté à Minna l'argent dont elle a besoin. Mais en lui-même, le thème a bien assez de netteté pour n'avoir pas besoin de surdétermination:

'... et enfin un rêve qui revient fréquemment: une lettre de change est échue, elle n'est pas encaissée, et il ne pouvait pas payer son logement' (**64**).

'il a rêvé hier de sa mère, fardée et peinte, qui lui aménageait une splendide maison, et lui-même avait très peur parce qu'il ne lui avait pas donné l'argent nécessaire pour cela' (**147**).

"Ça' devait le réveiller, il rêvait qu'il devait être emprisonné pour dettes, qu'il était cité provisoirement, que toutes sortes de gens se moquaient de lui' (**237**).

Le thème de Hans (von Bülow) touchait chez Cosima une corde sensible. Elle était à la fois sûre de sa dévotion à Richard et de sa volonté de tout faire en son pouvoir pour qu'il crée, qu'il s'impose à son époque, et qu'il gagne la bataille de la postérité — et constamment minée par le remords d'avoir dû, pour Richard, quitter Hans, et lui infliger ainsi une blessure dont elle savait qu'il aurait la plus grande peine à jamais se relever. On se trouve ainsi dans un champ de tensions affectives qui vont se répercuter sur la vie onirique de Richard.

Un écho de la situation triangulaire: 'R. me raconte que nous étions brouillés, que Hans en était content, que lui, R., voulait partir, et que moi aussi je voulais le faire partir' (**37**).

'R. a rêvé que je baisais les pieds de Hans' et Cosima commente: 'comme il est étrange que le rêve de R. exprime ainsi de manière grotesque (ce qui s'est déjà produit assez souvent) mon propre état d'esprit que je peux résumer en disant que je ne cesse de penser avec humilité à ce que j'ai fait à Hans, et dont je me désole toujours, mais sans remords, car je sais et je sens ce qui m'y a poussée' (**66**).

L'ambivalence: 'Il n'a ... que des rêves agréables et émouvants au sujet de Hans' (288) et: 'il a rêvé que Hans se conduisait d'une manière violente' (152).

On a déjà noté ci-dessus que Cosima exprime à plusieurs reprises le sentiment d'être si proche de RW qu'ils n'ont pas besoin de parler pour penser aux mêmes choses ou aux mêmes personnes. Le renvoi à la parapsychologie (à la transmission de pensée ou à la perception extra-sensorielle) est confirmé par ce qu'en dit Schopenhauer.

Le thème du Juif est important dans la vie de RW. Les rêves précisent nettement qu'il a des raisons de se croire le fils de Geyer, voire qu'il en est resté persuadé malgré ses dénégations politiquement et idéologiquement intéressées, et l'on sait que Geyer passait pour juif, sinon de famille, au moins d'ascendance (le nom sonne 'juif' en Allemagne) du reste à tort. Plus tard, RW a l'appui de Meyerbeer (mais il le ressent comme ce qu'exprime l'adage de la corde qui soutient le pendu). Par la suite, en fonction de son compagnonnage avec Bakounine et Roeckel à Dresde, de ses expériences négatives avec le monde de l'argent, il va identifier le judaïsme avec le ver rongeur de notre culture occidentale, et, épaulé en cela par Cosima qui répercute et amplifie ses préventions, il se trouvera souvent sur la même longueur d'onde que le nazisme ultérieur (et réciproquement, Hitler sera conforté dans son antisémitisme par les prononcés de Wagner, qui a eu sur lui l'influence la plus profonde). Mais écoutons plutôt la voix nocturne:

'Il a de mauvaises nuits (il a rêvé de deux Juives qui le poursuivaient de leurs assiduités' (93) — difficile à décrypter, parce que sa mère n'a eu de Geyer, dans son second mariage, qu'une fille (Cécilie).

'Puis qu'il est entouré de Juifs qui deviennent de la vermine' (363) — assurément surdéterminé, parce que d'une part c'est bien ce que les Juifs sont devenus pour RW dès la rédaction finale de l'*Anneau*, au début des années cinquante, et parce que, d'autre part, la vermine apparaît souvent dans les rêves interprétés par les analystes comme symbole des frères et sœurs.

'R. s'endort, mais il est en proie aux pires cauchemars (des Juives se moquent de lui, etc.)' (278).

A ces rêves négatifs s'opposent des rêves tout différents, où l'identité même de Richard oscille entre lui-même et des figures juives, ou, pour lui, condensant l'essentiel de la 'judaïté' par exemple: 'puis il était plongé dans une réunion d'un grand synode juif et deux grands Juifs le recevaient respectueusement à la porte' (299).

Deux rêves concernent Mendelssohn (108) et (263). Il n'est pas sûr qu'il ne s'y identifie pas dans le premier des deux, parce que ce Mendelssohn qui ne veut plus écrire pour la Schröder-Devrient lui en veut pour en avoir été 'abandonné' (elle n'avait pas voulu chanter à son enterrement), et que Richard a certainement eu des relations intimes avec la fameuse 'chanteuse allemande'. Un rêve renvoie à Meyerbeer[1] avec lequel Richard se réconcilie aux applaudissements du public (308). Parmi les restants, deux retiennent l'attention:

- (143): 'R. a encore eu aujourd'hui un rêve comique échevelé. Il avait besoin de 4.000 thalers, et les cherchait chez des Juifs; l'un d'eux lui chantait, alors qu'ils traitaient de leur affaire, l'aria de la *Dame blanche* et R. ne pouvait s'empêcher de remarquer: il a indiscutablement une bonne voix de ténor:' On vérifie aisément que L. Geyer avait un agréable ténor, et qu'il aurait pu en tirer davantage s'il l'avait travaillé un peu;

- (193): un des grands rêves: 'R. n'a pas eu une bonne nuit, il a dû se lever une fois et me raconte son rêve: J'étais chez Pie IX, il me recevait amicalement dans une sorte de bureau, et me disait soudain: 'Vous devez quand même être un fort mauvais homme, un hérétique' — moi: 'Il y a bien des calomnies' — 'Non, non, je sais, vous êtes Russe?' — 'Ah! alors il s'agit de Rubinstein'. — Peut-être s'appelle-t-il Richard? — Ah! alors, c'est bien moi mais vous savez tous les mensonges que racontent les journaux' — 'Oh! je sais, je vois maintenant sur votre visage que vous êtes un homme honnête'. La suite nous concerne moins ici, mais on aura noté l'hésitation entre Richard et Rubinstein, qui est singulière après les pamphlets antisémites de Wagner et dans l'humeur générale de l'ambiance à Bayreuth.

Les autres catégories citées ci-dessus nous retiendront moins. Même les rêves concernant Mme Wesendonk sont sans doute, comme le récit de *Mein Leben*, adaptés à ce que Cosima pouvait accepter.

D. Choix de l'interprétation

'Je vais vous révéler le secret de ce qui touche au rêve, explique Joseph à l'échanson et au pannetier dont il partage la captivité: l'interprétation est antérieure au rêve, et nous rêvons déjà à partir de l'interprétation' dit quelque part Th. Mann dans *Joseph et ses frères*. Nous sommes ainsi d'abord renvoyés à la manière dont RW compre-

---

[1] Le 26-XI-1869, Cosima parle d'un portrait de R., qui lui est très désagréable: il y ressemble à Mendelssohn et à Meyerbeer.

naît le rêve, et ses rêves. Pour l'un des grands créateurs d'images de la littérature universelle (si l'on veut bien considérer l'opéra wagnérien comme un des genres de la 'poésie' en général), les rêves ne font que prolonger l'effervescence intérieure dont surgit l'œuvre d'art. En plus, les deux Wagner ont lu des auteurs de l'époque, comme Daumer.

Il s'agit là d'un très curieux écrivain coulé à pic après sa mort en 1875, qui a retenu transitoirement l'attention des Wagner pour son livre sur les esprits (*Le royaume des esprits* dans la foi, la représentation, la légende et la réalité, deux volumes parus à Leipzig en 1867) qu'ils lisent à Tribschen au début de 1869, ainsi que, plus tard, ses brochures sur Gaspar Hauser, dont Daumer avait été un instant l'éducateur. Gymnasien, il avait été à Nuremberg l'élève de Hegel, il se retrouvait plus tard professeur au même gymnase, mais, de santé fragile, il quittait l'enseignement pour se livrer entièrement à ses 'travaux'. Ils le conduisent à postuler une sorte d'élan incoercible de la vie, qui lance dans l'existence des formes toujours plus accomplies, et projette, au-delà de l'homme, un surhomme qui exprimerait mieux que nous l'essence des choses. Mais lui fait obstacle un élan tout aussi puissant, à l'œuvre dans l'histoire depuis les débuts, visant à la destruction et à la ruine. La guerre de Troie en est un premier nœud: les Grecs sont le côté lumineux et affirmatif, les Troyens les protagonistes de la Destrudo, et l'on retrouve tout au long de l'histoire le duel hugolien de la lumière contre l'ombre. C'est peut-être un des canevas sur lesquels travaille RW dans l'élaboration de l'*Anneau*. Pour ce qui nous intéresse ici, le rêve, comme l'existence des esprits, témoignent de l'affirmation de l'Elan vital, au-delà des limitations du corps et de son existence matérielle. Comme on retrouve des assertions comparables chez Schopenhauer, elle paraissent finalement aller d'elles-mêmes, et elles constituent une sorte d'horizon permanent aux rêves de RW.

Cependant, sauf pour le cas de Minna (29-XI-1872), cité du reste dans le prolongement d'une discussion des époux sur les rêves et les apparitions inspirées par Daumer, il ne semble pas que l'on puisse dériver une *interprétation* des rêves de la *théorie* du rêve proposée de concert par Daumer et par Schopenhauer (ci-dessus, p. 19). Il peut certes se produire que le rêve soit à ce point net dans ses paysages ou ses personnages qu'on songe à une perception extra-sensorielle, mais dans la grande majorité des cas, son imagerie ne peut s'expliquer par là, et nous sommes, comme les époux dans leurs entretiens quotidiens, renvoyés à d'autres principes d'interprétation.

On ne va pas très loin avec les préceptes des anciens onirologues, qui hantent la tradition: rêver de dents qui tombent annoncent un événement grave ou douloureux (33: un rêve de ce genre coïncide avec l'annonce de la mort de Tausig); il faut généralement aller du contraire au contraire et autres symbolismes que nous ressentons aujourd'hui comme naïfs.

D.1. *L'interprétation analytique*

Notre conscience moderne a été profondément marquée par Freud, et il semble tout naturel de chercher dans cette direction la clef des rêves de Wagner. En principe, le rêve est l'accomplissement d'un désir, mais si le rêveur ne se comprend pas lui-même, c'est que le désir est inintelligible à la conscience éveillée parce qu'il est infantile, renvoyant à des moments de notre développement que nous avons écartés de la mémoire pour sauvegarder notre (bonne) conscience de nous-mêmes. Ce désir infantile fournit le contenu latent, celui qui se cache derrière les images du rêve, constituant, elles, le contenu manifeste. Elles en sont des *symboles*. La compréhension du symbolisme du rêve va donc nous permettre de passer du rêve raconté à ce qui l'a provoqué dans l'âme du rêveur; elle est véritablement constitutive de l'approche freudienne.

Cependant, le passage du contenu manifeste au contenu latent, du récit ou des images du rêve à leur 'signification' par le déchiffrement du symbolisme, ne peut se faire par un décodage rigide, en fonction d'une 'clef des rêves' simplement un peu plus moderne que celles de la tradition. Les images fonctionnant comme symboles sont choisies par le rêveur en fonction de sa propre histoire, et le même objet, rêvé par deux personnes séparées, aura des significations différentes. Ce qui établit la 'signification', c'est l'entretien de l'analyste et de son patient, ce sont les associations 'libres' livrées par ce dernier. D'où les 'rêves' classiques qui apparaissent chez Freud, dans l'IR, ou dans d'autres de ses œuvres, ou qui servent de point de départ aux exposés orthodoxes. On a trop oublié le gros livre de W. Stekel sur le langage du rêve: les 594 rêves qu'il décrypte constituent une anthologie sans pareille, et l'on ne cesse d'y confirmer l'importance de l'intervention dirigée du rêveur. Freud reproche cependant à Stekel, dans la dernière édition de l'IR, de faire trop confiance à une sorte de symbolisme universel, qui ouvrirait l'énigme de tous les rêves indépendamment de l'insertion des images dans la biographie individuelle. Le reproche n'est guère fondé, mais il restreint encore la validité des 'principes et des équations symboliques' que Stekel nous suggère pour ramasser l'essentiel de l'approche analytique des rêves.

- la symbolique du rêve est principalement d'ordre sexuel (ST, p. 12). Ce 'principe' domine dans le décryptage analytique. Il n'est pas facile à appliquer à notre corpus, en l'absence d'associations bien nettes. Malgré l'abondance des documents autobiographiques et biographiques dans le cas de RW, et le soin que l'on prend pour élucider les correspondances, on se trouve finalement devant bien plus d'énigmes sans solution que de rapprochements plausibles. Prenons le rêve **56**:

'R. rêve d'une pièce où il était obligé d'entrer, et où on avait accroché un écriteau: «Ici on parle français», puis de Betz et de Niemann avec lesquels il se disputait'.

De nombreux rêves, dans les ouvrages psychanalytiques, renvoient à des chambres dans lesquelles le rêveur doit pénétrer, et généralement, les associations de l'intéressé laissent supposer que la chambre renvoie au corps féminin dont l'archétype est celui de la mère. On retrouverait dans le rêve de Richard en premier niveau Cosima, présente en raison de l'indication 'ici on parle français', et aussi parce qu'elle est l'épouse 'obligée'. Betz a été le Wotan dans les représentations de 1869, faites contre le gré de RW, et il a dit souvent que Wotan le représenterait le mieux parmi ses personnages. C'est donc un personnage paternel, ambivalent, ainsi que Niemann, le ténor du *Tannhäuser* de Paris. On aurait donc un condensé du complexe familial, "la mère" en Cosima, "le père" en Wotan/Betz, Richard tiraillé entre le désir d'entrer dans la pièce et l'ennui d'y être obligé, et de toute façon en dispute avec les éléments masculins. Mais qu'a-t-on ajouté au rêve par ces détours par les relations ambivalentes de la petite enfance? N'est-on pas plus proche d'une compréhension en profondeur en enregistrant dans le contenu manifeste la nuance d'hostilité qui concerne un substitut de Cosima? et la dispute avec deux des grands chanteurs de l'époque n'a-t-elle pas plus de rapport avec la situation immédiate de Richard en mai 1872, le lendemain de la pose de la première pierre à Bayreuth, et à la veille des préparatifs du premier Festival?

- tout rêve, qui lui-même constitue une totalité, se construit à partir de nombreuses sources différentes (ST, p. 21).

Ce principe-là commande l'exploration, dans l'entretien analytique, des diverses images: une nouvelle fois, l'intervention personnelle du rêveur est décisive, et l'on ne saurait garantir des rapprochements opérés de l'extérieur, sans l'assentiment de RW, en fonction d'informations biographiques lacunaires ou trop 'concertées' (dans ML). Nous notons parfois la coupe diachronique que le rêve pratique (par ex. dans le rêve **32**), mais combien de fois la surdétermination d'une image ne nous échappe-t-elle pas?

- dans tout rêve intervient le problème de la mort (ST, p. 33).

Le thème de la mort constitue l'une de nos catégories dans le classement indicatif proposé plus haut. Mais Stekel n'isole pas certains rêves plus explicites comme ceux que nous avons retenus, il généralise hardiment. Repris dans cette perspective, certains rêves semblent lui donner raison:

(60) 'il a rêvé qu'il était en voiture avec les enfants et moi et que Loldi lui faisait remarquer, attaché au bord d'un étang, un âne qui s'enfonçait dans l'eau jusqu'à ce que, mort, il se mette à flotter à la surface sans que R. puisse lui venir en aide'.

Mais de quelle mort s'agit-il ici ? Certes, le rêveur est à la fois tous les personnages de son rêve, et il ne serait pas étonnant que R. se retrouve sous les traits de l'âne en train de couler. Mais l'âne est aussi fréquemment un symbole de la vie sexuelle 'débridée', sauvage, impulsive et indomptée. Est-ce cette mort-là, qui arrangerait bien les choses entre les époux, comme nous verrons bientôt, que l'âne symbolise ? Ou est-ce le désir plus vital d'un affinement intérieur, d'une spiritualisation que le rêve traduit ainsi, en laissant la partie animale s'immerger dans un étang au bord de la route ?

- Stekel établit plusieurs 'équations symboliques', toutes les ouvertures du corps pouvant se substituer l'une à l'autre, toutes les sécrétions et les excrétions aussi, le haut représentant le bas et vice versa, tous les surveillants se suppléant également; tous les rêves sont bisexuels; la droite est le droit (chemin), la gauche, et le courbe, le chemin interdit; tous les affects peuvent se signifier l'un l'autre, l'amour renvoyant à la haine, l'estime au mépris, la déférence à l'insolence, et réciproquement. Mais chacune de ces équivalences ne s'établit que si l'on a les moyens de comparer les images de rêve aux associations libres du rêveur, et que si, au reste, on prend pour référent 'vrai' l'aboutissement le plus infantile et le plus sexuel de ces chaînes associatives.

Ces allusions rapides suffisent à légitimer notre parti — de ne pas aborder les rêves dans la perspective analytique. Certes, certains rêves semblent s'y exposer d'eux-mêmes, mais nous avons souvent montré dans nos commentaires que l'on pouvait les lire tout différemment. Ce qui est décisif à cet égard, c'est l'impossibilité de vérifier les hypothèses qu'on élabore , et par suite on se condamne à une série d'assertions seulement plausibles. Comme nous ne connaissons véritablement, de la biographie intime, que ce que RW nous en a lui-même dévoilé, nous nous mouvons dans un climat obscur, où nous sommes guidés plus par nos préventions (et peut-être nos propres complexes) que par le rêveur lui-même.

D.2. Les interprétations du contenu manifeste

L'interprétation des rêves proposée par Freud est fonction d'une part de sa théorie du rêve (portant sur les *causes* du rêve, sur les sources énergétiques qui l'alimentent, sur les injonctions de la 'conscience morale intériorisée' qui imposent les divers mécanismes de distorsion et de déguisement), et d'autre part, de sa théorie des névroses. Les recherches contemporaines sur le sommeil ont profondément modifié l'approche du rêve. Il ne peut plus être conçu comme une défense du sommeil, ses causes décisives ne sont plus psychologiques, mais physiologiques, et l'on peut désormais l'aborder en lui-même, dans son matériel d'images, sans commencer par les traverser pour aller à un contenu différent, censé dérobé au sujet par les diverses censures. Les nouvelles approches interprétatives sont-elles mieux adaptées à nos besoins, face à un corpus de rêves 'historiques' sur lesquels il n'est pas possible d'interroger le rêveur?

D.2.1. *Le rêve projeté sur le conflit 'focal': French*

RMJ a la plus grande estime pour la méthode clinique d'interprétation des rêves ('peut-être la plus soigneusement élaborée depuis Freud', p. 95) que propose Thomas French. Le postulat central est ici que le rêve est au service de la recherche d'une solution aux problèmes interpersonnels du rêveur. Si on l'approche dans cette perspective, on va mettre en évidence un réseau de phénomènes organisés autour d'un récent conflit au cœur des relations du rêveur et des personnes de son entourage. Le travail du rêve résout ce conflit en lui en substituant d'analogues qui soient plus aisément dominables par la pensée marquée par l'assimilation caractéristique de l'état du sommeil.

L'interprétation partira donc du conflit focal, reconsidéré en fonction de ses solutions possibles à la mesure des interventions du Moi, et appelant à une croissance renouvelée et à de nouvelles acquisitions de conduites.

French travaille volontiers avec des rêves enchaînés dans la même nuit, et il y voit une hiérarchie de substitutions d'un problème à l'autre. Cette hiérarchie renvoie à des tentatives de solution de problèmes de développement antérieurs. L'ensemble de ce passé personnel est appelé 'l'arrière-fond historique'. La constellation de mécanismes défensifs et intégrateurs qui mettent en relation cet arrière-fond historique avec le problème focal et avec la situation existentielle actuelle du rêveur (illustrée par ses associations libres) est pour French la *structure cognitive* du rêve, qui joue dans cette approche clinique le rôle du contenu latent des psychanalystes 'orthodoxes'. L'objectif de l'interprétation est de décrypter cette structure cognitive, de la présenter au rêveur pour lui faire comprendre ses stratégies dans la vie réelle, et lui faire élaborer ainsi une solution peut-être plus adéquate du problème auquel il se trouve confronté. Dans cette lecture du rêve, on se servira: d'une traduction immédiate des symboles, en postulant que certains objets ont une signification symbolique pratiquement universelle; d'une analyse fonctionnelle où l'on prend en charge la fonction ordinaire de l'objet présent dans l'image du rêve pour s'interroger sur la manière dont cet objet 'fonctionne' dans le rêve en tant qu'il résout le problème focal, et, en troisième lieu, d'une interprétation littérale du texte manifeste du rêve de manière à en reconstruire l'arrière-fond historique. Essayons cette clef-là sur l'un ou l'autre de nos rêves.

(120) 'R. a rêvé qu'il me voyait dans une robe de mousseline blanche, mais tous mes vêtements étaient un peu misérables, notamment mon écharpe rose, 'mon Dieu, ai-je pensé, elle ne fait tout cela que par complaisance pour moi'', 24 juillet 1874.

L'ambiance de juillet 1874 est marquée par les essais que RW fait de divers chanteurs et cantatrices, en prévision du premier Festival déjà fort avancé dans ses préparatifs, ainsi que par le travail à l'orchestration du *Crépuscule*. Le conflit focal, cependant, semble bien être celui que les rêves antérieurs déjà concrétisent. Au début du mois, il avait vu Cosima dans un rôle curieux de critique dramatique, où elle se rendait odieuse aux acteurs qui finissaient par la faire partir; il se demande si c'est bien elle, mais il la reconnaît à sa robe blanche et rose. La semaine qui précède notre rêve, il réévoque sa première femme, Minna dont il ne sait que faire dans sa nouvelle vie et ne se rassure qu'en la renvoyant au domaine des morts. Le blanc et le rose reviennent ici, toujours liés à Cosima, mais frippés, mesquins, maigres, indigents (toutes nuances de l'adjectif allemand qui figure dans le texte des *Journaux* 'dürftig'). Tout cela pointe vers le problème lancinant de ses relations avec Cosima, qui figurait en jeune sorcière dans le rêve de juin (117), qui voudra le quitter dans le rêve d'août (122). L'arrière-fond historique est sans doute fourni par l'ensemble des stratégies que R. a utilisées à l'égard des personnages féminins de sa biographie. La structure cognitive le fait passer de l'apparence, l'aspect des vêtements, à la motivation sous-jacente. Ici, le rêve présente un essai de solution: reconnaître que ce qui est déficient dans l'apparence (de leur mariage) vient de l'excès de dévouement de Cosima, qui fait tant, par complaisance pour lui, qu'elle s'oublie, se néglige, ne parvient plus à son propre épanouissement.

La même clef tourne plus aisément dans la serrure à d'autres occasions:

(38) 'R. rêve qu'il propose ses partitions à l'empereur par l'intermédiaire de Bismarck et qu'il en demande une avance de 4 000 thalers pour les enfants', 11 novembre 1871.

Le conflit est ici lié à l'installation à Bayreuth, qui va poser de manière aiguë le problème du financement du premier Festival, et risque de compromettre tout l'acquis du ménage, dont les trois enfants sont encore à élever. L'arrière-fond historique se compose des stratégies usuelles de RW dans des cas de ce genre, le quémandage plus ou moins systématique et raffiné. La structure cognitive est l'application simple de ces stratégies au cas nouveau. La solution du problème serait à peu près acquise, mais, à vrai dire, pas pour une somme aussi faible, qui du reste est présentée comme 'avance'.

(95) 'R. a rêvé que je dirigeais la symphonie en la majeur, dans un concert auquel Rachel, qu'il savait pourtant morte, assistait; il devait ensuite diriger la Neuvième, mais je me tirais si bien d'affaire qu'il se demandait s'il pouvait là-dessus assumer le même rôle', 8 novembre 1873.

L'ambiance est lourde à Bayreuth en ce début de novembre. Il s'agit toujours de rendre possible le théâtre, mais les moyens rassemblés sont trop courts, RW doit se rendre à Munich pour plaider une nouvelle fois devant le Roi (Louis II); les enfants ne sont pas bien, et Cosima ne peut l'accompagner, ce qui met une certaine bisbille dans le couple (le jour même du rêve, Cosima parle d'une 'explication douloureuse avec R.)'. Le conflit focal est toujours conjugal, en dépit des difficultés extérieures qui sembleraient attirer toute l'attention. Le rêve suggère une solution: Cosima prendra la relève, elle conduira l'exécution des œuvres même en l'absence de R., et ainsi, l'avenir est moins bouché que l'on ne pouvait craindre. Or, cette solution est fragile, puisqu'une actrice célèbre, mais déjà morte, est présente au concert. Cependant, l'Hymne à la Joie ne court pas le risque d'être massacré...

On aurait pu prendre d'autres rêves encore. Le conflit n'est pas toujours aussi fortement centré sur Cosima, mais nous sommes désormais avertis qu'il y a là un des thèmes majeurs, et déconcertants, de notre corpus. Cependant, les exemples mêmes que nous avons donnés montrent bien tout ce qu'on perd à ne pas pouvoir interroger directement le rêveur, pour lui faire préciser le sens des fonctions et des symboles. Notre interprétation reste ainsi seulement plausible, et finalement nous ramène à la situation déjà rencontrée dans notre traitement de l'approche analytique. Une fois de plus, nous nous trouvons confrontés à la situation très particulière qui découle du figement de nos rêves dans un passé fermé sur lui-même, sans les ouvertures sur l'avenir que la méthode de French multiplie pour le 'patient'.

D.2.2. Le rêve comme exemple d'ambiguïté universelle

La conception moderne du rêve retourne les relations que Freud établissait entre le désir et les images du rêve. Tant que le premier était censé produire les secondes, il ne pouvait être qu'un désir infantile méconnu par la conscience adulte. Mais la biologie du rêve rend compte des images par l'excitation des mécanismes cérébraux sous l'influence d'une toxine, et ces images s'agencent de manière, par surcroît, à ranimer des situations anciennes, et à leur conférer une actualité nouvelle transitoire. L'un de ceux qui tire le plus d'effets de ce retournement est Andras Angyal (RMJ, p. 139 sq). La fréquentation clinique des névrosés lui a inspiré une conceptualisation de la personnalité essentiellement *dualiste* :

'Il n'y a pas de biographie où toute expérience, lors du développement, a été traumatique, aucune non plus dont auraient été absentes toutes influences délétères. Il y a, à la fois, des traits favorables et des traits handicapant dans l'environnement dans lequel grandit l'enfant, et auquel il réagit. Les tentatives précoces qu'il fait pour se mettre en relation avec le monde en partie aboutissent, en partie échouent. Il en résulte que la personnalité de l'enfant se développe simultanément autour de deux foyers, et forme ainsi deux constellations de traits... L'une de ces constellations est fondée sur l'isolement et ses dérivés : sentiments d'impuissance, d'indignité, doute sur ce qu'il va advenir de soi. L'autre est basée sur la confiance ressentie de pouvoir réaliser un minimun de ses aspirations autonomes et harmonieuses, plus ou moins directement... Le monde présenté dans la perspective de la constellation 'saine' est familier, chaleureux, comme son foyer familial; il est riche en occasions favorables, il comporte un ordre et une loi, il est en relation significative avec la personne propre. Le monde de la névrose est étranger et menaçant, plein d'obstacles et de dangers, sans aucune loi, foncièrement capricieux, un chaos bien davantage qu'un cosmos' (cité par RMJ, p. 140).

Dans cette perspective, il n'y a pas des éléments névrotiques dans un ensemble de conduites saines, ni, à l'inverse, des bouts de santé connectés à des conduites pathologiques, mais chaque conduite peut être lue en fonction d'une des personnalités compossibles avec le sujet, et en fonction de l'autre. Les deux 'systèmes' sont en compétition pour l'organisation des mêmes éléments, comme ces figures ambiguës qui sont, pour un regard, belle élégante drapée dans son boa, ou vieille sorcière grimaçante pour l'autre regard (et l'on sait que la perception oscille d'une vue à l'autre, par une sorte de pulsation interne). Le rêve dramatise le choix ouvert au rêveur d'adopter comme sienne l'une ou l'autre lecture, de s'enfoncer dans ses choix névrotiques, ou de restructurer son existence en direction de la santé. Bref,

'une des conséquences de l'acte de rêver, c'est l'élévation à la conscience de glissements éventuels dans l'équilibre dynamique entre les possibilités d'organiser sa personnalité totale, grâce à la liberté à l'égard des convenances sociales que le sommeil assure' (id., p. 145).

Plusieurs des rêves de notre corpus nous proposent ainsi des images ambiguës, qui pointent soit vers la personnalité 'manquée' de RW, celle qui a péniblement frappé plusieurs de ses familiers (et souvent Cosima elle-même; au reste, R. s'en excuse à plusieurs reprises), soit vers une restructuration de son existence vers un accomplissement intérieur et l'accession à une véritable spiritualité.

(53) 'R. me raconte son rêve: il était sorti en singulière tenue, une perruque sur la tête et un vêtement de docteur, derrière lui marchaient des connaissances, peut-être les Heim par exemple, qui disaient: 'c'est un type spécial, c'est simplement sa façon d'être'; là-dessus, il s'est retourné et leur a crié: 'Non, je veux épouser ma femme, et c'est cela qu'on exige de moi à Berlin'''.

Le premier regard révèle un RW affublé des insignes du courtisan dans le passé, et qu'on excuse parce que sa nature est bizarre, hors cadre, pas véritablement intégrée au monde contemporain. C'est bien l'image de soi qu'il donne aux autres, sauf que lui-même, dans sa conscience diurne, se croit à l'extrême pointe du 'renouveau', alors que son rêve renvoie son déguisement à un dix-huitième siècle de convention. Mais les mêmes objets peuvent entrer dans une lecture toute différente, et correspondre à la volonté de RW de régulariser sa situation à la face du monde, même s'il a quelque chose à payer pour ce faire.

(356) '... il a rêvé de Mme von Kalb qui lui faisait des avances'.

Une première perspective nous ramène au XVIIIe siècle et à l'entourage de Schiller auquel RW parfois s'identifie. On se retrouve devant le R. du passé, attendant de l'extérieur confirmation de sa valeur. Mais Ch. von Kalb l'a impressionné, il l'admire, au reste elle ressemble à Cosima, et peut-être ce rêve résout-il à sa manière le conflit conjugal permanent et récurrent que de nombreux autres rêves vont préciser.

Le rêve le plus riche dans notre approche actuelle est bien celui des derniers jours, le **416** :

'... il montait avec moi sur une haute montagne, pensant qu'il me conduisait jusqu'à ce qu'il remarque que je le soutenais; il prenait alors conscience de l'étroitesse du chemin qui devenait toujours plus angoissante; je m'appliquais de manière absurde à le soutenir, ce qui l'éveillait'.

Dans une première lecture, c'est bien RW qui trace la route, jusqu'à ce défilé angoissant qui se rapproche de crise en crise, et qu'il devra parcourir seul dans moins de trois semaines, et Cosima le soutient d'une manière qu'il juge sévèrement. Mais dans l'autre lecture, il prend conscience de la vérité de leur relation, du soutien qu'elle a été, et qu'elle est encore dans ces moments de la dernière ascension.

On sent cependant ce qui manque toujours: c'est la reprise du rêve par la conscience vigile, une fois qu'il a été élucidé à l'aide du clinicien attentif aux possibilités de développement de la personnalité. Une fois de plus, nous constatons que les rêves 'historiques' restent inféconds dans la mesure même où les associations libres ne leur confèrent pas tout leur poids de passé et de prise de conscience; ils sont ainsi fermés à leur propre signification, qui est à venir, dans les conduites de niveau plus haut dont le sujet sera capable en fonction d'elle.

D.2.3. Le rêve, témoin de la croissance intérieure

Dans le paragraphe précédent, l'accent était porté plus sur ce que le rêveur allait faire de son rêve, que sur la signification statique des images du rêve. La double lecture du rêve ambigu met le rêveur au défi de sortir de ses crispations antérieures, et d'aller vers une qualité plus haute de l'affirmation de soi. Ce qu'apporte à cet égard l'approche d'Erikson (E. & S., voir aussi RMJ, p. 101-106, 173-181), c'est la structuration de la croissance en huit étapes enchaînées, couvrant toute l'étendue de l'existence, et généralement séparées par des moments de crise ou de restructuration personnelle. A chacune des étapes ultérieures, nous pouvons revenir à une des précédentes, qui s'annonce à nous, dans le rêve, par l'émotion caractéristique de son conflit directeur, ou par les conduites chaque fois distinctives d'un niveau donné. On trouvera en annexe la 'fiche de travail' élaborée par RMJ à partir de ces indications.

Certains rêves de notre corpus se placent tout naturellement à des niveaux définis de la croissance personnelle:

(236) 'Il me raconte son rêve: on perpétrait un attentat en sa présence sur la personne de Napoléon III, mais le poignard tombait à côté, et tandis que Napoléon (qui avait un nez terriblement grand), 'zigouillait' des enfants, lui, R., 'fichait le camp''.

On se trouve au deuxième niveau du développement personnel, celui qui correspond à la zone psycho-sexuelle 'anale-urétrale-musculaire'; Napoléon a le grand nez du Juif, il est l'objet qu'on veut éliminer, mais c'est lui, à son tour, qui châtre les autres, tout cela renvoyant à l'émotion de la honte et du doute, opposée à l'aspiration à l'autonomie. Ici, R. résout le problème en 'fichant le camp', c'est-à-dire en quittant le champ, en progressant d'un niveau dans la personnalisation, où il se trouvera confronté aux tâches constructives.

Cela n'ira pas plus facilement, du reste, et R. est tout près de renoncer:

(238) ''il était avec d'autres personnes devant des pics et des crevasses, puis de nouveau dans une salle où un personnage s'écriait: 'la seule chose qui puisse nous aider, c'est quelqu'un qui ait le génie du commandement'; R.

lui donnait raison, et tout se passait comme si les crevasses pouvaient ainsi être enjambées".

On est au niveau quatre, dit 'cérébral-cortical', en présence de la collectivité, où il s'agit de faire des choses, de résoudre des problèmes, avec l'opposition de l'ingéniosité propre et de l'infériorité. Le rêve cherche la solution dans l'intervention d'un personnage d'autorité, d'un père qui décharge les enfants de leur propre responsabilité, et qui comble les crevasses à leur place.

Mais ce renoncement n'est pas définitif (Wagner n'aurait pas été l'un des créateurs de l'histoire universelle s'il s'en était contenté); seulement, les rêves ne sont peut-être pas le lieu où le dépassement s'effectue, ils dessinent les conditions de ce dépassement, ou sa nécessité. On le voit dans le rêve **159**, où le rêveur oscille entre le niveau de 'la chose à faire', et le niveau de l'ingestion alimentaire (où, du reste, il est frustré). Malgré les encouragements de l'orchestre, il ne parvient pas à escalader les obstacles, donc à faire le pas qui le garantirait contre le sentiment d'infériorité.

On peut comprendre dans cette perspective-là le rêve **311**:

'R. a eu une bonne nuit, il a rêvé ensuite de Minna, elle lui échappait, il courait après elle, puis il apercevait une lune: 'Mais il est encore très tôt'. Cela devenait un soleil, ensuite il y en avait un second, suivi d'autres encore, et enfin une voix disait: 'Il y a treize soleils".

Minna est figure maternelle (voir les conditions de la séduction: R. s'est fait malade pour conquérir la jeune actrice), elle lui échappe (condition de la croissance), il ne peut donc en rester aux deux premiers niveaux de la personnalisation. Mais, sautant par-dessus l'étape constructive, le rêveur se trouve en présence de tout un groupe d'astres, et risque de perdre son identité propre en la diluant dans les relations multiples que lui proposent les treize soleils. Une fois encore, le rêve dessine en creux le dépassement, c'est-à-dire indique l'endroit où la personnalité devrait se hisser au-dessus des niveaux atteints pour parvenir à se vouer uniquement à un autre être, à régler avec celui-là les rythmes du plaisir et du délassement, et à trouver en lui les conditions de sa productivité.

D.3. Le renoncement à un schème d'interprétation

Les diverses approches que nous venons d'essayer viennent toutes se heurter à l'impossibilité de rendre le rêve au rêveur, c'est-à-dire d'en compléter la signification par des associations libres, et surtout par des 'conversions' ou des 'dépassements' qui achemineraient la personnalité névrotique vers sa propre santé. Toutes nous paraissent susceptibles d'éclairer *certains* rêves, mais réussissent mieux avec *les uns* qu'avec *les autres*. Il nous a semblé préférable de renoncer à un seul type d'approche, et de nous contenter de regrouper l'information fournie par les rêves en leur appliquant un code inspiré des épreuves projectives. Nous l'avons nous-même utilisé naguère pour des histoires racontées par des enfants de huit ans à partir de planches montrant des animaux engagés dans des actions non entièrement explicites (le CAT). On trouvera notre système de codage en annexe, avec la définition des diverses variables, et quelques justifications de la manière dont nous l'avons simplifié pour les rêves de Wagner. Si on va d'un seul coup aux résultats, détaillés dans la page suivante, on constatera des choses bien intéressantes, qui nous font lire notre corpus d'un œil nouveau.

Les variables sont regroupées en rubriques principales, qui, elles, suivent souplement le développement d'une personnalité-type. Les premières conduites sont auto-affirmatives, et teintées par les diverses nuances de l'agression. Cette agression, dans le développement ultérieur, peut se retourner contre elle-même pour donner les diverses nuances de 'l'humiliation'. Au-delà, l'enfant cherche appui et protection (groupe 3), soit sous forme plaintive, soit par des démonstrations de déférence, d'abord dans l'obéissance, puis dans le respect. Le niveau suivant oppose le sujet à autrui, dans le sens qu'il s'en écarte pour affirmer sa propre volonté (autonomie) ou pour s'affranchir de toute présence (isolement). Il cherche ensuite à instaurer avec autrui des relations de supériorité, soit en se faisant valoir à ses yeux, soit en cherchant à le dominer, soit enfin en le protégeant. C'est au-delà de la recherche d'infériorité ou de supériorité que s'établissent les relations 'égalitaires' de l'affiliation et du sexe. Le septième groupe tourne le sujet vers le monde, pour l'explorer (curiosité), pour y inscrire sa marque (construction), pour acquérir des choses, ou les retenir une fois acquises. Telles sont l'ensemble des conduites en relation avec le monde extérieur, gens et choses. Le groupe 8 rassemble les menaces auxquelles le sujet est confronté; le groupe 9, à position unique, correspond aux provocations du milieu. Les quatre nuances de réactions affectives figurent en 10, avec deux degrés chaque fois dans le positif comme dans le négatif. Les impressions ressenties devant l'extérieur ou la fantasmagorie interne entrent dans les 'sensualités'. Le groupe 12 détaille les régulations, allant d'éviter la souffrance, qui est génétiquement la première, à éviter le blâme, qui renvoie à la conscience morale intériorisée. Enfin, le milieu peut être positif ou négatif, et ce milieu se décompose en milieu externe et milieu interne.

1. 1 Agression en général (Agr) + i n Consi	75		
2 Agression passive (Agr-P)	105		
3 Agression physique (Agr-Phy)	9	258	24 %
4 Agression verbale (Agr-V)	51		
5 Agression coercitive (Agr-Co)	18		
2. 6 Humiliation-soumissive-intragressive (Hum-SI)	6	18	2
7 Humiliation intragression (Hum-I)	12		
3. 8 Assistance (Ass)	27		
9 Déférence-Obéissance (Déf-Ob)	—	37	3
10 Déférence-respect (Déf-Resp)	8		
4. 11 Autonomie (Auto)	21	32	3
12 Isolement (Iso)	11		
5. 13 Considération (Consi)	62		
14 Domination (Dom)	3	116	11
15 Protection (Prot)	51		
6. 16 Affiliation (Aff)	88	175	16
17 Sexe (Sex)	87		
7. 18 Curiosité (Cur)	18		
19 Construction (Constr)	33	83	8
20 Acquisition (Acqui)	24		
21 Rétention (Ret)	8		
8. 22 Danger	39		
23 Maladie (Mal)	12	87	8
24 Mort	36		
9. 25 Punition-tâche	16	16	1
10. 26 Abattement (Abatt)	24		
27 Tension (Ten)	68	102	10
28 Calme (Calm)	-		
29 Elation (Elat)	10		
11. 30 Sensualité mentale (Sens-Ment)	2		
31 Sensualité physique / besoin nourriture (Sens-Phy, b Nourr) besoin Jeu (b Jeu)	12	28	3
32 Sensualité sexuelle (Sens-Sex)	1		
33 Sensualité esthétique (Sens-Esth)	13		
12. 34 Eviter la souffrance (EvSou)	8		
35 Eviter l'infériorité (EvInf)	—	55	5
36 Fuite devant le blâme (FuiBla)	3		
37 Eviter le blâme (EvBla)	44		
13. 38 Bénéfices endogènes (BenEndo)	11		
39 Privations endogènes (PrivEndo)	25	64	6
40 Bénéfices exogènes (BenExo)	8		
41 Privations exogènes (PrivExo)	20		
Totaux		1053	100

37 variables utilisées sur les 41 possibles

Voir les détails à l'Annexe II.

Nous avons ainsi quarante et une variables, regroupées en 13 catégories principales et l'on peut discerner leur poids respectif dans la personnalité en pensant que ses rêves expriment le rêveur, et que les diverses conduites qui y apparaissent sont celles dont il est généralement l'auteur.

Dans ce cadre-là, RW apparaît d'abord comme extrêmement diversifié et riche en réactions de toute nature. Nous avons en effet pu utiliser 37 des 41 variables possibles. Celles qui manquent dans notre tableau de chasse sont déjà indicatives. Nous n'avons en effet nulle part enregistré 'déférence-obéissance', ni 'calme' ni la sensualité sexuelle proprement dite, ni 'éviter l'infériorité'. La troisième de ces lacunes renvoie évidemment aux censures victoriennes que nous avons signalées. Les autres sont moins parlantes, et peut-être dérivent-elles d'un manque de perspicacité, qu'un autre cotateur paillerait.

Il est significatif que la catégorie la plus fournie, et de loin, soit l'agression. Le climat du rêve, supprimant les barrières sociales, libère aussi la spontanéité agressive. Mais, dans notre cas, nous avons surtout des 'influences', c'est-à-dire des actions agressives dont le rêveur est la cible. Il l'est dans le cas de l'agression indifférenciée, la plus élémentaire. Il l'est surtout dans la deuxième espèce d'agression, celle qui consiste à ne pas faire ce qu'on attend de nous ou, sous forme d'influence, à ne pas trouver chez l'autre ce qu'on attend de lui. Les 105 Agr-P (agression passive) renvoient principalement au rêve récurrent que nous abrégeons en 'Cosima le quitte' et dont nous verrons encore les sens multiples et ambivalents. Il n'y a que peu d'agressions carrément physiques, du type de celle que les garçons manifestent si volontiers, et que l'on retrouve dans l'âge adulte comme l'une des prérogatives masculines. En revanche, l'agression qui est génétiquement la plus évoluée, et dans laquelle les filles se spécialisent très tôt, l'agression verbale, est assez bien représentée, et caractérise le climat d'appréciations péjoratives qui a été fréquent dans les dernières années de RW, encore renforcé par les idiosyncrasies également agressives de Cosima.

La grande catégorie qui vient ensuite dans les fréquences est celle de la recherche de l'égalité affective. Wagner est à la fois en quête d'affection, et tout disposé à en prodiguer. Cela rend d'autant plus significatif l'échec de ce besoin-là, enregistré ici sous la forme de l'agression passive. Et l'autre composante de cette catégorie, codée 'sex' manifeste bien la place que prend dans la vie intérieure de Richard la présence féminine. En regardant mieux, on verra que la cotation est souvent agrémentée du signe +, ce qui correspond à des relations sexuelles stabilisées, institutionnalisées, par exemple au terme 'ma femme' ou 'ma première femme Minna'.

Dans la recherche de la supériorité à l'égard d'autrui, la variable la plus fréquente est la 'considération' (entendre: la considération que l'on espère recevoir d'autrui). La quête de la 'reconnaissance' est un des traits permanents de la biographie, et correspond au reste à la situation marginale de l'artiste novateur, qui attend du public confirmation de ses audaces, et souvent s'interroge sur la valeur de ce qu'il propose. L'autre variable souvent cotée dans ce groupe, protection (Prot) nous sensibilise à la fibre parentale chez Wagner, surtout dans ses soucis à l'égard du fils des dernières années, porteur du message, mais peut-être pas tout à fait capable d'assumer complètement l'héritage.

Ce sont les variables d'humeur qui prennent la place suivante dans les fréquences. En somme, le contraire eût étonné, et peut-être même le cotateur a-t-il été trop restrictif sur ce point. En effet, le rêve est le lieu même de l'affect, et Stekel a beau jeu d'insister, jusqu'à tirer de sombres conclusions de l'absence d'affect dans un récit: ce serait la preuve même d'un formidable nœud de tensions et il faudrait aller, ici surtout, du contraire au contraire. Nous avons noté la nuance dépressive de nombreux rêves, qui est mal équilibrée par de très rares rêves à tonalité positive.

Ce qui ressort de notre tableau, que nous laissons le lecteur interpréter par lui-même, c'est l'enracinement des rêves dans la lointaine enfance, ce qui par ailleurs en explique aussi la sobriété et à bien des égards la monotonie. Wagner apparaît dans l'éclairage de notre codage comme un abandonnique type, quémandant l'affection, souvent dépressif, avec de grands problèmes de culpabilité, et à la recherche toujours reprise de sécurité, matérielle et artistique. Mais surtout ressort la problématique profonde et semble-t-il permanente de ses relations avec Cosima.

D.4. 'Cosima le quitte'

Les analyses qui précèdent ont déjà touché au thème que nous abordons désormais de front, et qui constitue le cœur secret et douloureux des *Journaux* de Cosima. Le lecteur moderne s'achoppe directement au contraste entre les thèmes diurnes, qui s'exaltent souvent en d'admirables aveux d'amour, et le thème nocturne le plus récurrent, présent dès les premiers rêves (6), orchestré de manière multiple au cours des ans, et encore affirmé dans les tout derniers jours (413). Ce contraste devient proprement paradoxal quand on retrace ce qu'a été l'amour de Richard et de Cosima.

Tout devait les maintenir à distance l'un de l'autre. Fille illégitime, peu assurée même de son nom (elle porte finalement le nom de jeune fille de sa mère, même si elle n'est que très partiellement élevée par elle), Cosima avait toutes les raisons de s'abriter dans son premier mariage. Ce Hans von Bülow qu'elle épouse au sortir de l'adolescence, et auquel elle donne très rapidement deux filles, certes, il est fragile, nerveux, instable, dépressif, et finalement très incapapble de faire son bonheur. Mais c'est un des musiciens doués de l'époque, et le ménage vit d'emblée sur le devant de la scène. De plus, c'est aussi, très précocement, un wagnérien d'adhésion, à la fois passionné et réfléchi et les deux époux communient dans l'admiration pour l'œuvre avant le naufrage de leur union en raison de l'homme. Davantage encore : elle est fille de Liszt, le seul ami sur lequel RW ait toujours pu se reposer et dont, nous l'avons vu, il a à peu près l'âge. Dans cette constellation et sous l'éclairage cru de la société municoise de l'époque, la liaison de Wagner et de Cosima von Bülow prenait la valeur d'un scandale majeur, scandale mondain, scandale moral, scandale existentiel même. Son unique justification, devant une morale plus haute, c'était la foi, en l'un et en l'autre, que leur existence n'avait désormais de signification que l'un par l'autre.

'Que ne dois-je pas à l'Ami, écrira Cosima (DM, p. 158) ! Je peux lui dire comme Eva à Sachs : 'que serais-je sans toi ?' Il me semble que je ne serais même pas venue au monde sans lui, à peine aurais-je eu une existence insignifiante. Tous les sentiments qui m'élèvent, me soutiennent, je les lui dois, je ne connais pas de détresse à laquelle je n'aie trouvé un adoucissement dans son esprit'.

A quoi Richard fait écho :

'Depuis que je me suis lié à toi, j'ai une confiance incroyable en moi et en mon destin, je sais que je deviendrai vieux, car la vie ne fait que commencer pour moi' (21-I-1870).

Il ne s'agit pas seulement de l'entente existentielle entre deux êtres qui se reconnaissent dans les dédales de leur vie, et se vouent désormais à leur union, pas *seulement* d'amour romantique, d'exaltation, mais au-delà, d'un engagement à durer, *au nom de l'œuvre à faire*.

'Ton amour, c'est mon signe, in *questo signo vincet*' [in eo signo vincam] dira Richard le 4-II-1871.

'Il ne sait pas encore à quel point j'aime faire tout pour lui, la moindre des choses comme la plus importante', DM, 203, dira Cosima, de son côté.

Cette assurance cimente leur entente. Certes, ils ont dû se cacher, et mentir, mais leur nécessité intérieure de s'appartenir sans restriction va lever tous les obstacles, les naissances illégitimes, la faveur royale, le qu'en dira-t-on, jusqu'au mariage, au compagnonnage de tous instants, la réalisation du premier Festival, le lancement de *Parsifal* et les jours de la mort.

Ce que les circonstances biographiques attestent est relayé par les pages des *Journaux*. On peut y relever un étonnant florilège de déclarations d'amour et de dévotion, et le temps ne semble rien y faire.

Dans la première année commune à Tribschen : 'Hier, comme il rentrait, il m'a appelé sa joie, et il a dit que je ne savais pas du tout à quel point il est heureux', 29-IX-1869. Deux ans plus tard, encore à Tribschen, mais déjà dans l'attente d'aller à Bayreuth : 'Notre anniversaire de mariage ! R. vient à l'aube près de moi et ... c'est lui qu'il félicite ! ' Encore deux ans plus tard : 'Fons amoris' me crie R. le soir, au moment où il se sépare de moi'. Bien plus tard, en 1880 : 'Nous avons vécu l'un pour l'autre, et il s'en est suivi quelque chose pour les autres aussi'. Dans la dernière année : ' Tu m'as maintenu en vie, et cette conservation a alors conféré sa dignité à la vie' et quand la fin s'approche rapidement, Cosima peut noter : ' Il m'embrasse et me salue tendrement quand il va et vient ... Bientôt nous sommes pour nous deux, et nous nous sentons très bien d'être ainsi ensemble' 27 et 28-X-1882, à Venise pour l'hiver.

Les actes suivent les paroles. Mentionnons seulement la *Siegfried-Idyll* composée par Wagner en grand secret, et jouée pour la première fois, dans les corridors de Tribschen, le jour de l'anniversaire de Cosima (25 décembre 1870). Par ailleurs, Cosima est régulièrement la première qui entende la musique fraîche, celle sur laquelle Richard a peiné des journées durant; c'est elle qui reçoit les partitions à leur achèvement, elle qui agence les réceptions pour Richard, mais aussi en constitue le foyer étincelant.

Et c'est dans ses bras qu'il rend le dernier soupir, vers 15 h 30, le 13 février 1883, au premier étage du Palais Vendramin, à Venise.

C'est sur cet arrière-fond qu'il faut projeter les rêves dont nous allons nous occuper maintenant. On en trouve 3 dans la première année des notes de Cosima, en 1869 (sur 13 rêves), 1 en 1870 (sur 12),

6 sur 20 en 1871, 2 sur 26 en 1872, 5 sur 28 en 1873, 6 sur 35 en 1874, 6 sur 23 en 1875, 3 sur 9 en 1876, 8 sur 18 en 1877, 12 sur 64 en 1878, 11 sur 51 en 1879, 11 sur 42 en 1880, 8 sur 30 en 1881, 3 sur 39 en 1882, et 1 parmi les 11 derniers rêves en 1883, soit un total étonnant de *86* (auxquels on peut ajouter des rêves de signification identique sous forme plus enveloppée, dont je discerne 8 exemples).

Impossible, sans doute, de reprendre ces 94 rêves, qui finissent du reste par se grouper en une famille à laquelle les époux font allusion, comme à une vieille connaissance. Mais il vaut la peine d'en reprendre quelques-uns.

Tout d'abord, le premier des rêves de ce thème (6): 'R... me voit sur la civière des morts, entourée des enfants'.

On se trouve en avril 1869, et la délivrance de Cosima, enceinte de sept mois, approche rapidement. Il est assez naturel que le mari rêve de sa femme dans ces circonstances, un peu moins qu'il la voie 'déjà de l'autre côté'.

Un rêve plus symbolique: 'R. me dit qu'il a rêvé de moi et de ma fermeté de caractère et qu'ensuite, il n'avait cessé de penser à la périhélie et à l'aphélie' (**46**).

Cosima en sorcière, **117** et **150**: 'R. fait encore de mauvais rêves, entre autre que j'envoie à sa poursuite un méchant chat noir' et: 'R. a rêvé qu'il était à Hülsen dans le Hanovre, qu'il aimait les belles maisons, le beau paysage, les montagnes magnifiques; il m'avait alors appelée pour les contempler en me disant que c'était le Harz, mais j'étais occupée, et il m'avait appelée une seconde fois, me disant que je pourrais voir le Brocken, cela m'avait séduite, et j'étais venue le contempler en souriant'.

Le chat noir entre dans l'attirail des sorcières classiques ('le chat miaulera trois fois', Macbeth, deuxième apparition des sorcières — et l'on sait que R. a lu Macbeth à haute voix devant Cosima à plus d'une reprise), et Cosima regarde en souriant le domaine des démons chez Goethe, dans le *Faust* si souvent repris dans les lectures vespérales.

Cosima folle: **155** et **167**: '... il a rêvé que j'étais devenue folle et que je voulais me séparer de lui' et: 'R. a de nouveau des cauchemars; j'étais devenue folle, il courait après moi, il voulait aller chercher un médecin, etc.'.

Enfin, dans les derniers jours: 'R. a refait son vieux rêve, il me blesse, je veux partir, et là-dessus, il veut se laisser mourir de faim' (**413**).

Aussi singulier que cela paraisse, ces rêves récurrents n'alarment pas les époux. Deux raisons expliquent cette absence de clairvoyance. D'une part, tous deux interprètent les rêves selon la tradition, le contraire annonçant ou exprimant le contraire. L'amour diurne se mue la nuit en abandon ou en rupture, sans pour autant changer. En second lieu, et contradictoirement, R., qui se réveille parfois en pleurant ou hurlant d'angoisse après ces 'cauchemars', les prend comme ce qu''il' trouve pour le tirer du sommeil (sans préciser la nature de ce personnage mystérieux, qui est la Volonté de Schopenhauer); s'il n'était pas rejeté du côté de la veille par une forte secousse affective, il risquerait de préférer le sommeil, et sa parente, la mort. Ces deux raisons expliquent que l'on trouve presque à la même page le récit de rêves d'abandon et des démonstrations d'attachement.

Pour l'approche analytique, le rêve étant la réalisation d'un désir, il s'agit de comprendre quel désir se manifeste ainsi. Peut-on imaginer que Richard rêve de se débarrasser de Cosima pour aller plus librement vers d'autres aventures? On fera la remarque que la simple répétition du rêve lui confère un caractère traumatique: il est très proche des cauchemars des soldats soignés par Freud, qui revivent, dès qu'ils ferment les yeux, la scène terrible de la bataille. On pressentirait dans le prolongement de Cosima une scène d'abandon très primitive, remontant aux premiers jours de Richard, dans les mois qui suivent sa naissance en pleine guerre autour de Leipzig: sa mère, Johanna, a peut-être négligé son dernier-né, soit pour s'occuper des nombreux aînés, soit pour investir et conquérir son second mari (dont elle aura du reste, très rapidement un nouvel enfant, une fille, Cécilie). On n'a guère de document qui éclaire les premiers mois de l'existence chez Richard, donc rien qui prouve ou improuve l'hypothèse, qui reste ainsi seulement plausible. Mais la structure de la personnalité entière, telle que nous la discernons par la biographie ou les témoignages et portraits de tiers, telle aussi qu'elle ressort de notre codage projectif, nous incline dans cette direction.

Renonçons à scruter derrière le rêve en direction d'un contenu latent qui ne peut qu'échapper, et prenons l'image elle-même comme l'expression d'un conflit, et la recherche d'une solution (French). Quelque chose d'obscur (pour nous surtout, peut-être aussi pour le couple) se glisse entre Cosima et Wagner, et n'a guère cessé de les séparer sur des points très intimes et secrets de leur vie conjugale.

On voudrait pouvoir préciser ici, mais on est réduit à des hypothèses. Wagner, malgré tout ce qu'il nous dit de lui-même, reste silencieux sur ses stratégies amoureuses, sur la tactique de ses caresses et la nature exacte de ce qu'il attend de ses compagnes. Cosima porte un masque, et c'est par cette notation que s'ouvre le chapitre que N. lui consacre (vol. III, p. 267 sq):

'Son père, Liszt, avait été mi-sincère, mi-poseur, mais la façon dont il mettait ou enlevait son masque est, la plupart du temps, si évidente que nous ne pouvons conserver le moindre doute sur ce qui était le masque et ce qui était le visage, ou sur les véritables traits de ce dernier. Dans le cas de Cosima, en partie en raison de sa constitution naturelle, en partie en fonction de son autodiscipline permanente et des forces contraignantes des circonstances, le visage et le masque sont d'emblée ou presque si étroitement modelés l'un sur l'autre qu'il nous est difficile de dire, dans telle ou telle occasion, si c'est l'un ou l'autre que nous saisissons; non seulement elle assumait consciemment son masque devant autrui, mais l'on soupçonne qu'elle a dû trouver parfois un plaisir subtil en confondant masque et visage même dans le regard qu'elle jetait sur elle-même dans le miroir'.

Les deux mille deux cents pages des *Journaux* ne suffisent pas pour dissiper toute confusion. C'est surtout dans ce qui touche à l'intimité que Cosima pratique la discrétion, ou s'évade dans des effusions verbales où l'accent est porté sur le sentiment de dévotion et d'extase. Des familiers des dernières années, après le premier Festival, notent un trait d'*étrangeté* chez elle, dans le sens littéral qu'elle semble incarner quelque culture irrémédiablement distante de la culture allemande ambiante (et des attentes de ses interlocuteurs de l'époque). L'un d'eux va jusqu'à dire:

'Plusieurs dans notre cercle ont été particulièrement frappés par son antithèse fondamentale à l'égard de la nature de Wagner, qui était Allemand jusqu'au point de manquer de toute considération pour les sentiments des autres; et dans la mesure où ce trait-là était aussi interne à la personnalité de celui qui la jugeait, il trouvait dans sa nature une pierre d'achoppement, tout spécialement par le fait que son influence puissante, irrésistible, donnait le ton au cercle entier des intimes' (cité par N., page 268).

On perçoit bien, dans son éducation à elle, ce qui a pu l'inciter à se dérober derrière une façade distante, aristocratique, ressentie souvent comme 'princière'. Elle a sept ans quand ses parents prennent irrémédiablement distance. Liszt part en tournée à travers l'Europe. Sa mère, Mme d'Agoult, cherche à regagner sa position sociale, compromise par la mésalliance de l'aristocrate qu'elle était jusqu'au bout des ongles, avec ce roturier parmi les roturiers, un musicien; elle ne peut afficher ses enfants illégitimes, et laisse la mère de Liszt en prendre soin. Bientôt, ils seront sous la coupe de deux vieilles dames aigres, sévères, rigides, conservant du dix-huitième siècle un mépris constant à l'égard des effusions ('encore de l'eau', disait l'une devant les pleurs d'une des fillettes), et de ce que leur mère pouvait représenter pour eux. Cosima était la cadette d'une aînée qui attirait tous les regards. Elle n'est pas belle, trop élancée, un peu osseuse, en apparence un glaçon, mais cachant des feux intérieurs, et en quête de dévouement. Elle croyait avoir touché au but en épousant Hans von Bülow, mais elle est d'emblée trop homme pour lui, qui se comporte à son égard comme un enfant capricieux, négligent, imprévisible, incapable de véritablement la combler si ce n'est du sentiment renouvelé de son sacrifice conjugal. C'est le même dévouement qu'elle apporte à Richard, — mais peut-être leur vie conjugale cache-t-elle des déceptions charnelles, des ruptures de rythme, des inquiétudes sur les conséquences possibles de toute relation intime (elle a déjà quatre filles au départ des *Journaux*, elle va accoucher une cinquième fois, douloureusement, et une sixième grossesse lui a sans doute semblé dépasser ses forces). C'est ainsi qu'on peut songer à un retrait constant devant la charnalité de l'amour lorsque Richard rêve qu'elle le quitte.

On voit ainsi se dessiner un conflit existentiel entre accomplissement sensuel et spiritualisation. Richard s'est toujours montré extrêmement sensible à la présence féminine. Il a dû avoir le regard quêteur, sans doute aussi en fonction de l'abandon lointain dont nous avons vu l'impact durable à travers les rêves. Il a vécu une longue partie de sa vie dans le milieu du théâtre, des troupes d'acteurs et de chanteurs (et de cantatrices ...) constituant traditionnellement un milieu un peu marginal, à la morale souple, aux rencontres intenses et provisoires (et vécues comme telles). Il en affleure parfois quelque chose :

(36) 'Ensuite, j'ai rêvé de la Schröder-Devrient, j'entretenais des relations avec elle'.

Il précise que ces relations ne sont pas affectives, ce qui laisse supposer qu'elles étaient *seulement* sensuelles, et le rêve est peut-être une critique implicite à l'égard de Cosima, qui se réserve trop trois jours auparavant (19-VII-1871). C'est dans cette perspective qu'il faut aborder 'l'épisode' de Judith Gautier.

Adolescente, elle était avec son père lors d'un des premiers concerts de Wagner à Paris, et la cabale qui avait accueilli 'l'étranger' le lui avait rendu d'emblée sympathique. Elle épouse très jeune Catulle Mendès, déjà wagnérien de son côté et salue d'une série d'articles enthousiastes les fragments des *Maîtres chanteurs* donnés par Pasdeloup lors de son concert populaire d'octobre 1868. Ces articles lui sont prétexte pour écrire à Wagner au début de 1869, qui lui fait répondre une longue lettre par Cosima (mais c'est lui qui signe). En avril, nouvel article de Judith, sur *Rienzi* cette fois, nouvel envoi à Tribschen, et le passage étant ainsi frayé, elle s'y rend en juillet, avec Catulle et Villiers de l'Isle-Adam.

Elle laisse dire qu'elle n'a que dix-neuf ans, en fait elle en a vingt-six, dans tout l'éclat d'une beauté singulière. Croyons-en Banville:
'Dans une fourrure de plumes, elle est belle, d'une beauté étrange. Son teint d'une blancheur à peine rosée, sa bouche découpée, comme une bouche de primitif, sur l'ivoire de larges dents, ses traits purs et comme sommeillants où des cils d'animal, des cils durs et semblables à de petites épingles noires, n'adoucissent pas d'une pénombre son regard, donnent à la léthargique créature l'indéfinissable et le mystérieux d'une femme-sphynx, d'une chair, d'une matière dans laquelle il n'y aurait pas de nerfs modernes'.

Préfère-t-on son avis sur elle-même? Elle décrit ainsi une de ses héroïnes, dans *La conquête du Paradis:*
'... ouvrit et ferma son éventail. Grasse, un peu trop, elle avait à peu près dix-sept ans, ses grands yeux noirs agitaient des cils superbes, et elle gardait quelque chose de l'indolence orientale dans sa toilette parisienne en satin rose pâle broché de blanc, avec son corsage long et baleiné à échelle de rubans'.

Cosima est d'abord réticente, elle la trouve 'très singulière', 'tellement mal élevée' (mais le terme allemand renvoie plus à une spontanéité mal disciplinée qu'à quelque chose de grossier), 'terriblement enthousiaste' (16-VII-1869). Richard en est un peu bousculé. L'admiration 'tumultueuse' le déconcerte. Elle parle ouvertement, et exprime ce que Cosima se refuse à prononcer. Bref, elle fait la conquête des époux, et RW ne se tient plus, fait le fou, monte aux arbres, grimpe à la façade, expose toute son agilité ... Les deux femmes échangent des cadeaux, Judith devient la marraine de Fidi et Richard, lors de leur départ, dira 'c'est une nature'.

Dans les semaines qui suivent cette première rencontre, Cosima parle assez souvent de Judith. Elle l'a chargée d'une négociation qui lui tient à cœur, avec son père, qui fait grise mine à sa liaison avec Richard et qu'il s'agit de reconquérir. Judith s'y prête de bonne grâce, et, de fait, rapproche le père de la fille. Elle est saluée comme une bienfaitrice, quand elle repasse par Tribschen, en automne: 'Judith m'est toujours très chère', note Cosima. La guerre de 1870 trouble un instant les relations. Les Mendès sont précisément à Lucerne lors de ses premiers jours. Cosima et Richard prennent violemment le parti de la Prusse, qui rassemble autour d'elle les autres Etats allemands, et Richard fait à ses hôtes français de véritables prédications nationalistes. La distance semble insurmontable: Cosima note qu'ils ne se reverront sans doute plus. Mais l'amitié avait été si étroite que les Mendès devaient encore assister au mariage de Cosima et de Richard, en août: ils n'y parviennent pas, et les échanges épistolaires remplacent le face à face. Ils sont encore intenses jusqu'au début de 1872 puis s'espacent (une lettre 'très triste' est signalée le 3 novembre encore).

Quatre ans presque entiers de silence suivent dans les *Journaux*. Rien n'y figure concernant Judith dans le mois du premier Festival, en 1876. Pourtant, malgré la présence de l'amant de Judith, R. s'est enflammé. Jusqu'où est allée l'intimité ? Les biographes de Wagner divergent sur ce point. Ceux de Judith minimisent, les adversaires de Richard en rajoutent. Peu nous importe finalement. Ce qui est certain, c'est, pour Richard, la présence d'une chaleur, qui compense bien des amertumes :

'Chère âme ! Douce amie ! Je vous aime toujours ! Toujours vous me restez ce que vous êtes, le seul rayon d'amour dans ces jours si réjouissants pour quelques-uns et si peu satisfaisants pour moi. Mais vous étiez pour moi pleine d'un feu doux, calmant et enivrant ! Oh ! que j'aimerais vous embrasser encore, chère douce ! ... Je vous plains de votre existence. Mais tout est à plaindre. Surtout ce serait moi si je suivrais votre conseil de vous oublier' (billet en français, *sic*, de RW à Judith, entre le 25 et 29 septembre 1876).

'J'aurai voulu avoir un mot de vous. Puisque je vous vois toujours, ici, — de ma table à écrire — à droite sur la chaise longue, me regardant (Dieu avec quels yeux !) quand j'écrivais des souvenirs à mes pauvres cantatrices ! — Oh ! ce qu'il y a de tout extraordinaire, c'est que vous êtes l'abondance de ma pauvre vie, si bien calmée et abritée depuis que j'ai Cosima — Vous êtes ma richesse, — mon superflu enivrant ! — (Beau français — n'est-ce-pas ! — Mais c'est égal ! Vous me comprenez. —) / Adieu, Judith !' (Lettre du 20 novembre 1877).

La correspondance a ainsi duré tout le long de 1877, avec le prétexte de préparer une surprise pour Cosima, mais avec des précautions d'écolier; Judith doit adresser ses envois au maître de bain local. Quelque chose alerte cependant Cosima, et elle écrit, en note d'une lettre de Noël:

'Il est un autre point de votre correspondance avec mon mari qu'il m'est difficile de toucher et impossible de passer sous silence. Je me figure que les expressions très fortes dont il s'est servi vous ont induite en erreur sur son sentiment ... Il se sert en français des premières expressions qui lui viennent sous la plume; de là peut naître un malentendu' cité par C, p. 240.

Nous reprenons, à propos du rêve **191**, les éléments du débat concernant le fameux passage du 12 février, dans le *Journal*, et l'on y constate que nous optons pour la profondeur de la blessure, chez Cosima. Mais ce n'est pas d'abord d'elle qu'il s'agit ici, plutôt de la personnalité de Richard, et l'on doit enregistrer la présence, chez lui, d'un dualisme lointain et permanent, qu'on retrouve dans les œuvres (notamment dans *Tannhäuser*) et dont les pôles ont été Cosima et Judith à un moment tournant de sa vie.

Si nous voyons juste à cet égard, on comprend mieux que les rêves où Cosima l'abandonne renvoient à la tension entre spiritualité et charnalité; au réveil, il se trouve confronté avec ce que serait sa vie sans Cosima, — mais un court instant, il a vécu dans les parages des Filles-fleurs et de leurs envoûtements.

L'apport d'Angyal au présent thème n'a sans doute pas à être répété ici. Les images où 'Cosima le quitte' correspondent à une pente de sa personnalité, à un choix possible, à une lecture définie de sa situation, et le fait qu'il ait toujours renouvelé son engagement à l'égard d'elle montre bien qu'il a toujours préféré aussi la personnalité de plus haut niveau.

Cosima lui présente le visage de sa maturité, la tâche de sa personnalisation ultime et l'accession à l'accomplissement de soi. On vérifiera sur la fiche reprise d'Erikson en annexe qu'elle figure sous le terme de gauche dans tous les couples en opposition dans les crises existentielles. Elle est elle-même la confiance existentielle qui le prémunit contre la défiance généralisée.

'R. est revenu une fois encore, me disant : 'je ne saurais pas du tout à quel point il m'aime; ce lui est toujours comme un rêve, que je sois entièrement là, il ne cesse de croire que je lui suis seulement prêtée' (21-X-1870).

Elle se trouve aussi, au niveau suivant, du côté de l'autonomie, de la loi qu'il se donne librement à lui-même, et l'alternative n'est que honte et doute :

'Je me représente mon dégoût devant toute existence possible si tu n'étais pas née' (5-IX-1871).

Elle représente aussi ce qu'il a fait. Dans un sens, il n'existe comme Wagner que par sa relation à Cosima, et, sans elle, il serait abandonné à la culpabilité et à ses sentiments perpétuels d'infériorité qui lui font ressentir au décuple les critiques ou la réprobation sociale :

'D'ailleurs, personne n'aurait pu mieux me convenir et mieux m'appartenir; tu as été la seule qui m'a complété, partout ailleurs, je ne tenais que des monologues' (15-I-1872).

Elle a le visage de ses réalisations, non seulement dans ses œuvres qui se terminent sous son 'règne', mais dans la mise sur pied du Festival, dans l'institutionalisation de Bayreuth, dans la création des Cercles Wagner, des organes de presse, des réseaux d'amitié et de ferveur.

'Je voudrais bien savoir de quelle manière je serais allé à ma perte, si je n'étais pas parvenu à te gagner' (6-II-1872).

Elle incarne pour lui le mariage, non pas comme une réalité sociologique, mais comme l'union durable et constamment renouvelée de deux êtres collaborant à la même tâche, et à l'éducation de leurs enfants.

'Ma noble épouse, m'a dit R. aujourd'hui' (20-IV-1872).
'A Vienne, devant un cercle de gens, R. me nomme son épouse royale' (11-V-1872).

Au-delà d'elle, sans elle, il n'y a que désert et désolation.

'Tu es mon élément, mon atmosphère, c'est en toi et dans les enfants seulement que je suis' (30-VII-1872).

L'épouse ne masque jamais la mère. Richard souvent rabroue Cosima de trop se donner aux enfants, mais il est clair qu'il voit là sa première tâche et son souci le plus haut:

'Tout verdit et fleurit à notre rencontre, nous sommes réunis ...' (23-V-1879).
'Tu es le Dieu qui habite dans ma poitrine' (20-III-1880).

C'est précisément parce qu'elle manifeste ainsi le sens le plus haut de son existence, en elle-même, et dans les réalisations qu'elle a rendues possibles, qu'il se regimbe secrètement contre elle. Finalement, elle prend pour lui la figure de la mère enveloppante, celle qui à la fois aime inconditionnellement et celle qui ne cesse de proposer des choses à faire, des opéras à terminer, des chanteurs et des cantatrices à repérer et à former, des articles à écrire, des représentations à superviser. Elle est norme vivante, conservant son calme quand il explose, maîtrisant les frémissements de sa jalousie pour sauver la face, diplomate quand il blesse et humilie, excusant même son intransigeance et ses impétuosités, partageant ses préventions, ses admirations, ses refus, ses goûts — comment ne pas s'étonner qu'il se rebelle parfois, surtout quand il détend ses élans, et se dorlote dans le sommeil? Finalement, chacun des rêves où elle le quitte lui est un appel et un rappel. Même si c'est à Richard qu'elle a engagé inconditionnellement son existence, c'est parce que Richard est Wagner et qu'au travers de lui s'accomplit quelque chose d'important dans l'histoire universelle, et plus particulièrement dans la vie allemande.

E. L'énigme de l'unicité

'Richard l'Unique», tout wagnérien possède dans sa bibliothèque ce volume de caricatures, de parodies et de satire (Forum Vg, Vienne, 1963). En quoi, unique? Certes pas pour ses lettres à la couturière viennoise ou les éclats de son orchestration. Prise au sérieux, cette question rouvre le débat que certains personnages de Malraux menaient dans les *Noyers de l'Altenburg* : où chercher la personne, dans son secret, ou dans son œuvre? Au terme de notre étude des rêves de Wagner, nous nous trouvons devant davantage de questions que de réponses. Le secret reste bien gardé. Les images derrière lesquelles il se dérobe conservent leur mystère. Le déchirement de Richard entre l'amour pour Cosima et l'angoisse qu'elle le quitte (peut-être le désir?) ne semble pas pouvoir être dépassé. Au moins tant qu'on en reste au matériel des rêves, ou à celui de la vie quotidienne, des prononcés, des vitupérations, de tout ce qui remplit les pages des *Journaux*. En revanche, l'œuvre s'éclaire dans ses profondeurs. Le débat central qui l'anime est celui de la *personnalisation*, ce 'deviens qui tu es' compris comme l'appel moral ultime. L'*Anneau* montre combien cette conquête de l'authenticité est compromise par la hantise du pouvoir dont l'Or est le symbole, par l'instauration sociale, la 'convention' qui consolide la puissance des puissants sous le règne des dieux. Parsifal (opéra initiatique, montre J. Chailley) est l'avènement à sa propre humanité de l'homme égaré par son innocence et par les sortilèges des Filles-fleurs. Une fois que la lance aura retrouvé le Graal, Parsifal, délivré par la mort de Kundry de la charnalité de la chair, pourra instaurer le règne de l'homme entièrement homme, se marier, engendrer Lohengrin.

Le *Faust* de Goethe justifiait finalement son existence par l'instauration d'une cité libre fondée sur le travail gagnant les terres sur l'hostilité originelle de la nature. Wagner ne nous propose pas une conquête extérieure, mais tout intérieure, au-delà du collectivisme inhérent aux grands mouvements de son siècle et du nôtre, dont le Dr. Faustus enregistre l'échec ultime. Cet échec, que notre XXe siècle finissant ne cesse de réciter, nous reconduit à ce que Wagner a accompli, souvent contre ses intentions nationalistes, plus dans son œuvre que dans sa vie dont les rêves soulignent l'énigme.

BIBLIOGRAPHIE

Nous avons cité de manière allusive pour ne pas alourdir notre texte de références universitaires.

Nos abréviations renvoient aux ouvrages suivants :

C	A. COEUROY, *Wagner et l'esprit romantique*, 'Idées', NRF, 1965.
DM	Comte R. Du MOULIN-ECKART, *Cosima Wagner*, tr. fr. Stock, 1933
E & S	E.H. ERIKSON, *Enfance et société*, tr. fr. Delachaux et Niestlé, Neuchâtel, 1966.
G.-D.	M. GREGOR-DELLIN, *Wagner au jour le jour*, 'Idées', NRF, 1976.
IR	S. FREUD, *L'interprétation des rêves*, tr. fr. PUF, 1971.
N	E. NEWMAN, *The life of Richard Wagner*, 4 volumes étagés de 1933 à 1947, Cassel, Londres.
RMJ	R.M. JONES, *The new psychology of dreaming*, Penguin Bks, Harmondsworth, GB, 1978 (l'original a paru chez Grune & Stratton, NY, 1970).
RZ	R. ZELLWEGER, professeur de langue et de littérature allemande à l'Université de Neuchâtel, souvent consulté pour la traduction des rêves du corpus.
S	E. SANS, *Richard Wagner et la pensée schopenhauerienne*, Klincksieck, 1969.
ST	W. STEKEL, *Die Sprache des Traumes*, Bergmann Vg, Wiesbaden, 1911.

L'annexe II est tirée de P. MULLER, *Le CAT*, Huber, Berne, 1958.

Deuxième partie
Le corpus des rêves

1869. Tribschen (M. Gregor-Dellin, 213-220)

Cosima commence son *Journal* avec l'année. Elle est désormais, et pour toujours, avec RW, dont elle attend un troisième enfant (après deux filles, elle lui donnera un garçon, Siegfried, le 6 juin). Année de travail: RW va achever *Siegfried* et aborder le *Crépuscule*, il écrit un essai sur Devrient, révise son essai sur *Le Judaïsme dans la musique*, réédite *Opéra et Drame*, se met à son *Essai sur la direction d'orchestre*. Année de tensions: avec le roi (Louis II), qui dès février manifeste sa volonté de faire représenter les opéras terminés du cycle de l'*Anneau*, et d'abord l'*Or du Rhin* (première le 23 septembre à Munich). Le renom de RW se répand toujours plus. Les *Maîtres chanteurs* se donnent à Karlsruhe et à Dresde, *Rienzi* à Paris, RW est élu membre d'honneur de l'Académie de Berlin. Deux rencontres marquent l'année: Nietzsche, qui vient pour la première fois à Tribschen le 17 mai, et qui s'y trouvera dans les jours de Noël suivant; Judith Gautier, qui fait une apparition à Tribschen avec son mari d'alors, C. Mendes, et leur compagnon, Villiers de l'Isle-Adam du 6 au 25 juillet, qui revient une nouvelle fois après avoir assisté à la première de l'*Or du Rhin*, à fin septembre. Par ailleurs, Cosima obtient de Hans von Bülow, dont elle porte encore le nom, une lettre généreuse qui lui accorde le divorce (17 juin).

1 - 7-1 ,'Richard m'a raconté un rêve agréable qu'il a eu cette nuit, et dans lequel nous parlions et nous promenions tous deux dans l'intimité et la confiance'.

+b Aff/Sex[1]

Eva n'est pas bien. Cosima se sent coupable d'être là, elle se croit espionnée (6.1.1869); elle s'inquiète de Daniéla et de Blandine, restées à Munich.

[1] Pour la cotation des rêves, voir l'Annexe II et la table p. 43.

2 - 24-2 'Puis il me raconte qu'un mauvais rêve l'a incité à télégraphier à Lang de ne faire aucun usage des indications qu'il lui a fait parvenir', I, p. 71[2]

Cft $<\genfrac{}{}{0pt}{}{\text{b Agr}}{\text{b DéfResp}}$

Il s'agit d'un article concernant le livre de Devrient sur Mendelssohn. RW songe à réviser son pamphlet contre les Juifs. Comme on l'a montré, son attitude ici reste conflictuelle et ambivalente. On peut supposer que le 'mauvais rêve' tourne autour de ce thème. Lang est rédacteur de la revue concernée.

[2] Les rêves qui ne sont pas suivis du renvoi à la traduction française ont été retraduits ou modifiés plus ou moins sensiblement, par nos soins, et avec les conseils de RZ.

3 - 25-2 'Richard a rêvé que nous étions mariés, que je me promenais vêtue d'une robe de satin blanc à la Terburg, dans notre grande et confortable maison et que je lui montrais Eva dans un coin'.

+ b Sex
b Prot

La situation reste tendue; Cosima avance dans sa grossesse, mais elle n'est encore que clandestinement à Tribschen, surtout aux yeux du roi.

Terburg renvoie à Gérard ter Borch, † 1681. Une de ses toiles, intitulée 'Le concert', qui, à l'époque, se trouvait à Berlin, représente une jeune joueuse de violoncelle, de dos, en corsage de satin corail à col de fourrure brun foncé; elle porte une robe de satin blanc du plus bel effet. Si c'est à elle que renvoie le rêve, on notera que le tableau est une scène 'intimiste', et qu'y figure un deuxième personnage, vu de face, en retrait, sensiblement plus âgé.

Eva est la 4ᵉ fille de Cosima, la 2ᵉ dont RW est le père.

---

4 - 4-3   'R. et moi avons eu tous deux les mêmes rêves: nous recevions des visites et nous nous réjouissions chacun de la présence de l'autre, et nous nous sentions bien et gais. La différence pourtant, c'est que dans mes rêves, Blandine est toujours là', I, p. 75.

b Aff
+ b Sex
Elat

Blandine est la première des filles issues de la liaison de F. Liszt avec Mme d'Agoult; elle avait épousé l'avocat et homme politique français Emile Ollivier, et elle était morte en couches, à St-Tropez, en 1862.

---

5 - 1-4   'Il a souvent eu en rêve, me dit-il, le sentiment de voler [et, à l'état de veille aussi, il a parfois l'impression qu'il lui suffirait de vouloir pour planer très haut au-dessus du monde]', I, p. 91.

b Auto

RW rapproche ce sentiment de la confiance de pouvoir vaincre tous les obstacles à force de volonté. Souvent symbole de 'puissance' (à connotations sexuelles).

---

6 - 20-4 'Richard, en revanche, me voit sur la civière des morts, entourée des enfants', I, p. 100.

i Agr-P

Premier des rêves où Cosima le quitte. Ici, Cosima note qu'elle a eu des pensées de mort la veille au soir (elle n'est pas bien, elle se trouve au septième mois de sa grossesse). RW n'est pas très bien non plus.

On peut voir ici une réassurance, comme dans les rêves où l'on se revoit passer — et rater — un examen effectivement réussi: au réveil, on se trouve réconforté d'avoir eu un rêve 'faux'.

---

7 - 6-5   'Richard en rêve [de *Tannhäuser* représenté à Boston, USA], puis il rêve que je viens le voir avec Eva, et il est hors

de lui parce qu'il n'a pas les rêves convenables pour me recevoir', I, p. 107.

b Consi (pour la représentation américaine)
b Aff
Abatt
d Intell

Très rare allusion à des rêves 'inconvenants', dont le contenu reste indéterminé.

8 - 27-6   '[Quand je me sens gai comme aujourd'hui, j'entonne des hymnes à ton intention, et pourtant] j'ai rêvé que tu ne m'aimais plus et que tu me quittais', I, p. 134.

i Agr-P

Siegfried est né depuis trois semaines, Cosima se relève péniblement de couches. Elle a écrit le 15 à H. von Bülow et en a reçu le 17 une lettre qui semble inaugurer des temps meilleurs (G-D, p. 215-6). Le rêve renvoie sans doute au fait que RW est effectivement écarté de la chambre de Cosima depuis la naissance de Fidi.

9 - 12-7   'Richard a rêvé qu'il planait dans les airs avec moi'.

b Auto
+ b Sex

Cosima reprend sa vie coutumière. Elle est soucieuse de régler sa situation à l'égard de Hans von Bülow.

10 - 23-8   'En s'éveillant, il me dit: 'J'étais loin, très loin, mais partout avec toi, en dormant ou en veillant', I, p. 164.

b Cur
+ b Sex

Le 'mais' semble indiquer qu'en fait RW était très loin... Il y a quelques jours que le groupe des 'Français', avec Judith Gautier, s'est arrêté pour deux semaines à Tribschen, et que RW a 'fait le fou' pour ses hôtes, grimpant aux arbres, escaladant la maison de l'extérieur.

11 - 20-9   "Hier, R. m'a raconté un rêve charmant: il traversait un pont avec moi, et me conseillait d'aller lentement, mais j'étais imprudente et tombais à l'eau; je ne faisais cependant que me mouiller, ce qui poussait R. à se dire: 'Je prendrai

toujours sur moi des chaussures et des bas'; ensuite, il entendait soudain le thème de Siegfried joué avec quelques variations sur la trompette d'enfant, et se réjouissait que je l'eusse appris à Siegfried; là-dessus, il s'éveilla''.

Danger
b Prot
(b Prot)
Sens-Esth
Elat

Siegfried a juste trois mois...

La chute de Cosima est proche de 'Cosima me quitte' (i Agr-P). De plus, le 'pont', qui reviendra plus tard, renvoie à des images orientales liées à la mort. RW reste 'schopenhauerien', et communie avec Cosima avec quelque complaisance dans l'aspiration à la mort commune. La seconde partie du rêve contredit la première. Le thème de Siegfried est celui de l'affirmation joyeuse.

---

12 - 11-11   'Richard et moi avons fait le même rêve: nous nous enlacions', I, p. 194.

b & i Aff (Sex)

Temps difficiles, notamment en raison d'un éloignement sensible du roi, auquel RW écrira bientôt: 'Et maintenant, je pose la question dont la réponse définira pour nous l'avenir. Voulez-vous ou ne voulez-vous pas mon œuvre (Tétralogie) comme je la veux' (G-D, p. 219). R. n'est pas bien, Cosima en souci pour Hans von Bülow s'inquiète pour Siegfried, malade, et elle reprend difficilement le dessus sur les séquelles de son accouchement.

---

13 - 5-12   'Richard a rêvé que je devais partir pour Munich et que j'avais l'air si bouleversée...'.

i Agr-P
Danger
Ten

Toujours la négociation du divorce. R. a le rhume. Cosima est fortement mise à contribution par Fidi.

1870. Tribschen (G-D, p. 220-225)

Quatre accents principaux à cette année. D'abord les événements internationaux, la guerre franco-allemande, déclarée le 19 juillet (c'est E. Ollivier qui l'annonce au Palais-Bourbon), décidée le 4 septembre par l'effondrement de l'Empire napoléonien à Sedan, qui se traîne dans les mois suivants. Ensuite le divorce de Cosima et le mariage du couple à l'église protestante de Lucerne (18 juillet et 25 août). Puis, pour les œuvres, le succès éclatant de la *Walkyrie* à Munich (mais toujours contre le sentiment de RW, qui s'emporte de voir sa Tétralogie représentée en pièces détachées), doublé par le four tout aussi éclatant des *Meistersinger* à Berlin (en avril: 'monstre musical', 'charivari affreux'); dans les derniers jours de l'année, RW compose la *Siegfried-Idyll* qui sera jouée à Tribschen lors de l'anniversaire de Cosima, à la Noël. Enfin, RW écrit son livre le plus important de critique musicale, le *'Beethoven'*. Le 5 mai, RW a son attention attirée sur le Théâtre d'opéra des margraves à Bayreuth, et ses projets prennent corps.

---

14 - 19-1   'Richard me raconte qu'il a rêvé cette nuit qu'il était ministre de la reine Anne d'Angleterre, et qu'il se disputait avec un certain Lord Evans (aha! se disait Richard à lui-même, celui-là ne sait pas encore qui je suis, il me prend toujours pour un musicien)', I, p. 218.

b Consi
i d Consi

RW travaille aux premières scènes du *Crépuscule*; il s'inquiète des projets de Louis II concernant la *Walkyrie* séparément, à Munich.

La reine Anne (1665-1714) règne de 1702 à 1714. Dernière des Stuart. Limitations intellectuelles, mauvaise santé, très dévote. Sauf sur ce dernier point, le personnage ferait songer à Louis II, significativement travesti et rabaissé. Quant à Evans, il pourrait s'agir d'un personnage des *Joyeuses Commères de Windsor*, pas très central, plutôt ridicule, ce qui travestirait significativement les personnages du cabinet bavarois avec lesquels RW est en bisbille.

---

15 - 7-2   [Alors que R. était déjà dans sa chambre, je l'entendis s'écrier]: 'Je ne ferai certes pas une visite aux Wesendonk'. (La nuit précédente, il avait rêvé qu'il était chez eux et qu'il avait dû subir la lecture de remarques longtemps gardées en

réserve sur une de ses brochures, et que, pendant ce temps, il n'avait pas cessé de chercher son chapeau sans pouvoir le trouver'), I, p. 227.

[on cote la parenthèse]:
i Agr-V
b Constr
échec b Consi
b Ret et échec b Ret

On retrouvera le thème du 'chapeau'.

16 - 15-2 'Richard a rêvé qu'il se promenait avec Goethe, il s'entretenait avec lui, voulait rester près de lui, 'j'avais trouvé ma vocation en fréquentant un tel homme'', I, p. 230.

b Aff
b Consi
i Consi

RW travaille au *Crépuscule*. Il parle souvent d'entrer 'dans l'âge de Goethe', sagesse sereine, abandon de la Volonté, renoncement sans aigreur.

17 - 25-4 'Richard a un rêve triste, il rêve de notre séparation', I, p. 258.

Echec + b Sex
(évt: i Agr-P)

Le printemps est venu. Le divorce n'avance pas. Les préparatifs à Munich pour la première de la *Walkyrie* indisposent RW. Il se trouve, dans l'esquisse orchestrale du *Crépuscule* à peu près à l'instant où Siegfried va revenir auprès de Brünnhilde pour la gagner à Gunther. Un jour plus tard, commentaire de RW: celui qui est heureux ne peut avoir que des rêves où il est anxieux de perdre ce qu'il a (25-IV-1870).

18 - 2-8 'Il rêve de sa femme, qui a été insolente et méchante à notre égard, et contre laquelle il ne peut se défendre qu'en lui criant: 'mais tu es morte!'. Ce cri le réveille', I, p. 305.

i Agr-V
b Agr-V

Le divorce vient d'être prononcé; le mariage est à l'horizon; Cosima a acheté les bagues.

Premier des rêves où Minna ('sa femme') apparaît agressive, revendicatrice, quémandeuse, hostile, mais aussi source de mauvaise conscience pour RW.

19 - 25-9   'J'ai rêvé de toi dans un rêve extraordinairement beau, me crie R.; il me le raconte ensuite: 'Nous étions arrivés avec les Ritter à Hanovre, et nous habitions avec eux; convaincu que tu m'avais traité sévèrement, je sortais de mauvaise humeur; j'avais ensuite une dispute dans la rue avec un homme à cheval, mais j'étais partout salué et traité avec toutes les marques de la plus grande vénération; or c'était ton œuvre; je faisais demi-tour et regardais la maison que tu m'avais aménagée, tout était simple mais intelligent, tu avais pourvu à tout, les tapisseries de ma chambre étaient rouges avec des petites bandes blanches, les rideaux de même; le piano était chez toi, c'était chez toi que je devais travailler; je remarquais alors que la pièce était une grande salle; c'est ici que Cosima recevra, pensai-je, et comme elle s'y entendra! Comme je reconnaissais partout ton amour et ta sollicitude, je voulais, plein de la plus profonde gratitude, aller vers toi et me jeter à tes pieds lorsque je m'éveillai'.

i Agr-Co
b Iso
i Agr
i Consi
i Prot
+ i Sex

Ils sont mariés depuis un mois; la guerre tire à sa fin. RW n'est pas tout à fait bien. On notera le mouvement du rêve, qui passe par une froideur entre les époux pour insister sur les marques de la sollicitude de Cosima.

Les Ritter entrent dans la vie de RW en avril 1848, encore à Dresde. La mère, Julie, assurera une pension à RW dans les années zuricoises. Le fils passera de la musique à la littérature (1830-1891). Il entoure RW dans les jours difficiles de 1850 (quand celui-ci doit renoncer à partir avec Jessie Laussot), et derechef, lors de la séparation définitive de RW et de Mathilde Wesendonk, il l'accompagne jusqu'à Venise, 1858.

20 - 25-9   Enchaînant avec le rêve précédent, Cosima note: 'Il m'a raconté hier qu'il avait rêvé de Minna, elle avait été désagréable avec moi'.

i Agr (par Minna à l'égard de Cosima)

RW continue en se félicitant de l'efficacité du mariage. Ils projettent d'aller ensemble à Berlin.

21 - 6-10　'Richard a rêvé d'une pluie d'or' [et prétend que cela s'applique à l'arrivée du tableau], I, p. 341.

grat b Acqui?

Le portrait de Cosima par Lenbach vient d'arriver; elle avait de longs cheveux blonds, mais le tableau les présente plutôt foncés (blondeur intense plutôt que claire).

Par ailleurs, les affaires de RW tendent à s'arranger sous la gestion prudente et avisée de Cosima, et à mesure que l'on avance, et que le renom de RW s'affermit sur les scènes européennes (les lois sur la propriété intellectuelle vont entrer en vigueur), sa situation matérielle cesse d'être aussi tendue, au moins quant aux ressources du ménage, que dans les périodes de détresse des années 1850 à 1864. La cotation en reste à la signification 'monétaire' de l'or.

22 - 18-10　'Richard a rêvé qu'il avait une conversation amicale avec Moltke', I, p. 347.

grat b Consi

Rêve véritable ou simple vœu? RW est à l'affût de nouvelles protections pour la réalisation de ses projets concernant Bayreuth, et il désire alléger sa dépendance à l'égard de Louis II.

Les jours précédents, Cosima enregistre plusieurs notes sur l'armée, l'organisation prussiennes. Les Allemands continuent leur occupation de la France, ils viennent de prendre Soissons. On peut donc aussi ranger ce rêve parmi les 'rêves de vanité'.

Helmut Moltke (1800-1891) joue un rôle décisif dans la guerre franco-allemande.

23 - 20-10　'Richard a rêvé de sa défunte et 'bienheureuse femme' [Elle n'est pas ma bienheureuse femme, c'est toi qui l'es au sens où l'on employait cette expression au Moyen-Age'].

pas assez net pour être coté.

Le terme allemand, 'selig' est utilisé pour désigner les personnes décédées, mais présume qu'elles goûtent la béatitude céleste. D'où la protestation de RW qui figure entre crochets droits, et n'entre pas dans le 'récit du rêve'.

24 - 25-10 'Richard rêve à nouveau de sa femme qui ne veut pas reconnaître notre mariage; un trait revient sans cesse dans ses rêves: il s'inquiète de l'argent dont elle peut disposer, se demande s'il lui en a envoyé; c'est la conséquence du souci permanent qu'il avait dans la vie réelle de la pourvoir du nécessaire'.
i Agr
b Prot

25 - 30-11 R. raconte son rêve à son 'bon miracle': 'J'arrivais avec Minna à Constantinople, et j'étais tellement subjugué par la beauté de l'endroit que je m'écriais: 'Tant qu'on ne l'a pas vu, on ne peut se faire aucune idée d'un endroit pareil'. J'allais ensuite par d'étroites rues tortueuses où je croyais reconnaître les lieux où les chrétiens étaient cachés lors des persécutions; je passais devant des bâtiments très étranges, des ménageries, etc., et je m'aperçus soudain que j'avais perdu Minna; Rus vint alors vers moi, et je la cherchais avec lui à travers un dédale de rues lorsque je vis qu'il était blessé à une patte; 'Seigneur Jésus', m'écriai-je; je prenais l'énorme et lourd animal dans mes bras, et j'arrivais ainsi en soufflant jusqu'à une auberge où je demandais une voiture et un restaurant; l'hôtesse m'en désignait un, *Sporchelt und Hausschild*, mais en le nommant, elle sautait, effrayée en remarquant qu'un homme l'avait entendue donner l'adresse. 'Aha! me dis-je, ce sont tous des coquins' et je partis. Le spectacle de la ville me plongea à nouveau dans le ravissement, et j'ai dû m'endormir plus profondément dans ce sentiment, car, lorsque je me retrouvais dans une voiture conduite par un cocher turc, je me dis: 'ce sont eux qui t'ont porté endormi dans cette voiture'. Cependant, Rus n'était pas avec moi, je le cherchais et le trouvais sous la banquette de la voiture. Ensuite je constatais que je n'avais pas mon chapeau, je le voyais derrière moi rouler au flanc de la colline, me suivant comme un petit chien; mon cocher ne voulait pas s'arrêter et je me suis réveillé dans cet état d'énervement', I, p. 366/7.
+ i Sex (Minna)
Sens-Esth
b Cur
d i Ret

i Aff (Rus)
b Prot
b Ass
i Agr-Danger
b Auto
Sens-Ment
(Danger)
(b Prot)
d b Ret
Ten

Ce 'grand rêve' comporte plusieurs éléments énigmatiques. Il met en scène une Minna sans hostilité, mais qui se perd comme un chapeau. Il prend une tonalité paranoïaque (le rêveur se sent l'objet d'une hostilité vague, il soupçonne les gens autour de lui d'être des 'coquins' et de l'emporter sans son aveu vers une destination mystérieuse, sans tenir compte de son désir de récupérer 'son chapeau'). On ne trouve pas trace de 'Sporchelt et Hausschild' dans la biographie de RW (mais il s'agit peut-être de quelque enseigne lue à l'aventure à Lucerne, ou dans une des nombreuses villes où RW a passé). Les deux noms n'ont pas de consonance juive particulière. 'Sporchelt' évoque 'Spelunke', bouge, donc un endroit équivoque et vaguement menaçant. Rus (cf. p. 27) est un grand chien qui revient aux rêves n^{os} **98, 112, 136**, etc.

1871. Tribschen, voyages en Allemagne (15-4 - 16-5) et à la fin de l'année (G-D, p. 226-32)

Les événements internationaux dominent encore. La guerre franco-allemande se terminera, pour l'Allemagne, par le Traité de Francfort du 10 mai (la France y cède l'Alsace et la Lorraine) mais elle a eu comme retombée, en Allemagne même, l'instauration de l'Empire (proclamé le 18 janvier); pour la première fois, les territoires allemands sont réunis dans une institution unique, les Allemagnes deviennent l'Allemagne. Le sentiment national s'exalte, et RW y consacre une 'Marche impériale', il rêve de faire pour la culture allemande ce que Bismarck vient d'accomplir pour la politique. Par ailleurs, le dérapage sanglant de la Commune jette des lueurs sombres sur la fin du siècle. Pour ce qui concerne plus personnellement RW, son renom continue à se consolider. Le *Vaisseau* triomphe à Vienne (27-1), *Rienzi* est repris à Vienne (mai) et à Munich (juin). RW écrit la *'Destination de l'Opéra'*, et Nietzsche *Naissance de la tragédie de l'esprit de la musique*. RW termine *Siegfried* et esquisse le *Crépuscule*. Mais avant tout, Bayreuth. Les époux s'y rendent en avril: impossible de tout centrer sur l'opéra des Margraves, qui ne peut être adapté aux fins de RW. Commencent alors des tractations pour des solutions alternatives, surtout la construction d'un nouveau théâtre. Le 7 novembre, la Municipalité est autorisée à céder un terrain sur lequel édifier la Maison du Festival. Du coup, il faut de nouveaux plans financiers. RW ne peut tout attendre de Louis II. Il espérait en Bismarck, mais l'entrevue du 3-5 tourne court. Il va favoriser la constitution d'une 'Association de patronage', dont les membres, individuellement ou collectivement dans les cercles Wagner, souscriront des 'bons de patronage'. L'animateur prévu est Tausig, qui meurt cependant inopinément en juillet, à trente ans, de la typhoïde.

---

26 - 3-1   'Richard est venu me voir cette nuit pour me demander si je l'aimais; il avait eu un cauchemar qui l'inquiétait', I, p. 383.

Ten

Pas d'autres indications sur le contenu du cauchemar (Cosima le quitte?). Dans les jours qui précèdent, les époux ont passablement parlé des luttes qu'ils ont menées contre leur amour réciproque.

27 - 10-2   'Il a rêvé de mon père, [et réfléchit à la phrase de celui-ci, disant que le Beethoven n'est pas catholique : 'la magie naturelle qui explique le monde sans intervention divine, voilà ce qu'ils redoutent'], I, p. 408.

pas assez net pour être coté

On ne peut décider si 'le' Beethoven concerne le musicien, ou l'essai critique de RW. On retrouvera d'autres indications de la tension existant entre les deux hommes, entre leurs périodes d'effusion et de congratulation réciproque.

28 - 5-3   'Ce matin, R. me raconte qu'il a rêvé qu'on lui arrachait une dent terriblement grosse'.

d Santé phy

Dans leur approche des rêves, les époux voient ici un signe fâcheux, peut-être un nouveau coup du roi ... Voir n°s 34, 70, 176, 227.

29 - 13-3   'Richard me raconte qu'il a eu cette nuit un rêve qu'il faisait très souvent bien avant sa rencontre avec le roi de Bavière ; le roi de Prusse Frédéric-Guillaume IV l'accablait de ses 'faveurs avisées', faisant preuve à son égard d'un amour immodéré, si bien que lorsqu'il vit pour la première fois le roi Louis, il pensa que son rêve allait se réaliser', I, p. 427.

+ i Aff
i Consi

Le rêve du jour est difficile à dégager du commentaire. Le personnage royal en cause est un des plus réactionnaires de la Prusse post-napoléonienne (1795-1861, roi dès 1840), qui régnait à l'époque de l'émeute de Dresde (1849), non sans responsabilité dans le durcissement de la situation ; ce sont ses soldats qui entourent Dresde, et écrasent le soulèvement. Rêve apotropaïque ?

30 - 16-3   'Richard me raconte qu'il s'est éveillé en pleurant cette nuit : il avait rêvé de l'époque où nous étions séparés, me rendait visite, et je lui apparaissais sous la forme d'un esprit désincarné ; ['c'étaient nos plus tristes moments']', I, p. 427-28.

i Agr-P
Abatt

RW vient de terminer la *Kaisermarsch*. Toute la famille n'est pas bien. Noter l'image du rêve: Cosima lui apparaît désincarnée. Quelques mois auparavant, le 11-11 précédent, elle avait noté dans son *Journal* que d'elle toute passion s'est évaporée dans l'amour, alors qu'elle est encore présente en R., et un jour plus tard, elle se disait 'mûre pour le cloître'.

---

31 - 18.3   'R. me raconte qu'il a dansé avec moi cette nuit, c'est-à-dire qu'il a fait une démonstration aux enfants'.

b Constr
b Consi

Est-ce véritablement un rêve? RW. enchaîne: 'est-ce mauvais signe?' sans doute en songeant à une théorie implicite de la fonction du rêve et de son symbolisme.

---

32 - 11-7   'R. a fait un rêve amusant et me le raconte: 'Je voyais la vieille tante Frédérique tout d'un coup, mais extrêmement rajeunie, et je voulais te l'amener, me disant: 'Que va dire Cosima si je lui amène la vieille tante au sujet de laquelle je lui ai dicté certaines choses?'; je lui donnais le bras, elle était très lourde, je lui demandais donc si elle était fatiguée: 'j'aurais préféré y aller en voiture', aussi je cherchais une voiture; soudain je pense: 'Mais elle est morte depuis longtemps!'. Elle ne parlait guère; je cherche la voiture mais je ne vois rien que des sortes de paniers et je me dis: 'Non, tu ne peux pas l'emmener là-dedans, il faut qu'elle voie que tout se passe bien chez nous', et je demande 'pas d'autre voiture?', alors arrive un bonhomme un peu dans le genre de Pecht, qui dit: 'Keller et Brandt ont de bonnes voitures, il n'y a qu'à aller les chercher', et moi: 'Ah, Jésus! Mais nous sommes tout près de la maison!', à quoi l'autre réplique: 'Mais Brandt est très occupé, il a participé à *Shepherds* et il y a fait de mauvaises affaires' — ainsi se perd mon rêve'.

i Aff (présence de la vieille tante F)
b Aff (veut la présenter à C)
Fatigue (Mal)
b prot
Mil-Inad
i Ass
d Rich

Grand rêve, difficile à interpréter. La tante en question est en effet citée dans ML; c'était la sœur du père (Wagner) et d'Adolphe, et elle vivait avec ce dernier quand RW avait résidé chez lui. Elle était morte en 1838. Pecht est un peintre allemand que RW connaît à Paris, qui n'arrivait pas au bout de ses tableaux. Keller est sans doute Gottfried Keller, connu à Zurich, dont les époux lisent diverses nouvelles cette année-là. Enfin Brandt est le décorateur qu'ils ont vu à Darmstadt, en mai, et que RW finira par attirer à Bayreuth. On notera que le rêve opère une coupe temporelle à travers la biographie de RW, réunissant des allusions à la petite enfance, au premier séjour parisien (avec Minna), à l'exil à Zurich dans les années cinquante, et au récent voyage à travers les villes et les scènes allemandes.

33 - 21-7   'R. rêve de Tausig', I, p. 483.

Trop vague pour être coté, mais on peut supposer une humeur Abatt.

K. Tausig (cf. p. 70) était un pianiste, élève de Liszt, qui avait préparé la transcription des *Meistersinger* pour le piano. Très doué, terriblement enthousiaste de RW, il venait de mourir. Cf. le rêve suivant.

34 - 21-7   [La phrase précédente est suivie de:] 'La semaine dernière, il a rêvé qu'il perdait ses dents en grand nombre'. [Là-dessus arrive la mort de Tausig, comme pour nous avertir de ne rien entreprendre à l'extérieur].

Mal

Dans la théorie des rêves implicite chez RW, la perte de dents est l'annonce de catastrophe. De fait, il ressent durement la perte de Tausig dont il espérait beaucoup pour la société de patronage, et pour Bayreuth. Cf. n°s 28, 70, 176 et 227.

35 - 22-7   'R. me raconte son rêve: les deux petites se trouvaient dans un minuscule canot dans lequel on ne pouvait avoir aucune confiance; [et R. a eu tellement peur que cela lui a donné la force nécessaire pour se réveiller et mettre fin au rêve]', I, p. 484-85.

Danger (pour les 'petites')

Entre crochets, on voit poindre une des théories du rêve à l'arrière-plan de la conscience de RW, le rêve conçu comme un 'message' ou un 'interlocuteur' avec lequel la conscience négocie.

36 - 22-7   'Ensuite, j'ai rêvé de la Schröder-Devrient, j'entretenais des relations avec elle', ibid.

b Sex?

Il s'agit de la cantatrice si importante dans le tout début de la carrière (et de la vocation) de RW, Wilhelmine Schröder-Devrient, (1804-1860), devenue célèbre par son apparition dans le *Fidelio* de Beethoven, appui de RW dans ses années de Dresde, et comme lui, bannie après les échauffourées de 1849. On ne prête sans doute qu'aux riches: sous le manteau circulaient des '*Mémoires d'une cantatrice allemande*' que leur auteur avait mises à son nom. Cosima demande donc à R. de préciser la nature de ces relations. Il répond: 'comme d'habitude, aucunement de nature tendre; non jamais elle n'aurait pu éveiller en moi une nostalgie amoureuse; il n'y avait plus assez de pudeur, pas de mystère dans lequel pénétrer' (ibid). Mais ... Le 19 précédent, Cosima note un moment d'éloignement entre elle et R., et ajoute entre parenthèses (incident dans lequel il a été peut-être trop passionné, et moi peut-être trop sur la réserve ...).

37 - 25-7   '[Nous en venons à parler de l'amour en partant de son rêve]. R. me raconte que nous étions brouillés, que Hans en était content, que lui, R., voulait partir, et que moi aussi je voulais le faire partir; c'était la triste époque de Munich', I, p. 486-87 (la dernière phrase est peut-être un commentaire).

d i Aff
b auto
i Agr-P

La conversation concerne l'amour, et tous deux, en véritables schopenhaueriens, concluent que l'union parfaite n'est possible que dans la mort.

38 - 11-8   'R. rêve qu'il propose ses partitions à l'empereur par l'intermédiaire de Bismarck et qu'il en demande une avance de 4000 thalers pour les enfants'.

b Acqui
b Prot

Sans doute en partie provoqué par les nouvelles de Munich, selon lesquelles Louis II s'est brouillé avec Guillaume Ier. Maintenant qu'il a femme et enfants, RW ressent le besoin d'une certaine sécurité matérielle au-delà de ses besoins (toujours considérables).

---

39 - 26-8   'puis il s'est couché, et il a rêvé du Père [Liszt]: celui-ci le traitait sans égards, distraitement, et R. se disait: 'Attends, tu ne connais pas encore ma dernière partition, mais alors tu auras une autre idée de moi (ou bien serais-tu déjà devenu trop bête pour comprendre ce genre de choses!)''.

i Agr-P (Liszt le néglige)
b Consi
b Agr-V

C'est le lendemain de l'anniversaire du mariage. Le couple est encore en difficulté avec Liszt, et il en avait passablement parlé le 23-8. Cosima note qu'elle aussi a rêvé de son père.

---

40 - 14-9   'R. m'a raconté qu'il m'a vue dans la nuit venir vers lui et que je lui disais d'une voix toute claire: 'Tichtel', mais, se souvenant même dans son rêve que j'étais actuellement enrouée, il a cru que c'était un fantôme, il a crié si fort qu'il s'est réveillé'.

i Aff
b EvSou
Ten

Un des mots d'affection de Cosima à son égard.

---

41   'Ensuite, il a encore rêvé qu'il avait volé et qu'il était en
(même nuit)   prison'.

b Acqui
d b EvBla
Punition

Dans la lancée, il dit encore que tuer lui serait impossible, mais voler un riche banquier, peut-être ... s'il ne fallait pas mentir par la suite. Une des attitudes anarchistes qui subsistent du temps de Dresde.

---

42 - 25-11   'Il rêve sans cesse qu'il est sur le point de partir, je dois l'accompagner et qu'en réalité je ne veux pas, il est 'très triste', me dit-il', I, p. 534.

b Auto
d + i Sex (i Agr-P)
Abatt

R. doit bientôt repartir pour un concert à Mannheim, et pour faire avancer ses projets de Bayreuth. Noter l'image du départ (important dans la relation amoureuse, où il figure souvent l'orgasme) et le désaccord des époux.

43 - 28-11	'R. continue de rêver d'un départ très triste', I, p. 535 b auto i Agr-P Abatt
44 - 18-12	'Hier, R. m'a raconté un rêve qu'il avait fait à Bayreuth; il m'a vue avec des dents brillantes comme de l'opale, et là-dessus, il m'a étouffée de baisers'. b Sex RW était en effet seul à Bayreuth le 9 décembre, et les époux s'étaient retrouvés à Mannheim le 16 (concert important pour RW).
45 - 20-12	'R. rêve de plusieurs lunes qu'il voit soudain dans le ciel et qu'il contemple longuement jusqu'à ce qu'il s'aperçoive que ce sont les Pléiades démesurément agrandies qu'il contemple ainsi; se détournant soudain, il voit une ombre [c'est moi] qui s'en va', I, p. 542. b Cur i Agr-P Le couple est encore à Mannheim. Il y aura d'autres 'rêves cosmiques'.

1872. Tribschen jusqu'en fin avril, puis Bayreuth, voyages divers pour des concerts et pour les affaires de Bayreuth, notamment du 10 novembre au 15 décembre, une longue tournée en quête de chanteurs pour le premier Festival (G-D, p. 232-241)

Les événements internationaux passent au troisième ou quatrième plan. Ce qui compte, c'est Bayreuth, le choix des plans, la localisation de la Maison du Festival, la pose de la première pierre, le choix des domiciles familiaux et le rassemblement des collaborateurs, pour ne pas parler du financement. L'emplacement de Wahnfried est choisi en fin janvier. La famille quitte Tribschen à la fin d'avril, et va s'installer à la Fantaisie, un hôtel dans une petite localité dans le voisinage de Bayreuth. La cérémonie de la pose de la première pierre, marquée par une exécution solennelle de la IXe de Beethoven, a lieu le 22 mai. Par la suite, RW termine les esquisses orchestrales du *Crépuscule* (22 juillet). Dans ses déplacements, il assistera à une série d'opéras qui lui laissent une impression découragée, il a peine à reconnaître certains des siens (ainsi, le *Vaisseau*, à Mannheim, massacré par les coupures pratiquées par le chef local — le 19 novembre). Par ailleurs, Cosima se fait protestante le 31 octobre, juste après le séjour de Liszt à Bayreuth, qui signale la reprise des relations entre les deux amis. Elle évoque dans son *Journal* des alertes de santé plus sérieuses : premières atteintes de l'angine de poitrine dont RW souffrira onze ans avant d'en être victime au début de 1883 (notamment le 9 août, le 18 septembre, le 2 octobre, et au retour à Bayreuth, le 15 décembre).

---

46 - 20-1   'Richard me dit qu'il a rêvé de moi et de ma fermeté de caractère, et qu'ensuite, il n'avait cessé de penser à la périhélie et à l'aphélie', I, p. 558.

b Aff/b Sex
i Prot

RW est en plein travail de composition, dans les esquisses du 3e acte du *Crépuscule*. Les termes astronomiques représentent des alternances d'approche et de distanciation.

---

47 -   'Il a rêvé qu'il vomissait'
env. du 25-1   Mal

Une note marginale aux indications que RW donne à Cosima

sur les péripéties de son voyage de 10 jours pour régler des affaires concernant Bayreuth. Il est dans une chambre d'hôtel encombrée de plantes dont les odeurs l'étourdissent.

---

48 - 26-2   Cosima note: 'Mauvaise nuit, je fais de mauvais rêves, je cherche du secours auprès de R., qui, fait étrange, rêve précisément qu'il m'est arrivé quelque chose', I, p. 572.

b Prot

Nouvel exemple d'une transmission de pensée entre les époux.

---

49 - 28-2   'Il rêve, en trois phases, d'une grande réception que j'ai donnée à son insu'.

i Agr-P

La cotation découle des résistances que RW manifeste à l'égard des mondanités dans lesquelles, à son avis, Cosima se complaît trop.

---

50 - 1-3   'Il me raconte ensuite qu'il a rêvé de moi et que j'avais de belles boucles dorées', I, p. 573

+ i Sex (b Aff)

Cf. rêve 21.

---

51 - 24-3   'Il me raconte un rêve étrange et compliqué, on y jouait un hommage musical, George Sand était là comme auditrice, il y avait encore une voiture qu'il ne pouvait rattraper; il me dit qu'il faudrait toujours noter tout de suite ses rêves'.

i Consi (l'hommage est destiné à RW)
i Aff (présence de G. Sand).
i Agr-P (la voiture personnifiée, qui lui échappe)

George Sand apparaît à plusieurs reprises dans ML. Ainsi, lors du trajet en mer de Riga à Londres (juillet-août 1839), RW approfondit sa connaissance du français en lisant *Aldini*, le dernier roman en date de G. Sand (ML, p. 107); à Paris, en 1840, il est réconforté par l'attention que G. Sand donne à un article sur le *Freischütz*; réfugié chez les Wille à Mariafeld, en mars 1864, RW passe son temps à lire, notamment, des romans de G. Sand.

52 - 11-4 'R. s'est réveillé cette nuit en criant, il rêvait que mon père voulait le tuer avec un instrument de torture; je partais en le regardant froidement car mon père m'ordonnait d'aller dans la pièce contiguë et de garder la porte', I, p. 590, note.

i Agr (Liszt)
i Agr-P (Cosima)
d i Prot

RW termine la mise au net de l'esquisse du *Crépuscule*. La situation est tendue, Liszt ne semble pas approuver les projets de Bayreuth, RW ne se décide pas à l'inviter à la pose de la première pierre (de fait, il s'y prendra trop tard).

53 - 15-4 'R. me raconte son rêve: il était sorti en singulière tenue, une perruque sur la tête et un vêtement de docteur, derrière lui marchaient des connaissances, peut-être les Heim par exemple, qui disaient: 'c'est un type spécial, c'est simplement sa façon d'être'; là-dessus, il s'est retourné et leur a crié: 'Non, je veux épouser ma femme, et c'est cela qu'on exige de moi à Berlin''.

d Intell
i Agr-V
b EvBla
b Sex
i Hum

Le rêve nous ramène à Zurich, où I. Heim était chef d'orchestre ou directeur de musique, et sa femme Emilie, cantatrice, dans les années cinquante. Berlin est le siège de Bismarck, naguère de Fr.-Guill. IV.

54 - 16-4 '[R. n'est pas bien, la seule chose qui l'amuse est le rêve qu'il a eu cette nuit et] dont il est sorti en criant 'hourrah!', un hourrah qu'il poussait à pleine gorge au 'frère du roi, futur empereur', parce qu'il trouvait l'enthousiasme trop faible!'.

b Consi

Frédéric-Guillaume IV de Prusse était devenu fou en 1858, et celui qui lui succéda, son frère, devint le premier Empereur d'Allemagne, en janvier 1871, sous le nom de Guillaume I. Dans le rêve, Fr.-G. est encore roi, et nous sommes renvoyés sans doute au temps de Dresde, lors de l'échauffourée. Peut-être désir de réconciliation ?

---

55 - 22-5   'R. me raconte qu'il a vu en rêve Fidi plein de blessures au visage'.

Danger (pour Fidi)

C'est l'anniversaire de RW; ils sont à Bayreuth en train de préparer le concert du jour, où RW exécutera la IXe de Beethoven.

---

56 - 23-5   'R. rêve d'une pièce où il était obligé d'entrer, et où on avait accroché un écriteau : 'Ici l'on parle français', puis de Betz et de Niemann avec lesquels il se disputait', I, p. 606.

i Agr-Co
i Agr
b Agr-V

On est au lendemain de la pose de la première pierre. Liszt avait été invité, mais s'était contenté d'envoyer un télégramme. On songe à lui parce que Cosima lui parlait français. Betz est le Wotan de 1869 à Munich. Niemann avait causé beaucoup de difficultés à RW lors de la représentation de *Tannhaüser* à Paris, en 1861.

L'écriteau sur la porte d'une pièce où RW ne veut pas entrer renvoie peut-être à la conception de l'opéra comme divertissement, à la française (bref à tout ce que RW récusait sur le plan esthétique), et exprime l'appréhension qu'il a de voir Bayreuth devenir 'un spectacle comme les autres', par la suite.

Voir aussi p. 33.

---

57 - 14-6   'R. rêve d'un rosier qui pousse à la tête de son lit et dont les roses sont si grandes qu'il pense : 'Il faut vraiment que tu les montres à Cosima' mais, à ce moment, elles tombent comme des camélias; une seule reste intacte, il veut la cueillir, mais elle tombe aussi en perdant ses pétales; elle montre un cœur qui ressemble à un ananas que Loldi mange, ce qu'il veut aussi me montrer au moment où il se réveille'.

Mil - Adéq - Beauté
b Aff
(mort)
b Nourr (Isolde)

Grand rêve énigmatique. On notera que les 'roses' renvoient souvent en Allemagne aux 'femmes (publiques)', d'où les expressions comme 'Rosengarten', 'Rosengasse' qu'on trouve dans nombre de petites villes comme réminiscences des lieux de rendez-vous médiévaux. Les roses qui deviennent des camélias renforcent cette association (la pièce de Dumas a été immédiatement célèbre; RW n'aimait pas Verdi dont la *Traviata* avait fait passablement de bruit, et était souvent présentée en critique comme la riposte musicale aux opéras de RW). Cette dernière rose qui devient alimentaire, dont les enfants profitent (ici représentés par la première fille que Cosima ait eue de RW), ne serait-ce pas une figure de Cosima? Notons que l'an précédent, Judith avait envoyé de Paris deux ananas, cf. 25-V-1870.

58 - 30-6 '... il a rêvé d'une représentation de *Tannhäuser* à Vienne où Loulou et Boni devaient jouer un rôle, ce que l'on découvrait être impossible, et soudain, après le départ d'Elisabeth, une cavatine retentissait, dont il avait déjà remarqué qu'elle avait été intercalée dans la partition, qu'il avait supprimée, et qu'il entendait à nouveau; muet de rage, il sautait sur la scène, où il rencontrait sa belle-sœur Elise Wagner, qui lui disait: 'Tout cela est bien joli' tandis que lui, cherchant désespérément quelque chose à dire, finit par crier à haute et intelligible voix: 'Espèce de cochon'. Il s'est réveillé sur ce mot!'.

b Constr (Loulou et Boni doivent jouer un rôle)
échec b Consi (la cavatine importune défigure *Tannhäuser*)
i Prot
i Aff
b Agr-V

Le terme rendu par 'cavatine' est 'cabaletta' coda d'aria dans les opéras italiens, dite aussi 'cavatinetta'. Dans la réalité aussi, RW a souvent assisté à des représentations où des œuvres étaient manipulées (ce sera le cas à Mannheim, pour le *Vaisseau fantôme*, le 19 novembre).

Elise est la femme de son frère aîné Albert, la mère de la cantatrice Johanna qui avait chanté Elisabeth. Cette Elise était une vraie gorgone (N I, p. 105).

Loulou = Lusch = Daniéla; Boni = Blandine - les deux premières filles de Cosima, encore de H. von Bülow.

59 - 18-7 '... récemment, il a rêvé de son enterrement sous les marroniers de notre allée qui étaient déjà très grands, si bien qu'il

pensait, car nous venons seulement de planter nos arbres, qu'il vivrait encore longtemps', I, p. 636.

Mort

On a là un des exemples de la 'clef des songes' qui fonctionne implicitement à l'arrière-plan de l'activité onirique de RW. Cette phrase du *Journal* fait suite à l'indication que RW vient de signer le contrat de la maison qui deviendra Wahnfried à Bayreuth.

---

60 - 9-8   'R. a eu bien des douleurs au cœur qui se sont manifestées dans son rêve; il a rêvé qu'il était en voiture avec les enfants et moi, et que Loldi lui faisait remarquer, attaché au bord d'un étang, un âne qui s'enfonçait dans l'eau jusqu'à ce que, mort, il se mette à flotter à la surface sans que R. puisse lui venir en aide', I, p. 647.

+ i Aff (+ i Sex)
b Cur
o Mort
échec b Prot

Grand rêve énigmatique. La remarque introductive renvoie à la 'clef des songes' implicite: rien dans le contenu manifeste du rêve ne fait allusion aux crises cardiaques. Cf. introduction, p. 33.

---

61 - 13.8   'R. a rêvé que Hans était chez nous, que je lui disais que j'avais une fièvre nerveuse, mais que ce ne serait rien!', I, p. 649.

Mal (évt. coter i Agr pour ce que représente de menaçant Hans).
Déni de gravité

R. vient de terminer le *Crépuscule* dont le manuscrit a été porté à la reliure. Hans (von Bülow) va diriger un concert à Munich en faveur de Bayreuth.

---

62 - 26-9   'Il me raconte qu'il a fait cette nuit toutes sortes de 'rêves de vanité', entre autres que nous nous promenions avec le Roi qui nous témoignait sa faveur de façon ostentatoire ...'

i Consi
i Aff

Il s'agit, bien entendu, de Louis II.

63 (même nuit)	'... puis qu'il se promène bras-dessus, bras-dessous avec Meyerbeer à Paris et que celui-ci lui aplanissait les chemins de la gloire', I, p. 667. i Consi i Prot Un exemple des ambivalences de RW à l'égard des Juifs de sa biographie.
64 (même nuit)	... 'et enfin un rêve qui revient fréquemment: une lettre de change est échue, n'est pas encaissée, et il ne pouvait pas payer son logement'. échec b Acqui échec b Ret
65 (même nuit)	(même entrée dans le *Journal*) 'Nous parlons de ces rêves qui se répètent sans cesse, notamment celui de son amitié avec le défunt Roi de Prusse qui accable R. de démonstrations d'affection, qui lui parle avec des larmes d'émotions dans les yeux, etc!', I, p. 667. i Consi Il s'agit, comme antérieurement (n°s 29 et 54) de Frédéric-Guillaume IV.
66 - 20-11	'R. a rêvé que je baisais les pieds de Hans [comme il est étrange que le rêve de R. exprime de manière grotesque (ce qui s'est produit déjà assez souvent) mon propre état d'âme que je peux résumer en disant que je ne cesse de penser avec humilité à ce que j'ai fait à Hans et dont je me désole toujours, mais sans remords, car je sais et je sens ce qui m'y a poussée!]' i Agr-P La cotation découle de ce que l'humiliation qu'exprime Cosima par rapport à Hans signifie psychologiquement qu'elle se décroche de RW.
67 - 29-11	[R. et Cosima sont en voyage à Wiesbaden, et, à table, parlent rêves et apparitions. R. lui dit les conceptions de Daumer. Cosima récuse toutes ces interprétations et dit qu'elle croit aux apparitions. Elle enchaîne:]. De manière

étrange, R. rêve presque toujours d'états précis, et il n'y a pas d'apparitions dans ses rêves. Il croit maintenant qu'après son dernier rêve, un méchant rêve où apparaissait sa première femme, elle a pris congé de lui et ne se fera plus voir en rêve.

i Agr

Pas trace ailleurs de ce 'rêve de congé'.

68 - 21-12   'R. et moi faisons le même rêve de bêtes de proie qui me menacent' [nos pensées se rencontrent la plupart du temps, dans le rêve comme dans la vie], I, p. 710

i Agr

Elle enchaîne en citant un autre exemple récent de ces pensées communes.

69 - 22-12   'R. a fait un rêve étrange et triste, son passé avec moi était devenu un bonheur évanoui qui était suivi de résignation; au moment de se réveiller, il se demandait: 'Comment Cosima supporte-t-elle la vie'', I, p. 711.

i Agr-P

Effet du voyage? de la rencontre de deux servantes dont Cosima parle de façon voilée quelques pages avant?

70 - 25-12   Il m'a raconté récemment qu'il avait rêvé qu'il s'arrachait une dent qu'il me montrait et qui devenait une épée flamboyante', I, p. 713.

Mal
Santé-Phy

Les symboles sont généralement interprétés ici comme brutalement sexuels: la dent qu'on perd serait renvoi à un orgasme, habituellement masturbatoire, et cette dent qui devient épée flamboyante constituerait une exaltation du pénis. On notera cependant que le thème de l'épée est constitutif dans l'*Anneau*, et qu'il renvoie à une revendication d'humanité radicale: c'est l'instrument que Siegfried-Homme reforge à partir des débris dûs à la lance de Wotan, et dont il tuera le dragon et fera éclater la lance des runes (les commandements d'une morale établie).

Par ailleurs, Cosima lit dans ce type de rêve l'annonce de nouvelles difficultés pour l'entreprise de Bayreuth, en fonc-

tion sans doute d'une 'clef des songes' implicite.
Cf. n°ˢ 28, 34, 176 et 227.

71 - 27-12   'Il me raconte son rêve qui se déroule de manière imprécise sur sa scène et celle de Munich; il voyait des cavaliers aller et venir, demandait ce que c'était, 'c'est l'escorte de Hunding qui ramène ses chevaux à l'écurie'; là-dessus arrivait Niemann, qui lui serrait vaguement la main; R. s'était coincé dans un loquet de porte, et c'est dans cette situation ridicule qu'on lui transmettait l'invitation du roi à se rendre dans sa loge; je ne peux pas, disait R., je suis dans mon lit; là-dessus il se tracassait d'avoir vexé le roi, il s'efforce de lire la lettre, il n'y arrive pas dans son loquet de porte [c'était sa position tout sur le côté dans le lit], et il s'éveille!'.

b Cur
d i Aff (Niemann n'est guère respectueux)
Danger
i Consi
échec
d b Agr
Mil-Inadéq

Le rêve reflète le tracas que se donne RW pour l'organisation du premier festival (Hunding figure dans la *Walkyrie*, qui avait déjà été produite à Munich contre le gré de RW sur les instructions de Louis II); Niemann (cf. rêve 56) est également associé à de mauvais moments dans le passé, et pas encore à des représentations triomphales; le roi est à la fois source d'honneur et de possibles rebuffades. On notera l'allusion à la 'clef des songes' maniée par le couple: il rapporte des images du rêve à des désagréments physiques liés à la position du dormeur.

1873. Bayreuth et plusieurs voyages, en janvier-février, en avril, en mai (G-D, p. 241 à 245)

L'année est dominée par le souci du premier festival. La construction du théâtre avance, et l'on fêtera la terminaison du gros œuvre le 2 août. A la fin du même mois, RW annonce aux membres des cercles de soutien ('patronat') le renvoi des représentations à 1875, et il en réunit les délégués le 31 octobre. Les déplacements du couple sont aussi liés à ce souci principal : en janvier-février, les Wagner sont à Dresde, puis à Berlin, à Hambourg, à Lübeck et Schwerin, derechef à Berlin, et retour par Dresde à Bayreuth. En avril, ils iront à Würzbourg, à Cologne et à Cassel. Ils seront en fin mai à Weimar, pour la première du *Christus* de Liszt. Il s'agit toujours de trouver des appuis financiers, et de recueillir, par des concerts, des fonds supplémentaires. RW travaille à l'orchestration du *Crépuscule*, à ses *Œuvres*, qui s'enrichissent d'un essai sur la manière de diriger la IXe de Beethoven. Il aura eu l'occasion de voir *Rienzi* à Dresde, le *Vaisseau* à Schwerin. Son renom continue à s'étendre. A la fin de l'année, il sera décoré de l'Ordre de Maximilien, par Louis II, en même temps que Brahms (une coïncidence qu'il n'apprécie guère). On aura fêté son soixantième anniversaire le 22 mai.

---

72 - 6-1   'R. a rêvé que le roi Louis II avait été tué d'un coup de feu, me cherchait pour m'annoncer la nouvelle, ne me trouvait pas ; il était mordu ensuite par un chien méchant, il se consolait à la pensée que c'était le roi Louis-Philippe qui avait été assassiné, sur lequel on avait en effet tiré plusieurs fois ; là-dessus, il se réveillait, toujours souffrant', II, p. 9.

Mort (Louis II)
b Aff
i Agr-P
i Agr-Phy (chien méchant)
Déplacement (Louis-Philippe au lieu de L.II)
Mal

Le couple va partir pour Dresde. Le rêve nous replace dans les années de Paris, lors du premier séjour (avec Minna...), mais trahit aussi l'appréhension que RW a en permanence de perdre son principal soutien, ainsi que son revenu le plus sûr.

73 - 29-1 'R. a rêvé cette nuit de bonheur partagé avec moi', II, p. 20

b Sex
Grat - Elat

Les époux sont à Berlin. Les jours précédents ont été assombris par une sourde dissension qui se résout ce jour-là.

74 - 25-3 [Curieuse remarque de Cosima]
'Les rêves de R. sont étranges; lui qui non seulement n'a aucun sens de la vanité, mais qui ne comprend même pas ce que c'est, n'a que des visions vaniteuses'.

b Consi

75 - 28-3 'R. a de nouveau des rêves de vanité! Il était marié pour la façade avec une princesse, et tous les princes de la cour de Prusse étaient ses parents!'.

+ b Sex
b Consi

Notons que Cosima a souvent fait l'impression d'être une princesse (voir N, III, ch. 12, p. 266 sq et p. 50, ci-dessus).

76 - 30-3 '... R. rêve lui-même de Bismarck qui s'entretient amicalement avec lui à peine la guerre terminée', II, p. 55

i Consi

Bismarck va être l'objet de sollicitations pressantes au cours de l'année. RW lui adresse un écrit en juin, en demandant un appui financier. Il n'aura pas même de réponse. Le biographe de Bismarck laisse entendre que le chancelier veut ainsi éviter de 'chasser sur les terres' de Louis II (G-D, p. 243)

77 - 5-4 'R. a rêvé que je partais en voyage pour Pest avec les Krockow, qu'il courait après moi en m'expliquant qu'il partait aussi, mais qu'il était retardé par ses affaires qu'il ne trouvait pas', II, p. 58

i Agr-P
b Aff
Echec

Pest est directement lié à Liszt. Cosima lui reproche ce jour-là de mal rêver d'elle, et il répond en rappelant son voyage à elle, à Pest, 'quand elle dépendait d'une autre puissance' (allusion à Hans?).

La comtesse de Krockow (Elisabeth) était familière de Cosima; elle était de noblesse poméranienne (renvoi aux milieux nobles de la Prusse, comme le rêve **75**?)

---

78 - 8-4   'R. a fait un rêve épouvantable: on fusillait Hans à cause d'un assassinat, et j'étais indignée que R. ne versât pas une larme de compassion à ce propos', II, p. 59

Mort (on fusille Hans)
i Agr-Co

---

79 - 11-5   'R. a rêvé qu'il me cherchait dans ma chambre, que j'avais disparu, et qu'il me trouvait dans un des lits d'enfants, le visage couvert de petites assiettes qu'il m'enlevait comme des écailles', II, p. 75

b Aff
i Agr-P
Mal
b Prot

Un des rêves énigmatiques concernant Cosima. Elle n'est plus dans sa chambre (conjugale), mais ramenée au statut d'un enfant, auquel on enlève quelque chose de la figure avec le soin d'un parent attentif...

80
(même nuit)   '... et ensuite, que nous étions dans la loge du roi, tous y compris Fidi, que le roi était extrêmement aimable, partant avec nous à l'entracte, tandis que Fidi escaladait les épaules de R.', II, p. 75

i Consi
b Prot
Elat

---

81 - 15-5   'Ce matin, R. me raconte qu'il a rêvé que nous étions tous les deux à Berlin, et qu'un ami lui rendait visite; je quittais la pièce et il demandait à cet ami: 'Eh bien! que pensez-vous de ma femme?' et l'autre répondait: 'Oh! j'aurais pensé qu'elle avait un très grand sens du ménage, tandis que je m'aperçois que ses sentiments ont une tout autre origine!' R. s'était réveillé à ce moment, les larmes aux yeux'.

i Aff
b Cur
i Agr
Ten

Le rêve déprécie visiblement Cosima, puisque RW se réveille abattu, mais il n'est pas clair quant à la 'tout autre origine' de 'tout' ce qui concerne Cosima (le texte allemand ne parle pas des 'sentiments', mais dit littéralement que 'tout chez elle part d'un tout autre')

82
(même nuit)

'... Ensuite, il a encore rêvé qu'il recevait 600 fr. en or [et, en se levant, il avait appris que Fritsch venait en effet de lui envoyer à peu près cette somme], II, p. 77-8

b Acqui

Fritsch, éditeur musical à Leipzig, a publié les œuvres complètes de RW, ainsi qu'un hebdomadaire où RW a passablement écrit.

On notera la tournure parapsychologique de ce rêve, et de sa notation.

83 - 22-5

'R. a rêvé qu'il voulait faire faire des reliures, et qu'il disait au relieur qu'il serait d'un bel effet que les titres, au lieu d'être imprimés en doré, le soient en noir sur fond clair', II, p. 82.

b Constr

Cosima note que ce rêve est un curieux événement, parce qu'elle venait de faire relier le Burnouf de RW avec le nom de l'auteur et la date du livre en noir. Elle y voit un nouveau cas de transmission de pensée.

84 - 23-5

'R. a fait un rêve bien triste, il a rêvé que je le chassais parce qu'il avait vendu mes bijoux pour aller jouer et que je ne pouvais vivre avec un homme aussi mauvais', II, p. 82

i Agr-P
i EvBla
b Jeu

Ce rêve se place le lendemain de la fête pour l'anniversaire de RW, où Cosima avait fait jouer une comédie du père (adoptif ou réel) de RW, Ludwig Geyer. On rappellera qu'en août 1831, RW avait effectivement perdu au jeu toute la pension de sa mère, sauf un dernier thaler 'avec lequel il regagne tout' (G-D, p. 22; ML, p. 58). On notera le croisement de sa mère, Johanna, avec Cosima qui vient de renouveler ses souvenirs d'enfance.

85 - 1-7	'R. a eu une mauvaise nuit; il a rêvé d'un voyage avec sa sœur au cours duquel la voiture tombe dans un précipice', II, p. 99

Danger

Dans le commentaire que Cosima ajoute, transparaît la théorie du rêve, reprise de Schopenhauer, qui se profile derrière nombre des interprétations données par RW lui-même à ses rêves: on se réveillerait de la vie au moment de la mort comme d'un rêve angoissant, et l'agonie ressemblerait à la crispation grâce à laquelle le dormeur s'oppose au réveil, en cherchant à retenir son cauchemar. La sœur n'est pas nommée, on peut songer à Cécilie (Geyer).

86 - 9-7	'R. me raconte un rêve étrange qu'il a fait cette nuit: il rendait visite à un prince qu'il appelait Altesse, et était avec lui à peu près dans les mêmes termes qu'avec le roi de Bavière; celui-ci lui reprochait amicalement d'avoir voyagé en train spécial le soir de son anniversaire à lui, R., le priant de ne plus recommencer et R. lui affirmait qu'il n'avait pas pris ce train et lui serrait les mains pour l'apaiser. Lorsqu'il s'était éloigné, R. s'était dit: pourvu qu'il ne découvre pas cette horrible faute; c'était une sorte de tromperie, qui devait peut-être le conduire à la mort (mais R. pensait que personne ne remonterait la filière jusqu'à lui) au cas où, comme c'était inévitable, il serait découvert; R. se demandait alors comment il supporterait la situation si l'innocent était accusé à sa place, il s'éveillait avec d'horribles remords, se sentant très mal, mais véritablement délivré'.

b Hum-SI
i Consi
i EvBla
n b Acqui
(b Hum-SI)
b EvBla
Ten

Un rêve énigmatique, lié sans doute aux progrès de la construction du théâtre du Festival, qui sera sous toit dans moins d'un mois. La 'faute' dont le rêveur est oppressé renvoie au terme allemand 'Schuld', qui signifie souvent 'dette'.

87 - 20-7   'Il me dit également qu'il a fait un rêve amène à mon sujet',
II, p. 106

+ b Sex

88 - 25-7   'A la suite de nos conversations d'hier soir, R. fait des rêves
terribles de bandits et en arrive à se poser avec terreur la
question de savoir si l'on apprendra jamais qu'il a volé les
60.000 florins'.

i Agr-Phy
b EvBla
i Cur

Le contexte (les conversations d'hier soir) n'éclaire guère le
rêve d'angoisse de RW. Les époux ont reçu la visite d'un
intendant de théâtre plein de bonne volonté à leur égard,
mais qui en arrive à demander à R. s'il n'abandonnera pas le
mythe pour créer des œuvres plus modernes. Cela met en
question le sens même de l'œuvre, et RW exprime peut-être
dans son rêve le doute qu'il manifeste ouvertement parfois,
de 'voler' les gens en faisant un théâtre exigeant et radicalement nouveau, alors que finalement il retombe dans l'économie du spectacle. Les époux ont aussi repris leurs commentaires des aventures de K. Hauser, cet enfant trouvé sur
lequel Daumer (un écrivain sur des thèmes de parapsychologie et de démonologie) avait écrit un livre reçu le 20 juillet.
Cf. introduction, p. 31.

89 - 15-8   'R. me dit qu'il s'explique ce rêve qui revient souvent et où
il vole de l'argent par l'impression de cauchemar que lui
laisse la vue du théâtre: n'est-il pas un escroc?'

b EvBla

Voir le rêve 88. Le doute est ici mieux marqué: la vue du
théâtre récemment mis sous toit, le 2 août, est ressentie
comme l'actualisation d'une escroquerie.

90 - 9-9   'R. me raconte qu'il a rêvé cette nuit de moi; il y avait sur
moi un fort parfum de violette, il me priait de ne pas m'éloigner; soudain j'avais disparu, je l'appelais; non, me répondait-il, c'est ici que c'était beau'.

+ b Sex
b Aff
i Agr-P

De fait, Cosima avait parfumé son mouchoir à la violette. Schuré était à Bayreuth, Cosima lui parle en français, RW s'en offusque, et, ces jours-là, a de l'humeur.

91 - 2-10 'R. a fait un rêve étrange, il rêve que Semper porte un masque de plâtre et s'inquiète de pouvoir être reconnu; il rêve des Wesendonk; quant à moi, j'ai disparu soudainement, il me cherche avec angoisse jusqu'à ce que, tout à coup, ma voix retentisse, très claire, mais pleine d'inquiétude, appelant: 'Richard!'. Il ne peut pas répondre, ce qui m'inquiète et m'étonne, jusqu'à ce qu'enfin il se réveille, crispé et criant: 'Me voici''.

o i d Cur
i Agr-P
+ b Sex
i Sex
Mal
Ten

Semper est le fameux architecte dont RW avait attendu un théâtre à Munich (pour lequel du reste les plans avaient été présentés à Louis II), et que RW connaissait dès son temps de Dresde. C'est généralement au moment de la mort qu'on porte un masque de plâtre. Les Wesendonk étaient à Dresde lors du voyage du début de l'année. On ne voit pas ici dans quelle perspective le rêve les place. Une fois de plus, Cosima a disparu.

92 - 4-10 'R. a rêvé qu'il était dans son théâtre, et que, du haut de la galerie des princes, il embrassait du regard toute cette belle salle terminée', II, p. 138

b Cur
Elat

93 - 15-10 'Il a de mauvaises nuits (il a rêvé de deux Juives qui le poursuivent de leurs assiduités)'.

i Agr
i Sex

94 - 5-11   'A table, R. nous raconte un rêve très triste : il revoyait Schnorr qui chantait dans un opéra de Gluck, mais il savait qu'il était mort, et à force de s'étonner et de réfléchir à cette impossibilité, il se réveillait ', II, p. 154

b Aff
Abatt

L. Schnorr était mort en appelant Richard sur son lit de mort, après avoir créé Tristan en juillet 1865. Gluck évoque le mythe d'Orphée et la descente aux enfers pour en sauver un être aimé.

95 - 8-11   'R. a rêvé que je dirigeais la symphonie en la maj. dans un concert auquel Rachel, qu'il savait pourtant morte, assistait ; il devait ensuite diriger la IXe, mais je me tirais si bien d'affaire qu'il se demandait s'il pouvait là-dessus assumer le même rôle '.

o b Constr
i Cur
Sens-Esth
cft $\Big\langle$ b Aff
       b Dom (encore b Constr)

Sans doute s'agit-il d'Elisa Rachel Félix, actrice, 1820-58. Le rêve est dans un climat beethovenien (la VIIe, la IXe), mais semble indiquer que RW est rassuré (et peut rejoindre dans la mort 'Rachel') puisque Cosima est en mesure de diriger les choses à sa place. Voir aussi p. 54-55.

96 - 22-11   '... il me raconte qu'il avait rêvé de moi, j'avais grondé Fidi parce qu'il avait voulu, une fois encore, donner sa viande, sur quoi R. lui-même me faisait des reproches '.

i n EvBla
b Agr-Co

L'ambiance est lourde, le couple est inquiet des nouvelles reçues de Munich sur l'état du roi, les deux dorment mal, et le rêve traduit ces tiraillements.

97 - 24-11   'R. a rêvé d'un chemin qui se rétrécissait sans cesse ' ['ça va bien, s'est-il dit en se réveillant, celui-là, je le connais, j'ai déjà fait ce rêve plusieurs fois '], II, p. 163

symbole (mort)

98 - 28-11   'R. a rêvé de Rus, il avait été écrasé, il gisait là comme une ombre, mort, mais bougeait à nouveau sous les caresses de R. : était-il possible de le réveiller par l'amour? R. commande une civière; c'est une chaise de poste qui arrive, mais elle est occupée par des femmes que R., furieux, veut en faire sortir; mais à ce moment, il entend le galop d'un cheval, le bruit d'une voiture, c'était le poêle qui faisait ce bruit, et il s'est réveillé '.

b Prot
Mort
i Agr (femmes qui occupent la chaise de poste)
b Agr-Co
i Ass

Ce rêve renvoie nettement à la 'théorie du rêve' qui sous-tend l'activité onirique de RW. On notera les thèmes 'wagnériens' du salut par l'amour, suscités par un gros chien (cf. n° **25**) qui avait représenté une forte présence chaleureuse pour RW.

1874. A l'exception de voyages rapides en décembre, toute l'année à Bayreuth (G-D, p. 245-8)

L'année s'ouvre par une culmination de la crise de financement. On est au bord de la faillite le 6 janvier. RW songe à un appel solennel à l'Empereur, dont il aimerait obtenir 100.000 thalers. Une fois de plus, c'est Louis II qui sauvera l'entreprise, et qui accordera l'avance indispensable le 20 février (le total des contributions bavaroises s'élèvera à 216.152,42 marks, qui seront remboursés par RW et ses héritiers). Dès lors, les choses prennent leur vitesse de croisière. RW travaille à l'orchestration ultime du *Crépuscule* (achevée le 21 novembre, en pleine crise conjugale), il parachève le troisième volume de *Mein Leben* (terminé le 29 juin). Le groupe familial s'installe à Wahnfried à la fin d'avril. Nietzsche, sourdement hostile (en font foi ses notes posthumes, alors que ses lettres sont encore chaleureuses) est à Bayreuth en août. Il place la partition d'une œuvre de Brahms sur le piano de la grande salle, dont RW dira: 'c'est du Händel, du Mendelssohn et du Schumann relié en veau!'... En fonction de cette vie plus régulière, les rêves jalonneront chaque mois de l'année.

---

99 - 15-1 '... il a rêvé de l'empereur Guillaume, qui se montrait extrêmement aimable à son égard, et qui, comme R., touché, le remerciait avec exaltation, lui disait en le rabrouant: 'pas de rabâchage!'; R. lui répondait avec quelque consternation, mais l'empereur restait malgré tout amical et bon'.

i Consi
b Aff
i Agr-V
(b Aff)
i Aff

Au début de janvier, la relation avec Louis II passe par un moment de crise; le roi en veut à RW de ne pas avoir composé un hymne sur des paroles de Dahn. RW songe à un appel à l'empereur, qui finalement restera en projet parce que le Grand-Duc de Bade ne veut pas servir d'intermédiaire. Le rêve traduit l'appréhension de RW devant ces démarches incertaines. Dans le texte allemand, ce que nous avons rendu par 'en le rabrouant' est exprimé par 'deprecierte', mais il doit s'agir d'un gallicisme de Cosima, parce que ce verbe signifie ordinairement 'demander pardon'.

100 - 17-1   'R. a eu une mauvaise nuit, des rêves agités, entre autres Mme Wesendonk lui montrait un enfant qui venait de naître, remarquant que chez elle cela ne s'arrêtait pas; ensuite, avec la plus grande naïveté, elle donnait le sein à l'enfant qui avait une étrange coiffure, qui avait l'air prématurément vieilli, si bien que R. croyait qu'il avait les cheveux blancs; 'tout est si spontané ici', disait R.; alors un puissant vautour se précipitait sur la mère et l'enfant, R. commençait par le chasser, mais il fondait à nouveau sur eux. — C'est alors que R. s'éveillait'.

i Sex
d Santé-Phys
Danger

Le vautour (en allemand: Geyer) renvoie au nom du père (adoptif?) de RW, mais aussi à diverses expressions courantes, dont l'une signifie 'que le diable t'emporte'... Cf. aussi Introduction p. 29.

101
(même nuit)   'Ensuite, il me rencontrait dans une rue de Paris, habillée de noir, très pâle et l'air triste, il voulait me conduire à la maison, 'mon Dieu, mais Minna vit encore, elle va encore dire qu'elle n'a pas fait la cuisine. Il faut que cette absurdité finisse'. Nous nous étions mis alors silencieusement en route, et nous nous perdions dans les rues de plus en plus solitaires'.

+ b & i Sex
Abatt
i EvBla
Mil-Inad
[Mort]

102 - 8-2   'R. me raconte un rêve qu'il vient de faire: il assistait avec moi à une représentation du *Vaisseau fantôme*, qui, au troisième acte, après la déclaration de jalousie du Hollandais, se transportait soudain dans la chambre des fileuses où se trouvaient trois policiers, et R. s'écriait désespéré: 'Non! que font-ils de mes œuvres!'', II, p. 203

Sens-Esth
+ b & i Sex
i Agr
b Consi

La mention des policiers colore l'ambiance et évoque un sentiment de culpabilité qui n'est pas exprimé par la cotation (i EvBla ?).

103 - 18-2 'R. me raconte aujourd'hui son rêve : il était dans une loge de théâtre, celle qui donne sur la scène, soudain comme au bord d'un abîme; Minna intervenait à son grand effroi et le tirait de cette fâcheuse situation en le grondant gentiment; comme ils voulaient partir en descendant les escaliers, il n'y avait que des têtes de vaches surgissant devant eux, toujours davantage jusqu'à ce que R. s'éveille'.

Danger
i Prot (Minna)
Danger

Grand rêve énigmatique, où Minna apparaît favorablement comme protectrice. Les gros animaux cornus figurent souvent comme menace. Cf. n° 190.

104 - 20-2 'R. a rêvé des Brockhaus; dans son rêve, ils se comportent de façon lamentablement gênée à notre égard, alors que nous allions leur rendre visite à Leipzig'.

i Agr

Il s'agit sans doute des neveu et nièce de RW.

105 - 1-3 'R. me raconte deux rêves qu'il a faits cette nuit; dans le premier, il prenait congé de Minna et lui demandait avec une grande inquiétude : 'Mon Dieu ! as-tu reçu l'argent que je t'ai envoyé ?' et elle lui répondait gentiment : 'C'est à cela que tu penses maintenant ?'; ensuite, ils se quittaient dans les meilleurs termes, mais lui se disait : 'il te sera plus facile de lui expliquer par écrit que nous ne pouvons plus vivre ensemble'', II, p. 209-10

i EvBla
+ b Sex (Minna comme sa femme)
b Prot
i Aff
b Auto

Point de contexte explicatif à ce retour constant à son premier mariage.

106 (même nuit)	'Le deuxième rêve se passait à Paris dans le foyer du grand Opéra, où R. devait diriger une œuvre de lui qui allait être représentée, et où il était reçu par les sarcasmes de l'orchestre; l'un des musiciens lui disait: 'Vous croyez être beau et plaire, vous voudriez bien que votre œuvre soit représentée ici!'. R. s'efforçait de les calmer en leur expliquant qu'il n'avait jamais tourmenté un orchestre mais on ne l'écoute pas; lorsqu'il veut passer à la répétition, il perd son chapeau, le cherche, et l'orchestre avec des rires goguenards lui présente des tas de chapeaux d'enfant; ensuite il s'éveille', II, p. 210 b Constr i Agr-V (encore i Agr-V) b Aff (évt. b Hum-SI) d Mil-Adéq i Agr-V encore Le rêve traduit un doute sur l'œuvre elle-même, et sa réception.
107 - 5-3	'R. me raconte que, cette nuit, il m'a vue dans la chambre avec Fidi qui avait des taches étranges, et je lui disais: 'Le petit ne veut pas aller au lit, l'heure est passée, il est très énervé', II, p. 212. b Prot Danger Pas d'indication sur la signification de ces taches.
108 sous le 18-4	'Ces derniers jours, R. a fait un rêve étrange au sujet de Mendelssohn: celui-ci ne voulait plus rien écrire pour Mme Schröder-Devrient parce qu'elle n'avait pas chanté à son enterrement', II, p. 229. Mort d b Constr i Agr-P
109 (même nuit)	'Ensuite, encore et toujours le même rêve de Minna, qui vit encore, et R. se demande alors: 'Mon Dieu! comment est-ce que l'affaire avec Cosima va se terminer? Bon, cette femme ne peut pas vivre éternellement' et, à ces mots, il s'éveille'. b EvBla

110 - 6-5   'R. me dit qu'il a rêvé que je lui racontais que j'avais été séduite dans ma jeunesse; tout d'abord, il ne voulait rien entendre, ensuite cela lui rongeait le cœur, et il me torturait pour que je lui raconte les faits, et je lui disais: 'Mais tu ne voulais pas en entendre parler!'", II, p. 232.

o i Sex
d b Cur
Ten
b Cur
i Agr-P

111 - 7-5   'R. a encore rêvé de moi: je donnais une grande réception, il y avait des gens partout, il ne pouvait se débarrasser nulle part de sa robe de chambre, et je lui disais sans cesse: 'Mais tu aimes être comme ça''.

i Consi
b Iso
i Agr-V

112 - 9-5   'R. a rêvé que nous emmenions Rus en voyage, il se révélait être un lion; soudain, il descendait une colline avec un ouvrier; je disais à R.: 'mais comment pouvons-nous donc emmener un tel animal?' Et il répondait: 'si quelqu'un me disait que c'est un rêve, je le croirais, et pourtant je vis tout cela'. Nous étions ensuite à la maison, et nous nous demandions si nous pouvions y rester, et même rester à Bayreuth après un incident pareil et cette inquiétude réveillait R.'.

Danger
d b EvBla
Rêve (Sens-Ment)
i EvBla

Cosima pense que l'origine de cette vision se trouve dans le fait qu'on ne permet plus à Rus de venir dans la chambre, et que l'animal en a du chagrin. On peut par ailleurs y voir une certaine conscience du caractère révolutionnaire de l'œuvre que RW va faire représenter à Bayreuth (lion = symbole de sauvagerie).

113 - 14-5   'R. me raconte un rêve: il tuait d'un seul coup de bâton Putz qui était incurablement malade, 'personne ne se soucie donc de toi, pauvre bête, mais maintenant au moins tu es délivré',

et il l'enterrait sous un tas de décombres immense qui s'étendait dans le jardin'.

b Prot
Mort

Putz est un petit chien très agité. L'intense affection que RW portait aux animaux ressort bien du rêve, mais prête aussi à une interprétation par identification: depuis avril, RW n'est pas très bien, il a des crises de crampes; il gesticule volontiers, allant deci, delà avec impétuosité, souvent agaçant pour son entourage (de plus il est de taille petite); enfin il prévoit déjà l'emplacement de sa tombe dans le jardin de Wahnfried. Peut-être même le tas de décombres représente-t-il l'amas de soucis et de dettes qu'il laissera sans doute à sa mort.

114 - 15-5   'R. a rêvé d'une représentation de *Tristan et Isolde* à Dresde avec un ballet, une musique et un texte complètement modifiés, seules quelques figures demeuraient. M. Rietz, les cheveux devenus gris, dirigeait ['il faut que les gens arrangent ainsi mes œuvres pour les donner!' disait R., et là-dessus, il avait un accès de rage.]'.

b Consi
échec
Ten

Le passage entre crochets ne fait sans doute pas partie du rêve, mais le prolonge dans le récit que RW en fait à Cosima. Rietz est chef d'orchestre à Dresde, et dirigeait les *Maîtres chanteurs* en 1869-1872-1877: c'est un contemporain presque exact de RW.

115 - 1-6   'R. a rêvé des Ollivier qui le recevaient avec réserve et froideur; il leur parlait français, et contemplant le visage de ma sœur, me reconnaissait tout d'un coup, 'il n'y a que Cosima qui ait cette expression du visage', s'écriait-il en se réveillant'.

d i Aff
b Aff
i Agr-P

RW vient de se quereller avec Cosima (le 27 mai, II, p. 240) parce qu'elle avait parlé français avec un correspondant. On notera le transfert de la 'froideur' de la sœur de Cosima, qui entraîne la cotation usuelle quand 'Cosima le quitte'.

116 - 6-6   '... il a eu encore au matin un rêve épouvantable; il y était assailli par une brute, il se défendait et recevait de l'aide d'un autre être humain; il laissait celui-ci en plan et s'enfuyait, et lorsque ce personnage avait terrassé la brute et qu'il voyait R. de loin, il revenait vers lui et lui crevait les yeux'.

i Agr
b Agr
i Prot
b Iso
i Agr-Phy
Mal

Pas d'indications dans le contexte pour identifier soit la 'brute', soit le personnage qui vient d'abord au secours, et ensuite crève les yeux du rêveur. La traduction française massacre complètement ce rêve.

117 - 11-6   'R. fait encore de mauvais rêves, entre autres que j'envoie à sa poursuite un méchant chat noir', II, p. 245.

i Agr

L'allemand est riche d'expressions concernant les chats: 'faux comme un chat', 'c'est pour le chat!' équivalant à notre gallicisme 'pour des prunes', 'le chat n'abandonne pas la souris' (= chassez le naturel, il revient au galop), etc. Tout cela joue dans l'image de Cosima en sorcière.

118 - 8-7   'R. a rêvé que j'étais avec lui au théâtre, que je faisais des commentaires remarqués par les acteurs qui se moquaient de moi et me forçaient à partir, pendant que R. se demandait: 'est-ce vraiment Cosima?'. Il me reconnaissait à ma robe blanche et rose', II, p. 255.

i Agr-V
o i EvBla
d + b Sex

Ne reconnaître Cosima qu'à sa robe, voilà qui laisse entrevoir de formidables réserves d'agressivité de RW à son égard...

119 - 18-7   'R. a fait à nouveau son vieux rêve, il rêve qu'il ne sait que faire de sa femme dans sa nouvelle vie jusqu'à ce que la ré-

flexion 'mais elle est morte' prépare la voie au réveil', II, p. 258.

i EvBla

---

120 - 24-7 'R. a rêvé qu'il me voyait dans une robe de mousseline blanche, mais tous mes vêtements étaient un peu misérables, notamment mon écharpe rose, 'mon Dieu, ai-je pensé, elle ne fait tout cela que par complaisance pour moi''.

+ b Sex
i Hum-SI

Le rêve commence par déprécier Cosima, mal fagottée, pour se tourner en son contraire, un sentiment d'admiration pour le dévouement de sa femme. Cf. Introduction p. 47 sq.

---

121 - 22-8 'R. a fait un rêve épouvantable', II, p. 268.

Ten

Pas d'autres détails sur ce cauchemar.

---

122 - 23-8 'R. s'est réveillé en larmes cette nuit, il m'a embrassée, et m'a dit qu'il venait de rêver que je voulais le quitter, lui et les enfants et que je ne pouvais faire autrement', II, p. 268.

Abatt
i Agr-P

---

123 - 8-9 'R. a rêvé d'un moment d'intimité avec Bismarck, et qu'alors qu'il vient de l'appeler 'Excellence', celui-ci lui répond: 'Appelez-moi plutôt Majesté''', II, p. 274.

i Consi

---

124 - 25-9 'R. a rêvé que je voulais le quitter avec Fidi, et il décidait de ne rien dire, mais de ne pas me perdre de vue un seul instant', II, p. 277.

i Agr-P
b Sex (b Aff)

---

125 - 27-9 'R. a rêvé de nouveau que je voulais le quitter; [il affirme que l'expression avec laquelle j'ai dit que la lune était mon amie l'a rendu jaloux et lui a inspiré son rêve]: je le quittais

dans de beaux vêtements pour lui revenir, mais avec une veste grise!', II, p. 277.

i Agr-P
i Sex

En allemand, la lune est un substantif masculin, ce qui légitime mieux la jalousie de RW. Il semble bien que le passage entre crochets ne figure pas dans le contenu du rêve, mais renvoie au commentaire éveillé.

---

126 - 29-10   '... il a d'abord rêvé que sa première femme se moquait de lui, qu'il la battait, qu'après elle s'empoisonnait et qu'elle l'éclaboussait de quelques gouttes de son poison', II, p. 287.

i Agr-V
o b Hum-I
i Agr

127
(même nuit)

'... ensuite, qu'il était jaloux de Lenbach à cause de moi et que Mimi Schleinitz essayait de le consoler', II, p. 287.

i Sex
b Agr
i Aff

F. von Lenbach (1836-1904) a été un peintre célèbre (il a sa place à Munich), surtout par ses portraits (dont notamment un de Cosima qui se trouve en copie à Tribschen). Mme Marie von Schleinitz (1842-1912) est une des protectrices prussiennes de RW; un peu plus jeune que Cosima, elle en était fort amie; toutes deux avaient des maris sensiblement plus âgés qu'elles.

---

128 - 4-11   'R. a encore eu une mauvaise nuit, il est toujours tourmenté de mauvais rêves', II, p. 290.

Ten

Sans autres indications sur le contenu de ces cauchemars.

129 - 17-11   'R. rêve d'une représentation chez le roi de Hanovre; un des chiens du roi est toujours entre ses pieds et essaie de le mordre lorsqu'il veut l'éloigner; le roi le rassure: 'il ne fait rien'', II, p. 296.

i Consi
i Agr
i Prot

130 - 20-11   [Cosima a fait un cauchemar, elle se voyait remariée avec Hans, mais s'accroche à R.; il enchaîne]: 'R. me dit qu'il a fait souvent ce genre de rêves: je le quittais, je me retournais pour le voir, et lui se disait en me regardant à travers ses lunettes: 'Elle a la vue courte, elle ne te voit plus''.

i Agr-P
d o Santé-Phy

131 - 15-12   'R. a rêvé que nous avions un second fils, un petit garçon d'un an, blond et bouclé, et R. se réjouissait de le voir bien grandir et fixer déjà un regard ferme sur lui'.

i Ass
b Prot
b Aff

RW vient de terminer l'orchestration du *Crépuscule*.

132 - 18-12   'R. a rêvé aujourd'hui que je n'avais point d'argent, Hans m'avait privé du mien; il m'a mandée pour m'aider, mais il ne pouvait pas trouver l'argent, il en était empêché par sa première femme qui se moquait de lui du regard et de la parole, ensuite par les domestiques et par les enfants, enfin par l'indiscrétion d'un importun; là-dessus il cherchait en vain une clef, la trouvait enfin, mais elle se cassait en deux, et pendant tout cela, il souhaitait ardemment en finir avec cette affaire'.

o d Acqui
o i Agr
+ b Sex
i Ret
i Agr-V
i Agr
b Constr
Echec
Ten

Un des grands rêves énigmatiques. Le rêve brouille les temps, mélange notamment la situation actuelle où RW a des enfants et un ménage considérable avec celle d'autrefois, avec Minna. Le symbolisme de la clef qui se casse est généralement tenu pour sexuel, mais il pourrait aussi bien s'appliquer au rêve lui-même, dont on ne trouve pas la clé.

133 - 19-12   'R. a rêvé de personnages princiers qu'il devait recevoir, parmi lesquels une femme blonde pleurait de dépit de se voir reléguée à l'arrière-plan'.

i Consi
i Ass

Une nouvelle fois l'allusion à l'allure princière de Cosima (qui est blonde) retourne le rêve usuel où Cosima s'en va : ici, parmi les grands personnages centrés sur RW, la femme blonde est reléguée au second rang.

1875. Bayreuth, quand le couple n'est pas en tournée pour des concerts ou pour la recherche de chanteurs et de musiciens à l'intention du Festival de 1876 (G-D, p. 249-253)

Tandis que le renom de RW gagne les Etats-Unis (*Lohengrin* est donné à Boston en janvier, et, en décembre, on commande à RW une marche solennelle pour le premier centenaire de la Constitution américaine), l'année va se passer en préparatifs pour le premier Festival, définitivement fixé en 1876. Il s'agit d'une part d'assurer le recrutement des derniers artistes, et de les instruire adéquatement, dans des répétitions qui prendront six semaines en juillet-août; d'autre part de consolider les ressources financières par des concerts dirigés par RW: enfin d'élargir encore les rangs des 'patrons'. Le couple sera beaucoup en route: à Vienne en février, puis en mai, et derechef en décembre; à Regensburg, à Hanovre, à Berlin, à Munich en octobre, à Budapest avec Liszt le 10 mars. A travers toute cette activité, la santé de RW se détériore et causera bien des alarmes à Cosima. Le 28 août, RW peut envoyer la circulaire invitant à Bayreuth pour le premier Festival.

134 - 2-1	'R. fait toutes sortes de mauvais rêves', II, p. 313.
	Ten
	Le 11, Cosima notera des soucis de santé pour RW.

135 - 20-1	'R. se réveille après un rêve horrible, je l'avais quitté après une dispute, je ne voulais plus retourner à la maison où il n'y a plus de place; il me retrouvait dans un hôtel avec ma mère, voulait me ramener à la maison, j'avais le visage et le corps pleins de protubérances, les yeux gonflés, une sorte de peste que j'avais attrapée volontairement, à ce qu'il pensait; pendant qu'il me cherche, les gens se pressent autour de lui qui veulent assister aux répétitions et qui l'appellent 'vénéré maître'; il s'empare enfin de moi, je chancelle, lui jette un regard interrogateur et m'effondre à terre. Il se réveille enfin''.
	i Agr-P
	b Sex
	Mal
	i Consi
	i Agr-P encore
	Mal encore

Le rêve usuel est ici étoffé, mais il comporte aussi des agressions symboliques à l'égard de Cosima, dont la mère donnait des signes de maladie mentale, et dont le visage porte la trace de pratiques dangereuses. On notera aussi la théorie du rêve implicite (le rêve doit être horrible pour que le dormeur ne s'enfonce pas définitivement dans la non-volonté originelle).

136 (même nuit)	'... il s'endort au matin, et se réveille en voyant Rus écrasé'. o mort De fait, Rus (cf. n° 25) mourra en mai.
137 - 24-1	"R. ...continue à être tourmenté par des cauchemars. 'Laisse-moi donc au moins Eva', c'est en disant ces mots qu'il s'est éveillé en me voyant m'éloigner de lui avec les enfants'. i Agr-P b Prot b Aff 'Auparavant, ajoute Cosima, il s'était vu victime de mes sarcasmes et de mon mépris'.
138 - 1-2	'R. a encore un rêve agité, il a rêvé de la manière injurieuse dont le roi de Prusse l'a traité à propos d'une sortie qu'il avait faite sur la Prusse; j'assistais à la scène'. i Agr-V i EvBla + i Sex L'ambivalence ressort nettement du rêve: RW se reproche souvent ses incontinences de langage, de fait parfois déplacées; il les rend responsables du départ de Cosima. Ici, c'est une personne d'autorité qui le rabroue, mais Cosima est présente comme une figure de son censeur intérieur.
139 - 2-2	'R. a rêvé de nouveau de traitements ignominieux, voire même du pénitencier où il a été emmené', II, p. 322-3. i Pun Cosima rattache ce rêve à une récente discussion des époux sur un jugement de l'époque.

140 (même nuit)	'Dans le second rêve, R. m'a vue danser la mazurka', ibid. i Sex Danse polonaise, liée au souvenir de Chopin qui en a écrit une cinquantaine, la mazurka renvoie peut-être, par déplacement, à Liszt, et dès lors reflète les relations ambiguës de RW avec son beau-père...
141 - 9-2	'R. en revanche rêve de Frédéric le Grand qu'il voit approcher avec son Etat-Major, coiffé d'un chapeau étrange composé de deux ailes; nous sommes sur une colline, il veut monter vers nous, nous l'aidons et il demande: 'Où donc est votre mari avec sa plume blanche au chapeau'. Il désigne par là le voyageur dont lui a parlé R.; en le faisant monter, R. s'aperçoit que le tissu de ses vêtements (bleus) est tout neuf; il se réveille en riant', II, p. 325. i Consi i Ass b Prot i Cur Mil-Adéq Elat Grand rêve énigmatique. Frédéric II a été transitoirement l'objet de grande admiration pour RW (cf. n° 261); le chapeau à deux ailes ressemble curieusement à un symbole d'organe masculin figurant dans l'Interprétation des rêves, de Freud (dans un rêve de femme, du reste); la question du roi semble renvoyer à Hans, absent-présent dans le couple; la remarque sur le tissu neuf rappelle le souci que RW a toujours eu d'étoffes moelleuses.
142 - 14-3	'[R. raconte un ancien rêve qu'il avait fait en Suisse autrefois]... il se promenait avec Herwegh sur de hauts chemins de montagne, et soudain un chœur d'hommes exécutait pour lui un chant d'hommage; il disait alors à Herwegh que c'était la coutume en Suisse, qu'ils en avaient fait autant pour Gessler (la mort frappe l'homme très vite)', II, p. 335. b & i Aff i Consi Le poète révolutionnaire Herwegh (1815-1875) avait en effet été souvent compagnon de RW durant son séjour suisse, qui ouvrait les années d'exil. Il avait pris part à la révolution badoise, avait également fui en Suisse. Les deux hommes

étaient restés liés: Cosima était la marraine du fils d'Herwegh. Il ne semble pas y avoir de relation entre le contenu du rêve et la parenthèse. Mais celle-ci renvoie à un vers du *Guillaume Tell* de Schiller (acte IV, sc. III), dont Gessler est un personnage. L'enchaînement reste énigmatique.

143 - 28-3   'R. a encore eu aujourd'hui un rêve comique échevelé. Il avait besoin de 4.000 thalers, et les cherchait chez des Juifs; l'un d'eux lui chantait, alors qu'ils traitaient de leur affaire, l'aria de la *Dame blanche* et R. ne pouvait s'empêcher de remarquer: 'il a indiscutablement une bonne voix de ténor!'".

b Acqui
i Prot
Sens-Esth

On relèvera que L. Geyer (voir Introduction p. 29) chantait 'un agréable ténor', sans l'avoir particulièrement exercé (N., I, p. 38). L'air de la *Dame blanche* est sans doute celui du début de l'acte III, où Anna et Marguerite s'entretiennent de l'endroit où pourrait se trouver une certaine statue où toute la fortune de la famille serait dissimulée. Si c'est le cas, la thématique est nettement celle de l'argent à trouver, ce qui correspond à un des soucis majeurs de l'année entière.

144 - 8-4   'R. se réveille tout en pleurs et en plaintes, il a rêvé que je le quittais parce qu'il avait fait preuve de mauvaise éducation, qu'ensuite je jouais des sonates à quatre mains de mon père; une dame apparaissait qui se moquait de R., et à laquelle il donnait pour cette raison une bourrade, tandis que je restais, malgré toutes ses prières, inflexible et décidée à partir'.

Ten / Abatt
i Agr-P
o b Constr
i Agr-V
b Agr-Phy
(encore i Agr-P)
d i Sex

Cosima va effectivement se rendre avec les deux filles aînées (Mlles de Bülow) à Dresde pour leurs années de pension. La situation ternaire reste énigmatique. Noter que Liszt n'a pas écrit de sonates à quatre mains.

145 - 28-4 'R. a de nouveau des rêves échevelés, soulèvement du peuple contre lui à Paris, il essaie de calmer ces hommes par son éloquence; enfin l'un d'eux sort de la foule, vient à lui, lui baise la main, et lui dit qu'il l'a convaincu, puis tout s'apaise'.

i Agr
b Constr
i Consi

Cosima rapporte ce rêve à la situation de Bismarck, qui doit faire face à des débats houleux et à des injures dans la presse.

146 - 14-5 'Ce matin, il me raconte le rêve qu'il vient de faire: il entretenait des relations extrêmement cordiales avec Bismarck dont il regardait, en le quittant, le visage transfiguré, et R. se disait: 'Personne ne lui connaît ce visage'', II, p. 353.

i Consi
b Aff

Un rêve de 'vanité' de plus...

147 - 24-6 'Il a rêvé hier de sa mère, fardée et peinte, qui lui aménageait une splendide maison et lui-même avait très peur parce qu'il ne lui avait pas donné l'argent nécessaire pour cela; il ne pensait qu'à s'échapper et il s'enfuyait en effet, en abandonnant son chien enfermé, et qui devait mourir de faim', II, p. 365.

i Prot
Mil-Adéq
b EvBla
b FuiBla
b Auto
b Agr (à l'égard du chien qu'il abandonne à la faim)

Un lecteur français songe immédiatement à 'La lune offensée' de Baudelaire, de 1862, repris dans la 3e édition des *Fleurs du Mal* (OC, Pléiade, p. 174):
'Je vois ta mère, enfant de ce siècle appauvri
Qui vers son miroir penche un lourd amas d'années,
Et plâtre artistement le sein qui t'a nourri'.

Mais si Baudelaire a figuré parmi les premiers défenseurs de RW à Paris, et fréquentait le ménage lors du séjour tumultueux de *Tannhäuser* à l'Opéra, on ne trouve pas trace de lecture des *Fleurs du Mal* dans celles que relève Cosima dans son journal, et l'on sait l'hostilité sourde dont RW entourait tout ce qui était français. Par ailleurs, des incidents de jeunesse reviennent ici pour expliquer l'anxiété de RW à l'égard de sa mère. L'ambiance générale est celle de la culpabilité. Les soucis financiers pour le Festival restent pressants.

148 - 3-10 [Les trois mois qui séparent ce rêve-ci du précédent ont été sur-occupés par les répétitions du premier cycle complet, en prévision du Festival de 1876] 'R. a eu une mauvaise nuit remplie de rêves angoissants'.

Ten

149 - 9-10 'R. a rêvé qu'il partait en voyage, il me quittait très vite, l'heure du train pressait, et je ne pouvais l'accompagner à cause du souci que je me faisais pour les enfants; ces adieux rapides le font pleurer, il va en courant jusqu'au pont, mais celui-ci n'est accessible qu'aux fiacres, il en cherche un, mais ils sont tous pleins 'de gros individus qui le regardent'; — il se dit alors avec désespoir que ce voyage n'est pas indispensable et il se réveille', II, p. 385.

b Auto
i Agr-P
o b Prot
Abatt
Danger
b Constr (recherche du fiacre)
Echec
i Agr

Rêve énigmatique, sans doute un rêve de mort (le pont à passer, symbole oriental, notamment chez les Parsis).

150 - 11-10 'R. a rêvé qu'il était à Hülsen dans le Hanovre, qu'il aimait les belles maisons, le beau paysage, les montagnes magnifiques; il m'avait alors appelée pour les contempler en me disant que c'était le Harz, mais j'étais occupée, et il m'avait appelée une seconde fois, me disant que je pourrais voir le Brocken, cela m'avait séduite, et j'étais venue le contempler en souriant'.

Mil-Adéq
b Sex
i Agr-P

(encore b Sex, b Aff)
grat. b Sex
Les lieux du rêve renvoient à la démonologie classique, et le sourire final de Cosima fait d'elle une 'jeune' sorcière...

151 - 17-10 'Il me raconte qu'il a rêvé cette nuit que nous étions ensemble dans un bal public, mon cavalier se permettait un geste inconvenant, j'étais blême de consternation, puis il demandait comme convenu une seconde danse en se moquant de R., qui, là-dessus, lui donnait un coup de pied qui fit que mon édredon s'envola et que R. se réveilla'.

Jeu
i Agr
(encore i Agr)
b Agr-Phy
b Prot
Cosima est absente ces jours-là avec Fidi.

152 - 4-11 'R. a eu une nuit agitée, il a rêvé que Hans se conduisait d'une manière violente', II, p. 393.

Ten
i Agr

Ils sont à Vienne, Cosima a beaucoup pensé aux morts (le 2 novembre) et aux absents lointains, et elle croit que RW en a eu le sentiment. D'où une allure de parapsychologie (réellement fréquente par la transmission de pensée entre les époux).

153 - 26-11 'R. a rêvé récemment d'une situation où il se disait: j'ai déjà souvent rêvé cela, et voilà que ça m'arrive vraiment', II, p. 398-9.

Ils sont à Vienne, RW y dirige *Tannhäuser* et va aborder *Lohengrin*. Pas d'indication sur la nature de cette situation.

154 - 23-12 'Malgré un mauvais rêve (il se cachait, on le retenait, le mettait en prison), R. est de bonne humeur'.

i Agr
i Hum & i EvBla
Danger

155 - 26-12 '... en outre, R. a fait un cauchemar, il a rêvé que j'étais devenue folle et que je voulais me séparer de lui!', II, p. 404.

Ten
d o Santé ment
i Agr-P
Cosima vient d'avoir son 38ᵉ anniversaire.

156 - 27-12 'R. a rêvé que la reine de Prusse lui révélait qu'elle était sa mère', II, p. 404.

i Consi

De fait, un certain mystère plane sur la naissance de Johanna Wagner (qui devient peu après la naissance de RW J. Geyer). Une des versions actuellement retenue fait de Johanna Petz une fille naturelle d'un Duc de Weimar, frère du Grand-Duc patron de Goethe. De toute façon, les fantaisies sur l'origine sont abondantes chez lui, comme dans ses œuvres.

157 - 30-12 'R. en revanche fait un rêve charmant', II, p. 405.

Elat (b Sex?)

Sans autre indication.

1876. Ier Festival à Bayreuth — de septembre à décembre en Italie (G-D, p. 253-61)

L'année est dominée par le Premier Festival du 13 au 30 août 1876. Avant, se placent les derniers voyages en quête de fonds et de collaborateurs, les répétitions 'filées', l'arrivée des hôtes. L'agitation est extrême à Bayreuth et à Wahnfried. Le 1er cycle va cahin-caha, du 13 au 17 août; *L'Or du Rhin* et la *Walkyrie* sont enfin donnés sous la supervision directe de RW, et *Siegfried* et le *Crépuscule des dieux* sont représentés en première. Deux empereurs sont présents, un roi (Louis II a assisté, dans un incognito transparent, aux dernières répétitions), un grand-duc, des princes, des 'patrons', des musiciens, les proches et les moins proches; Nietzsche glisse entre les gens, blafard, torturé de maux de tête. Les deuxième et troisième cycles occupent la fin du mois d'août. Après ces semaines exténuantes, le décrochage est pénible. RW n'est pas content de son régisseur, ni du chef d'orchestre (H. Richter), trop de choses ont cloché, il s'interroge sur la portée de son œuvre. Les critiques ne sont pas tendres, dans la presse, malgré des voix enthousiastes (ce sont les autres que RW entend surtout). Les comptes sont désastreux, ils parviennent à RW quand il est déjà en Italie: le déficit se montera finalement à près de 150.000 marks. D'où des plans de sauvetage, l'espoir que RW nourrit de voir l'Empire prendre les installations du Festival en charge, et d'obtenir de lui, chaque année, une subvention substantielle, qui permettrait l'attribution de places gratuites à des gens sans moyens. Par ailleurs, RW a écrit au début de l'année une 'Marche' pour les USA, et note certaines mélodies de *Parsifal* (la mélodie des Filles-fleurs en février déjà). Importante pour la vie intime est la présence, lors du 2e cycle de l'*Anneau*, et jusqu'au 5 septembre, la veille du départ en Italie, de Judith Gautier (cf. p. 52 sq.), qui vient de divorcer de Catulle Mendès, et se trouve là avec son amant Bénédictus. Un échange amoureux commence, qui durera toute l'année suivante, jusqu'au début de 1878. Les biographes ne sont pas d'accord sur les détails de cette liaison, ni sur sa portée; certains y voient l'inspiration de Kundry dans le *Parsifal,* la plupart minimisent cette incidence. Relevons que Cosima ne notera que peu de rêves, à peine une dizaine.

158 - 3-1   'Depuis plusieurs jours, R. rêve de charmants paysages à travers lesquels il se promène, cette fois avec Rus qui, plein de poussière blanche dans les yeux, a quelque chose de fantomatique'.

Sens-Phy
Sens-Esth
i Aff
(Mort)

Rus (cf. n° 25) est mort d'un arrêt de cœur le 2 mai 1875. Alors que les paysages charmants pourraient renvoyer à des personnages féminins, la suite du rêve incline plutôt à une évocation des Champs-Elysées, séjour des ombres.

159 - 6-1   'R. a rêvé qu'il devait diriger la Neuvième symphonie à Dresde ou à Munich, qu'auparavant il avait faim, et passait par un restaurant de gare où il se commandait quelques saucisses de Francfort; revenant les chercher, il voyait deux hommes en train de les manger; la personne qui était au buffet lui répondait avec impertinence, tout comme l'aubergiste qui lui refusait non seulement les saucisses, mais aussi de la bière; R. protestait très vivement, essayait ensuite de les apaiser par de bonnes paroles, mais tout cela en vain. Il quitte enfin l'établissement, arrive dans la salle elle-même, passe devant l'orchestre qui l'accueille par des applaudissements; mais il faut ensuite qu'il escalade des obstacles, il se fie à son adresse, mais il arrive devant un vide trop grand; comme il ne peut pas sauter, il se réveille'.

i Consi
b Nourr
i Agr
i Agr-V
b Agr-Co
b Hum-SI
Echec
b Auto
i Consi
i Aff
Danger
b EvSou
d Santé-Phy

Rêve énigmatique, où le rôle de RW comme musicien interfère avec ses besoins élémentaires, non sans que la réalité se déforme pour se constituer devant lui comme obstacles de plus en plus infranchissables.

160 - 9-1 'R. a rêvé qu'il avait fait une grosse tache d'encre sur une partition, ce qui le contrariait beaucoup, puis il découvrait que la partition n'était pas de lui', II, p. 413.

Mil-Inad
d n EvBla
Doute sur son œuvre?

161 - 7-2 'R. se réveille en sifflant très fort; il a rêvé d'une représentation solennelle à Bayreuth, mais seulement du *Vaisseau fantôme* et de *Tannhäuser* qu'il dirigeait de son piano d'une pièce contiguë à l'aide d'une glace; Schröder-Devrient et quelques autres amis intimes, qui préféraient être avec lui plutôt que dans la salle, l'entouraient; les couronnes et les fleurs l'empêchaient d'ouvrir le piano; soudain, il entendait des notes étranges, il courait dans la salle et voyait 'les vagues de la mer', un ballet de Servais intercalé dans le *Vaisseau fantôme*, lui disaient ses chanteurs; 'et vous avez accepté cela!' s'écriait-il en revenant en courant et en sifflant puissamment'.

b Constr
i Consi
i Aff
(encore i Aff) pour les fleurs qui encombrent le piano
i Agr
b Agr-V

La scène initiale du rêve ne manque pas de réalisme: la direction d'un orchestre à partir d'un piano était courante au siècle passé, mais RW la récusait vivement. De même, par la suite, l'intercalation d'un ballet dans les opéras du répertoire se pratiquait couramment, mais derechef, c'était un point que RW critiquait âprement. Servais est sans doute le violoncelliste Adrien-François, contemporain presque exact de RW (1807-1886), ou son fils, François, qui donne à RW un autographe de Beethoven en 1869.

162 - 31-3 'R. a rêvé que je me jetais à l'eau et se réveille en pleurant et criant', II, p. 431.

o Mort
i Agr-P

Un nouveau transfert de pensées? Cosima est hantée par la mort ces jours-là. Deux semaines auparavant, elle apprenait le décès de sa mère Marie d'Agoult, et Hans a décidé de rester désormais en Amérique.

163 - 4-4   '... il a rêvé que j'étais à Munich dans la boutique d'un marchand; il venait m'y chercher mais je restais à mon travail, disant tristement: 'il faut qu'il en soit ainsi, les enfants sont partis'', II, p. 440.

i Agr-P
+ b Sex
i Agr-P encore

Daniéla est en pension désormais et Cosima se le reproche parfois.

164 - 28-6   'R. a fait des rêves angoissants à mon sujet'.

Ten
(sans doute i Agr-P)

On est en pleines préparations pour le Festival. Cosima va y assumer le rôle de la maîtresse de maison, d'hôtesse, de grande dame, bref se dissiper dans les mondanités que RW fait profession d'exécrer.

165 - 21-10   'R. rêve de mon exécution; j'étais convenue avec mon père qu'afin d'expier mon mariage avec R., je devais me faire exécuter et seule Loulou avait le droit de m'accompagner; il n'y avait pas cru tout d'abord, mais lorsqu'il m'avait vue portée sur une civière parce que je ne pouvais marcher, il avait poussé un grand cri qui l'avait réveillé'.

i Agr-P
o b Hum-IA
d b Constr
o Mort
Abatt

Entre le rêve précédent et celui-ci, quatre mois agités se sont passés, avec le Festival, l'aventure avec Judith, le départ pour l'Italie, l'annonce du déficit. Toute la maisonnée est à Sorrente, mais Liszt avait été présent à Bayreuth pendant tout le mois d'août.

L'ambiance générale de culpabilité est sans doute sur-déterminée.
Pour Loulou, cf. n° 58.

166 (même nuit)	'Auparavant, il avait rêvé que l'on donnait une représentation de *Siegfried* et que quelque chose allait mal sur la scène : 'Brandt, la lumière s'éteint', et il s'était réveillé en disant ces mots', II, p. 472. Echec du b Consi et b Constr Danger? Mort? Un rêve pareil montre à quel point le souci de Bayreuth continue à travailler RW. Il n'avait pas été très satisfait des réalisations de Brandt, son machiniste en chef.

1877. Bayreuth — mais voyages divers, notamment en mai à Londres, un pèlerinage à Tribschen en juillet (G-D, p. 261-66).

Le souci pour Bayreuth, pour l'extinction du déficit considérable du premier Festival, continue à dominer le couple. RW fait le projet d'une Ecole de musique à Bayreuth, mais y renonce encore la même année. Il négocie durement avec les conseillers de Louis II. Il va donner des concerts à Londres pour amenuiser le déficit, et n'y parvient que dans une mesure dérisoire (avril-mai; il ne retire de sa direction, partagée avec Richter, que 700 livres, le dixième de ce qu'il faudrait pour éteindre les dettes de Bayreuth). Tout cela le remplit de rancœur contre 'l'esprit allemand', contre l'opposition entre le renom dont il jouit et les moyens financiers qui sont à sa disposition; il parle d'aller s'installer définitivement aux Etats-Unis. Par ailleurs, les relations avec Nietzsche sont sérieusement atteintes, mortellement même. A l'arrière-plan, Judith Gautier maintient son rayonnement. Après les lettres ardentes et nostalgiques de septembre 1876, celles de la fin de l'année 1877 sortent des 'affaires' pour pénétrer dans l'intimité du cœur; rappelons le billet du 20 novembre.

'J'aurais voulu avoir un mot de vous. Puisque je vous vois toujours ici — de ma table à écrire — à droite sur la chaise longue, me regardant (Dieu, avec quels yeux!) quand j'écrivais des souvenirs à mes pauvres cantatrices! — Oh! ce qu'il y a de tout extraordinaire, c'est que vous êtes l'abondance de ma pauvre vie, si bien calmée et abritée depuis que j'ai Cosima — Vous êtes ma richesse — mon superflu enivrant!' (cf. introduction, p. 52 sq.).

Cependant, derrière ces façades, le vieux lion redresse la tête, et se remet à composer. L'année est bien plus centrée sur *Parsifal* que sur toute autre chose: il compose le poème, l'acte 1 est achevé le 29 mars, l'acte II le 13 avril, l'acte III le 20 du même mois, il en fera des lectures à Londres, à Heidelberg, devant les 'patrons' à Bayreuth, le texte sera imprimé dans les derniers jours de l'année; et surtout, il se met à l'esquisse orchestrale dès le 25 septembre. C'est encore une année où les rêves notés sont peu nombreux (trois mois n'en ont aucun, mars, mai et juin).

167 - 7-1 'R. a de nouveau des cauchemars, j'étais devenue folle, il courait après moi, il voulait aller chercher un médecin, etc.', II, p. 492.

Ten
o d Santé-Ment
i Agr-P
b Prot

De retour à Bayreuth après le voyage en Italie, RW multiplie les assurances d'amour, mais dans huit rêves sur les dix-huit de l'année, il voit Cosima le quitter, d'une manière ou d'une autre. Judith ?
cf. n° 155.

168 - 20-1 'R. a une nuit supportable, avec un rêve agréable de son ancien perroquet qui revenait vers lui en volant et lui disait : 'Richard Wagner' et lui chantait des mélodies tirées de ses œuvres'.

i Aff

Impossible de discerner de qui le perroquet est la figure.

169 - 18.2 'R. me raconte qu'il m'a vue en rêve; je sanglotais, mes yeux étaient blanchis de larmes et comme éteints', II, p. 502.

o Abatt

Cosima rapporte ce rêve à la communication des consciences, mais ...

170 - 5-4 'Il rêve d'une représentation de l'*Anneau* devant une assemblée de morts, Tausig, Gaspérini, sa sœur Louise, mais tous rendus honteusement méconnaissables'.

Mort

RW travaille à *Parsifal,* longue méditation de la mort et du dépassement de la mort. Tausig est mort en 1871. (voir n° 33). Auguste de Gaspérini figurait parmi les amis de RW à Paris (il était médecin et mélomane, il est décédé en 1868). Sa sœur Louise avait épousé l'éditeur Brockhaus, et ce couple avait joué un rôle lors du séjour de RW à Paris. Elle était morte en 1872. Ainsi, le rêve nous ramène aux années 1861-1870, principalement aux circonstances parisiennes (où vit Judith). Il recèle une critique à l'égard du public de Bayreuth, qui laisse RW les bras pleins de dettes (l'*Anneau* aurait tout aussi bien pu être représenté devant des morts). Mais, surtout, il correspond aux images de mort qui reviennent fréquemment dans les récits des rescapés après un moment de mort apparente.

171 - 14-7 'R. a fait ce qu'il appelle ses rêves de lâcheté, manque d'argent, traitement dépréciatif de la part des gens. Je ne voulais plus rien savoir de lui'.

b Acqui
i Agr (i EvBla)
i Agr-P

172 - 10-8 'R. a rêvé que je voulais m'éloigner, que j'étais dans la voiture et que le cheval se regimbait contre moi'

i Agr-P
o Danger

Cosima rapproche ce rêve de ses propres pensées; elle est mélancolique (Hans?), elle a le souci de leurs dépenses (elle a mis ses réserves, 40.000 francs, à disposition pour Bayreuth sans que cet argent soit effectivement utilisé), elle se sent en train de lutter contre le dragon ... (II, p. 543), mais sans doute s'y ajoute-t-il de la culpabilité chez RW.

173 - 27-8 'R. a fait un cauchemar concernant M. Niemann, etc.'.

Ten

Pas d'autres indications. Niemann lui avait fait des problèmes à Paris en 1860-61. Voir rêves n^{os} **56** et **71**.

174 - 31-8 'R. a rêvé encore une fois que je l'abandonnais, et cette fois, ce n'est pas un rêve, s'est-il écrié dans son sommeil; et, s'écriant cela, il a perdu conscience, et perdant toujours davantage conscience, il s'est réveillé, et cette fois-là, cela avait vraiment été un rêve', II, p. 250.

i Agr-P

Rêve de rêve.

175 - 2-9   'R. a eu à nouveau une mauvaise nuit avec des cauchemars; j'y apparaissais comme toujours, mais cette fois Fidi est également présent', II, p. 550.
Ten
(i Agr-P?)

176 - 22-10   '(R. a rêvé qu'il s'arrachait une grande dent)', II, p. 561.
Mal

Ce rêve figure parmi les 'classiques' ceux que Freud a analysés, et qu'il rapporte à l'onanisme de la puberté (IR, p. 331). Mais l'exemple à propos duquel il s'exprime ainsi manifeste bien à quel point ce symbolisme 'universel' se lie, dans chaque cas particulier, avec des éléments de la vie du rêveur, de telle sorte qu'il en est modulé au point de signifier tout autre chose, accouchement chez la femme, désir homosexuel refoulé chez un tiers, etc. Il faudrait en savoir plus long sur la vie intime du couple pour fixer le sens qu'un symbole de ce genre prend chez RW. Cf. les rêves 'de dent', n°s 28, 34, 70, 227.

177 - 9-11   'R. a fait un rêve étrange: il était encore maître de chapelle dans un tout petit théâtre; la maladie de l'autre maître de chapelle le forçait à diriger le matin le *Vampire* et l'après-midi *Tannhäuser*; il s'adressait alors à Hans pour lui demander de diriger l'une des deux œuvres; celui-ci le regardait avec étonnement; des images tout à fait grotesques terminaient ce rêve, il ne m'avait pas écrit pendant six semaines, empêché par toutes sortes de choses futiles et parce qu'il voulait m'écrire particulièrement bien; la peur que tout cela ne m'inquiète le réveillait'.

i Tâche
b EvSou
b Ass
i Agr-P
d b Sex
i Constr
b Constr
b EvBla

Le *Vampire* de Marschner, figure au répertoire de l'opéra à Leipzig en 1828 déjà, et RW l'a sans doute vu à cette époque-là, pour le retrouver dans les théâtres secondaires dans lesquels il a commencé sa carrière. Il faudrait le livret complet pour décrypter entièrement ce rêve énigmatique. Le Vampire (Lord Ruthwen) essaie d'arracher Malwine au ténor, Aubry, mais dans sa volonté satanique, il se sait mauvais et agit en quelque sorte contre son gré. *Tannhäuser*, on le sait, va compromettre son amour pour Elisabeth, seul salvateur, par les regrets du lit de Vénus. Une secrète culpabilité continue à hanter les époux à l'égard de Hans. A cela s'ajoute que depuis *six semaines*, c'est-à-dire depuis le début d'octobre, RW travaille à la partie de *Parsifal* dont le personnage central est Kundry: 'Mlle Condrie me donne à faire', dit-il le 2 octobre, 'il a du travail plein les bras pour la laide demoiselle' (comme la désigne Chrétien de Troyes — 4 et 5 octobre). On a là peut-être un des rêves tournant secrètement autour de Judith Gautier, ou du problème qu'elle a ravivé dans la vie de RW.

178 - 16-11 'R. a rêvé de l'oncle Liszt qui venait nous voir, il nous embrassait très tendrement, mais il me disait d'un ton de reproche: 'Pourquoi vous maquillez-vous, ma nièce?'. Je répondais avec dignité: 'Je ne cache ni ma jeunesse, ni ma vieillesse, parfois j'ai l'air jeune, parfois j'ai l'air vieille'.

i Aff
o i Agr-V (i EvBla?)
o d b EvBla

Edouard Liszt, professeur de droit pénal, criminologiste, était le grand-oncle de Franz.

179 - 17-11 'Il me raconte de la manière la plus comique un rêve absurde: il était en voiture avec moi, des gens arrivaient en nombre grandissant; ensuite nous étions seuls, là-dessus des bêtes à cornes venaient sur nous en nombre croissant; l'une était particulièrement étrange, elle avait des bois immenses, et, en plus, un buisson à la place du corps, j'avais peur, R. observait — soudain une grande maison où l'on tient réception. R. y est fêté, il devait danser le galop avec la mère de Hans tout en descendant un escalier; il disait qu'il dansait mieux la valse — soudain une grande soif, il appelle: 'Georges, Georges, de la bière', personne n'entend l'appel — là-dessus arrive un crocodile, une bête très gentille qui vient vers lui et crie d'une voix de fer-blanc grinçante: 'Tu m'as volé mon *Kox*', sur quoi il se réveille'.

+ i Sex
i Consi
Danger

Ten
b Cur
i Aff
i Consi
d Santé phys (d b Constr)
b Nourr
b Ass
Danger
i EvBla
i Agr-V

Nouveau rêve énigmatique. L'encombrement provenant des gens, puis des bêtes à cornes traduit sans doute l'impatience de RW dans les simples rassemblements de gens, qu'il accuse parfois Cosima de ne pas fuir. On ne sait comment décrypter la bête étrange, à grande couronne de bois, et à corps de buisson. La mère de Hans avait été une aide et une protection dans la période de l'exil en Suisse, elle impose à RW une épreuve à laquelle il préférerait se dérober. Georges est le serviteur. Le crocodile 'gentil' se fait accusateur, mais le terme qu'il utilise est un rébus. On ne saurait songer à 'cocaïne' qui n'était pas encore en usage. Un Allemand entend le terme bizarre comme s'il s'agissait d'un chapeau melon. Peut-être, après tout, comme dans la traduction française, est-il plus simple de songer à un terme d'argot inconnu, 'oseille' ou 'fric', et de lire: 'Tu m'as volé mon argent!'. Sans associations libres, ce rébus reste indéchiffrable. [Notes de RZ].

180 - 27-11 'R. me raconte à table qu'il a rêvé encore une fois qu'il était forcé par détresse de chanter dans *Tannhäuser*'.

i Constr
b Acq

On notera la fréquence de *Tannhäuser* durant cette période, toute imprégnée de *Parsifal* dont le volume va paraître dans quelques jours. La détresse est très réelle: RW songe à commercialiser l'*Idylle*, qui est pourtant le joyau de l'intimité du couple, pour alléger le fardeau des dettes contractées pour le 1er Festival.

181 - 2-12 'R. me raconte qu'il a rêvé qu'il avait annoncé un concert où il devait chanter une ballade de Löwe et jouer la sonate en la bémol majeur de Beethoven; au moment de commencer cependant, il avait trop peur, il faisait appeler Anton Rubinstein qui se trouvait parmi les assistants et le priait de jouer à

sa place; pour lui, il allait à l'auberge et s'y faisait servir quelque chose; Baumgartner (il jouait à Zurich) lui annonçait l'immense succès de Rubinstein. A ce moment, R. décidait de chanter, mais Baumgartner lui disait que les gens s'en allaient, très contents de ce qu'ils avaient entendu, mais gardant des doutes au sujet de R. qui était très fâché de n'avoir pas donné son récital'.

i Constr
d b Hum-IA
b Ass
b Nourr
i Aff
o b Constr
b Constr
i Agr-P
i Agr-V
b EvBla

K. Löwe (1796-1869), directeur de musique à Stettin, avait écrit de nombreuses ballades très populaires en Allemagne. Anton Rubinstein (1829-1894) était un pianiste prodige, de réputation internationale dès 1854, qui ne cessait de passer et de repasser en tournées en Europe; personnalité fascinante, il avait écrit 15 opéras, des oratorios, 6 symphonies, 10 quatuors, etc. On notera que RW se fait remplacer par un Juif ... Quant à Baumgartner, il s'agit de Wilhelm B. (1820-1867), que RW avait connu à Zurich en même temps que G. Keller.

182 - 18-12   'R. a rêvé que je lui en voulais amèrement, que je lui devenais étrangère', II, p. 583.

i Agr-P

183 - 24-12   'R. a rêvé qu'il avait des relations amicales avec Lachner; celui-ci dirigeait *Fidelio* et supprimait l'allegro dans l'ouverture; 'cela peut avoir une signification profonde, pensait R., car, enfin, l'ouverture ne convient guère à l'œuvre'; mais comme Lachner ajoutait au début un chœur (chœur des moissonneurs ou quelque chose de ce genre), c'en était trop pour R.; il se trouvait ensuite dans une salle où étaient exposés des bustes antiques, mais doués de la parole; l'un d'eux était celui de madame Schröder-Devrient, et R. se disait: 'je ne voudrais pas rêver que je vais l'embrasser, car il n'est pas bon de rêver que l'on embrasse les morts', II, p. 585-86.

b/i Aff
Sens-Esth

b Agr-Co
i Consi
d b Sex
Mort

Franz Lachner (1803-1890) a été chef d'orchestre et compositeur. De 1852 à 1865, il était directeur de la musique à Munich.

Mme Schröder-Devrient est la célèbre cantatrice allemande qui figurait déjà dans les rêves n^os **36, 108, 420**.

184 - 26-12 'R. a rêvé que Fidi et moi étions morts; il avait sur lui une gravure en relief de nous; il allait chez Brandt pour la lui montrer et celui-ci lui disait: 'Comment pouvez-vous porter cela sans cesse sur vous? D'ailleurs un homme qui pleure est pour moi un être pitoyable'. 'Ah! dit R., voilà bien tout l'individu'.

Mort
d i Aff
i Agr-V

Variante saisissante, un jour après l'anniversaire de Cosima, du rêve permanent où elle le quitte.

1878. L'année entière à Bayreuth (G-D, p. 266-72)

Les préoccupations financières pour le premier Festival vont s'atténuer. Le 31 mars, Cosima décroche, par correspondance, un accord avec Munich: Bayreuth reçoit un prêt, le théâtre royal obtient le droit de représenter ultérieurement *Parsifal*. RW touchera des droits d'auteur sur les représentations municoises de ses œuvres. Le 18 mai, un Russe fait un don de 10.000 marks. Enfin, le 29 mai, une banque, sur garantie de Cosima, couvre ce qui reste du découvert. L'accent principal peut ainsi se reporter sur l'œuvre en cours, qui progresse régulièrement: fin janvier, l'acte I, fin septembre l'acte II, pour l'anniversaire de Cosima, le 25 décembre, le Prélude sous sa forme finale, les travaux de composition et d'orchestration occupent RW. Pas exclusivement, comme il se doit: il termine la rédaction de *Was ist deutsch* le 22-2, il envisage une symphonie à la mi-mars, il songe à nouveau à un ancien projet, le *Mariage de Luther*, en juillet. Surtout, dès février, paraissent régulièrement, sous la direction d'un fidèle, les *Bayreuther Blätter* où RW peut publier ses prononcés et ses sarcasmes à l'égard de ce qui se fait dans l'époque. Son renom s'étend encore. *L'Or du Rhin* triomphe à Vienne, magré la critique, toujours hostile, Munich reprend *Siegfried* en juin, et entreprend tout *l'Anneau* en novembre. A Vienne encore, *Siegfried* étonne le 9 novembre, et un critique écrit:

'Prise dans son ensemble, la musique de *Siegfried* est un *monstre* ruminant sempiternellement, affligé d'une éructation répugnante de *leit-motive*' (G-D, p. 271).

Sur le plan intime, l'année commence à peine que la correspondance de RW avec Judith Gautier s'arrête brusquement (voir ci-après). Cosima reprend le dessus (le *Journal* porte cependant la trace de ces bousculades: il devient nettement plus prolixe, et le nombre de rêves passera par son mode), le couple fête le 10 octobre les vingt-cinq ans de leur première rencontre, le 16 novembre les dix ans de l'arrivée de Cosima à Tribschen, et leur communion culmine le 25 décembre par la première exécution du Prélude de *Parsifal* mentionné ci-dessus. RW a des alarmes de santé, notées par Cosima le 4 septembre, le 22 octobre et le 14 décembre.

185 - 4-1   'R. a rêvé que j'étais en larmes et que je l'enlaçais parce qu'il était malade', III, p. 36.

o Abatt
i Prot

Cosima ajoute qu'ils rient ensemble de ce rêve, parce que c'est bien le plus vraisemblable.

186 - 5-1   'R. a encore une fois rêvé les idées mêmes que m'inspirait une nuit sans sommeil!', III, p. 36.

Pas d'indications sur la nature de ces idées. La transmission de pensée est vécue par le couple comme un phénomène normal.

187 - 10-1   'Nous avons rêvé cette nuit à peu près la même chose: j'organisais des séances musicales pour quelqu'un, et R. en était jaloux', III, p. 38.

i Agr-P

Pas d'indication sur le 'tiers' en question.

188 - 16-1   'Il a fait aujourd'hui un rêve très triste pendant sa sieste. Quelqu'un chantait sur les eaux, je disais que je ne pouvais le supporter, nous nous approchions, c'était Fidi qui s'enfonçait dans l'eau en chantant et en nous disant: 'Adieu papa, adieu maman!'', III, p. 41.

Abatt
Sens-Esth
b Prot
o Mort
o b Aff (ou b Ass)

Rêve énigmatique dans ses images, sans doute forte expression de culpabilité.

189 - 21-1   'R. a rêvé d'une rupture totale entre nous', III, p. 42.

i Agr-P

'A quoi cela peut-il servir de savoir que l'on s'appartient si profondément l'un à l'autre, quand une chose pareille est malgré tout possible', commente RW, et lorsque Cosima lui demande comment il peut avoir des rêves de ce genre, il continue: 'Le bon Dieu ne fait pas la fine bouche quand il veut réveiller quelqu'un, ou plutôt, il le fait et prend la chose la plus horrible, il sait qu'il ne peut plus guère m'effrayer avec l'échec de l'un de mes opéras'. Exemple de la théorie du rêve.

190 - 9-2   ''R. n'a pas eu une bonne nuit, mais elle n'a été troublée que par des rêves ridicules, pas par des cauchemars; hier aussi, il s'est réveillé en riant aux éclats et m'a raconté: il cherchait dans les environs de Paris son chemin pour trouver une maison où habitait Rothschild; il était soudain dans une avenue de vaches (comme une avenue bordée de sphinx) qui sentaient très mauvais! Comme il ne trouvait pas son chemin, il demandait où était la maison: 'entre Blasewitz et Pilnitz' lui répondait l'homme auquel il s'adressait, 'non non, pas Pilnitz, c'est la maison de Rothschild', 'ah! Ferrières'. 'Mais non, je sprecherai...' et il s'éveillait'.

Elat
b Acqui
Mil-Inad
d Intell
b Ass
d Intell (pour la confusion de l'allemand et du français)

Rêve énigmatique. On se trouve à Paris (où habite actuellement Judith) mais dans les temps antérieurs, liés à Minna. On a coté Rothschild comme renvoyant à un besoin d'emprunter l'argent qui ne cessait de manquer alors (RW écrit à Judith qu'elle est 'son abondance'... cf. introduction). Blasewitz se trouve dans la banlieue de Dresde, où RW a logé pendant quelques semaines avec Minna en 1837, et où il avait eu l'humiliation de ne pas la retrouver au logis. Pilnitz est l'endroit où L. Geyer, son père (adoptif, cf. introduction, p. 29) avait été atteint de sa dernière maladie en septembre 1821. Par ailleurs, Rothschild est le banquier de Cosima, dont pourrait dépendre la solution des dettes de Bayreuth. Quant à Ferrières, c'est une commune de Seine-et-Marne où Bismarck eut une entrevue avec J. Favre pour négocier un éventuel armistice les 19 et 20 septembre 1870, et cette mention renvoie peut-être à la parodie 'Capitulation' que les amis français avaient eu quelque peine à pardonner à RW lors de l'effondrement de la France. On ne sait comment décrypter l'avenue de vaches malodorantes, mais ce symbole revient plusieurs fois dans les rêves (voir not. le n° 103). Quant à la confusion de l'allemand et du français, elle est sans doute entraînée par l'ambiance parisienne générale...

191 - 15-2   'A table, R. nous raconte qu'il a rêvé d'une représentation des *Maîtres chanteurs* qui était bien mauvaise, presque tous les membres de l'orchestre s'en allaient, c'était parlé plus que chanté', III, p. 50.

d i Consi

C'est le 12 février que Cosima avait noté : 'La souffrance dont j'avais l'appréhension, n'a pas manqué de se manifester : c'est de l'extérieur qu'elle est arrivée ! Que Dieu m'aide !... Douleur, ma vieille compagne, reviens et installe-toi auprès de moi : nous nous connaissons bien, combien de temps resteras-tu cette fois auprès de moi, toi mon amie fidèle, la seule qui soit sûre ? Purifie-moi maintenant, rends-moi digne de toi, je ne me dérobe pas à toi, quand donc amèneras-tu ta sœur [la mort] ?'. Dans l'extrême discrétion dont elle voile ce qui la touche directement, il n'est pas facile de pénétrer l'exacte signification de cette note. Les éditeurs du *Journal* n'hésitent guère à y voir 'l'unique allusion à un conflit entre RW et Cosima à propos de ses relations avec Judith Gautier'. Ils rappellent que le 28 janvier encore, RW s'adressait à cette dernière en lui disant 'chère femme', le 6 février 'chère que j'aime'; brusquement, et c'est la dernière lettre de RW à Judith, il écrit dans son français personnel :

'Chère âme,

J'ai prié Cosima de se charger maintenant de ces commissions... Du reste, je suis actuellement si troublé par mes affaires — qui ne sont pas du tout agréables, que je ne trouve plus le loisir de continuer ma composition de *Parsifal*... Mais ne vous tourmentez pas à cause de moi : ce qui m'ennuie passera sous peu ! — / Soyez bonne pour Cosima : écrivez bien et longuement à elle. J'apprendrai tout. Aimez-moi toujours ! Vous me verrez souvent, et enfin nous nous reverrons un jour ! A vous, R.' 15 février 1878.

En revanche, C. von Westernhagen, dans sa dernière édition de *Wagner*, en 1979, tout bien pesé, et les textes du *Journal* tous présents devant lui, écrit :

'Que s'est-il passé ? Rien ne permet de conclure à un conflit entre RW et Cosima. Les extraits de son *Journal* nous parlent du travail en cours (*Parsifal*), de discussions sur les symphonies de Haydn et de Mozart, dont il s'occupe beaucoup à ce moment-là. Rien ne transpire d'une mésentente. Et les relations entre Wahnfried et Judith vont continuer avec la même cordialité. Elle a apporté à RW une incitation à créer.

Maintenant qu'elle a joué son rôle, la passion se mue à nouveau en amitié, en réminiscence reconnaissante' p. 500. On peut être d'un autre avis. Le *Journal* laisse par instant transparaître la profondeur de la blessure que Cosima a reçue et qu'elle va dissimuler de son mieux. Ainsi, le 14 février déjà, après une soirée où RW recommence le premier acte de *Parsifal* qu'il présentait, à un familier pour y associer Cosima de retour d'avoir accompagné l'aînée des filles au bal, elle note la bénédiction qu'il y a dans la retraite où ils vivent, où s'épanouit cette œuvre, et sans transition: 'Beaucoup prié, beaucoup appelé Dieu à l'aide. Combien je sais que toute souffrance est juste, combien je le sais, et pourtant, avec quelle difficulté je la porte sans rien en faire voir. Prier et travailler'. Le 16, RW s'inquiète de son humeur: il ne peut travailler que quand elle est gaie. Le 24, elle commence un nouveau cahier, et elle le dédie, une nouvelle fois, à Siegfried, avec une tournure plus grave qu'auparavant: 'qu'il sache discerner, reconnaître, le grand amour auquel il doit son existence'. Elle travaille au piano l'Idylle, RW lui montre des passages littéraires sur l'aide que la femme peut donner à son mari, sur l'amie qu'elle est seule à pouvoir être. Encore au début de mars, les époux revivent l'ensemble de leur vie commune (2 mars). Cosima est quelque peu distraite par la visite de Marie von Schleinitz, elle n'est pas au mieux de sa forme, ce n'est que le 11 mars que RW remarque qu'elle a de nouveau son 'regard mélancolique et malicieux', et elle ajoute, *in petto*: 'et de vrai, la douce habitude de l'existence me possède à nouveau'.

C'est dans ce contexte que le rêve discuté se place. On se souviendra que les *Maîtres chanteurs* ont deux pôles, d'une part la consécration de l'amour de Walther et d'Eva, mais de l'autre, le renoncement de H. Sachs...

---

192 - 14-3 'R. a eu une mauvaise nuit avec des rêves terribles, il voulait jouer le prélude de Bach, cela devait se faire sur de la viande hâchée, et il n'y en avait pas, absence soudaine de Fidi, murmures, effroi, cris, réveil'.

b Constr
Mil-Inad
i Agr-P (Fidi)
Danger
Ten

193 - 16-3   "R. n'a pas eu une bonne nuit, il a dû se lever une fois et me raconte son rêve: 'J'étais chez Pie IX; il me recevait amicalement dans une sorte de bureau et me disait soudain: vous devez quand même être un fort mauvais homme, un hérétique — moi: 'il y a bien des calomnies'. 'Non, non, je sais, vous êtes Russe?' — 'Ah! alors il s'agit de Rubinstein'. — 'Peut-être; s'appelle-t-il Richard?' — 'Ah! alors c'est bien moi, mais vous savez tous les mensonges que racontent les journaux'. 'Oh! je sais, je vois maintenant sur votre visage que vous êtes un honnête homme'. Là-dessus, ils échangeaient des amabilités, et R. pensait à part soi: 'Jésus, il faut quand même que tu lui baises la main', ce qu'il faisait; ils prenaient congé cordialement avec toutes sortes de belles 'courbettes' de part et d'autre, de la part du pape aussi qui avait fort bon air, qui l'accompagne jusqu'à la porte, le suit des yeux et lui fait un signe de la tête depuis une chapelle illuminée dans laquelle il s'était rendu et dont la porte reste ouverte; le pape, en s'éloignant, se retourne encore une fois', III, p. 66.

i Consi
i Agr-V
b EvBla
i Aff
(i Consi)

Pie IX vient de mourir (1792-1878) à Rome, le 7 février; après une première partie de pontificat libérale, il avait défendu les pouvoirs temporels du pape, proclamé l'Immaculée Conception, dénoncé les 'erreurs modernes', réuni Vatican I qui avait proclamé l'infaillibilité pontificale. On notera la substitution RW-Rubinstein, le souci de RW de ne pas passer pour hétérodoxe (il est en pleine composition de l'orchestre de *Parsifal*, mais la publication du poème avait déjà suscité des réactions théologiques), les marques de considération que le pape le plus décidément 'réactionnaire' lui témoigne...

La traduction française ne parvient pas à rendre les tournures saxonnes qu'utilise RW: 'Herr Jeses' (Jésus!) — 'scheensten Dieners' (rendu par 'courbettes'). Derrière la façade très contemporaine, le langage du rêve renvoie à des situations très anciennes dans la vie de RW, sans doute liées à l'hésitation sur la personne de son père (Wagner ou Geyer) et le besoin de 'figure sociale' dont le fils de la balle a toujours ressenti le besoin.

194 - 17-3	'R. a eu une nuit passable, mais il a encore fait un rêve d'angoisse à mon sujet', III, p. 68.

Ten
sans doute i Agr-P

RW ajoute: 'Minna ne suffit plus pour me faire peur, c'est à toi d'intervenir' (complètement manqué dans la tr.fr), ce qui renvoie une fois de plus à la théorie implicite du rêve. |
| 195 - 29-3 | 'R. a eu une nuit quelque peu agitée, ce matin du moins, il a eu des rêves agités; l'ami Wolzogen voulait se saisir de moi parce que j'avais dit à R. que celui-ci voulait le chasser des *Bayreuther Blätter* et qu'ensuite R. lui demandait des comptes', III, p. 68.

Ten
o i Agr
o b Agr-V
i Agr
b Agr-Co

Le baron Franz von Wolzogen (1848-1938) venait d'être appelé à Bayreuth (en 1877) pour y assumer la rédaction des *Bayreuther Blätter*. Ce sera l'un des inconditionnels de la 'vieille garde'. Il écrira un livre sur RW en 1883, '*Souvenirs concernant RW*'. |
| 196 - 1-4 | 'R. a eu une bonne nuit, à part le fait que sa femme Minna s'est de nouveau comportée en rêve comme une vilaine souris 'mais dans ce cas, je deviens maintenant grossier comme il convient''.

i Agr
b Agr-V

Ce rêve ne figure pas dans la traduction française. Il se trouve en note dans l'édition allemande, au 1-IV-1878. Entre guillemets, un commentaire de RW. |
| 197 - 2-4 | 'R. s'est réveillé en poussant un grand cri. 'Esprits, fantômes, ils jouaient sur l'harmonica de Genève, accordé en fa dièse, les notes ré, fa dièse, la, mais cela sonnait sol dièse, sol, mi, je savais qui c'était'', III, p. 83.

d Sens-Esth
i Agr |

Pas d'autres indications sur 'qui c'était'. Les trois notes qui devraient être jouées forment l'accord de ré maj. Les trois notes entendues ne forment aucun accord. Rêve d'un musicien dont l'intention se déforme dans la réalisation de l'œuvre...

198 - 23-4   'R. a eu une nuit supportable, il a seulement rêvé d'une manière tout à fait absurde du commandant Müller qui me faisait une cour si pressante qu'il me le faisait remarquer; j'étais très indignée de ce qui se passait et enfin, comme l'odieux personnage devenait tout à fait pressant, je lui donnais un coup sur la tête d'une partition que je tenais enroulée à la main', III, p. 93.

i Agr
o b Sex
o d b Sex
o b Agr (b EvBla)

Il s'agit peut-être du lieutenant H. Müller, amant de la Schröder-Devrient, qui a quitté le service en 1849 après l'échauffourée de Dresde, et s'est, comme RW, retrouvé en Suisse. Ce personnage-là n'avait jamais été que lieutenant. Il est promu major ici. On notera que Cosima se défend de ses assiduités en se servant de la musique comme d'une arme. Il semble qu'en fait elle se soit parfois trouvée dans cette situation.

199 - 24-4   'R. me raconte son rêve: il venait de déclamer du Shakespeare en anglais en Angleterre, et s'étonnait de sa sûreté, 'ce que peut faire l'inspiration!, se disait-il, mais il faut quand même que je demande à ma femme''.

Intell
b Aff (+ b Sex)

200 - 7-5   'Il a rêvé qu'il faisait cadeau de son théâtre à Fidi, mais que celui-ci le vendait pour un mark afin de se procurer du papier; le marchand cependant ne lui donnait que 50 pf., et Fidi en demandait encore 50 pour du papier. 'Méchant garçon, tu as vendu mon théâtre''.

d b Ret
b Prot
i Agr
o b Acqui
i Agr encore
b EvBla

En janvier de l'année précédente, Cosima remerciait Judith d'un théâtre de marionnettes sur les plans exacts de la Maison du Festival, avec les costumes de tous les personnages, au moins ceux de l'*Anneau*. Le rêve reflète l'appréhension que RW ressent quand il pense à l'avenir de son institution, et une certaine défiance à l'égard de la capacité de son fils.

201 - 31-5   'R. a eu une mauvaise nuit avec de mauvais rêves, il avait une chambre séparée de la mienne par de nombreuses autres; près de la sienne, il y avait un débit de boissons dont les clients criaient en regardant son lit; il me cherchait, me trouvait enfin dans mon lit, un vieux comte polonais dégoûtant assis près de moi me faisait la cour, ce qui semblait ne pas me déplaire, tandis que je me montrais à lui (R.) toute malade; enfin un bruit de brasserie retentissait à côté de ma chambre, ce qui le réveillait'.

Ten
i Agr-P
Mil-Inad
i Agr-V
b Sex
i Agr
o b Sex
i Agr-P encore
Encore Mil-Inad

Le rêve n'est énigmatique que par les détails. En filigrane, toujours 'Cosima le quitte', cette fois en ayant sa chambre *très* séparée de la sienne, en se laissant courtiser, par un Slave (pas très loin d'un Hongrois; RW n'a cessé de ressentir comme une sorte d'injure personnelle l'attachement de Cosima pour son père à elle), la brasserie est un endroit où RW passe passablement de temps dès qu'il sort de Wahnfried.

202 - 3-6   'R. a rêvé que j'étais sa sœur et qu'il devait veiller sur mon honneur', III, p. 114.

d b Sex
b Prot

Le rêve désexualise ses relations à l'égard de Cosima.

203 - 18-6   '(Cette nuit, il a rêvé d'une masse d'individus qui pénétraient dans sa chambre, qu'il ne connaissait pas, mais qu'il voyait individuellement avec précision)', III, p. 128.

i Agr?

Un rêve de ce genre fait fortement penser aux rêves de mort (le cortège d'inconnus, pourtant très individualisés, qui entourent le défunt dans les premiers moments après la mort).

RW vient de dire, à propos d'un endroit de leur promenade où il fallait passer un petit pont, 'que cela faisait partie de ses rêves angoissants, un pont pareil, et toujours plus de gens qui s'y entassent' (nous avons déjà rencontré des images de ce genre, cf. n° 149).

---

204 - 21-6   'R. a eu une nuit tout à fait mauvaise, cauchemars, congestion, une erreur dans son régime est assurément la cause de ces malaises', III, p. 129.

Ten

Pas d'autres indications sur le contenu des mauvais rêves.

---

205 - 22-6   'A midi, R. me raconte le rêve étrange qui l'a sorti de la 'pénombre' de son sommeil matinal, il attendait dans la grande salle la voiture qu'il avait commandée, et soudain apparaissait un corbillard à la porte de la salle donnant sur le jardin; 'oh! mais c'est bien trop tôt' s'écriait-il en se réveillant'.

b Auto
Mort
b EvSou

Un nouveau rêve de mort typique. Dans le commentaire qui entoure le rêve, RW se demande tout de même s'il doit bien raconter ce rêve à Cosima...

---

206 - 26-6   'R. ne s'est réveillé qu'une fois, par la faute d'un rêve de fantômes, où il était poursuivi par son double', III, p. 134.

Ten
i Agr

RW lit passablement d'auteurs hindous à cette époque, en relation avec *Parsifal* dont il orchestre le deuxième acte, centré sur Kundry.

---

207 - 27-6   'R. est éveillé par un rêve gênant où une ancienne connaissance lui fait des propositions pressantes, 'mon Dieu, que va penser Cosima''.

i Sex
b EvBla

Pas de détails sur cette 'connaissance'. Judith? En tout cas, il n'en prononce pas le nom...

208 - 29-6   'R. a rêvé d'une réception à Vienne, pour laquelle ses amis avaient combiné la présence de M. Hanslick; comme celui-ci s'approchait de lui, R. s'écriait: 'je ne veux rien avoir à faire avec un misérable individu comme vous!', et une voix avait dit derrière lui: 'c'est vrai'; R. s'était éveillé là-dessus très fatigué'', III, p. 136-7.

i Consi
i Agr
b Iso

Le lendemain, il parle longuement de son père (L. Geyer). Edouard Hanslick (1825-1904), après un premier contact assez chaleureux avec RW, s'était tourné résolument contre le romantisme finissant, et surtout contre RW, qui voulait en faire le repoussoir de l'art 'moderne' dans les *Maîtres chanteurs* (Beckmesser avait commencé par porter son nom).

209 - 3-7   'R. est fatigué; pourtant, lorsqu'il s'est éveillé ce matin, il venait de faire des rêves amusants; comme il se réveille pour la seconde fois je lui demande de les raconter, mais il les a oubliés; il sait seulement que nous étions ensemble et que nous nous amusions de choses très drôles'.

+ b Sex
Elat

210 - 5-7   'Il me raconte son rêve: Beethoven voulait travailler à la composition de son *Fidelio*, et il avait foncé à travers un mur', [toujours quelque chose soit de risible, soit de catastrophique pour vous réveiller].

o b Constr
o Danger

Nouvelle indication de la théorie des rêves sous-jacente.

211 - 9-7   'Il a rêvé qu'au cours d'un repas, j'étais assise sur un siège très élevé, Mme von Bülow, mon ancienne belle-mère, à mon côté, tandis que lui devait se déplacer tout au bas bout de la table, ce qui l'étonnait beaucoup'.

i Agr-P
d i Consi

Cosima est sur un siège dont on se sert à son époque pour les très petits enfants, elle a récupéré une figure maternelle en la personne de la mère de Hans, et RW se trouve relégué hors de ce groupe familial. C'est une variante (aux détails énigmatiques) du rêve permanent 'Cosima le quitte'.

212 - 11-7   'R. a eu une nuit paisible, il a rêvé qu'il se coupait au doigt avec un rasoir et qu'il lui fallait éloigner le rasoir avec précaution pour ne pas perdre tout le doigt!'.

Danger

Rêve usuellement interprété comme renvoyant à la peur de la castration, c'est-à-dire à des situations très lointaines dans la vie d'un homme de soixante-quatre ans. Elles sont peut-être ravivées par les scènes de *Parsifal* auxquelles il travaille, et sans doute par la signification existentielle de ses relations avec Cosima.

213 - 25-7   '[Nous sommes heureux que Fidi aille bien], il y a deux nuits, R. l'avait vu tomber brutalement'.

o Danger

Il est question d'un bain trop froid qui avait mis en péril la santé de Fidi, et qui ravive une image onirique chez RW.

214 - 2-8   'R. a eu une bonne nuit, et me raconte qu'il a rêvé de deux petits moutons étrangement juchés l'un sur l'autre sur leur mère'.

Mil-Adéq

'Cela porte bonheur', ajoute RW.

215 - 10-8   'R. s'est réveillé en soupirant: 'Ah! non!'; il rêvait que je partais en voyage', III, p. 168.

i Agr-P

Pas de contexte, sauf que RW est atteint dans son équilibre par l'été pourri, et par le travail de composition orchestrale pour *Parsifal*. On peut se demander si Cosima n'est pas le symbole de la vie, et si les seize rêves de l'année ne représentent pas le sourd travail de la mort en lui?

216 - 14-8   'R. a rêvé qu'il introduisait à l'occasion de Kundry un divertissement en forme de ballet (entre autres choses, un bo-

léro); il voulait le jouer à sa femme Minna et celle-ci, en entendant l'accompagnement, faisait de grands yeux et pensait que c'était tiré de la *Muette*, et il lui répondait : 'Petite sotte, c'est seulement l'accompagnement, commence par écouter la mélodie''.

b Constr
b Ass
i Agr-V
b Agr-V

Nous voici replacés dans les temps de Paris, sans doute lors du séjour de 1860-61 où le directeur de l'Opéra insiste auprès de RW pour qu'il introduise un ballet au deuxième acte de *Tannhäuser*. Ici, c'est du deuxième acte de *Parsifal* qu'il s'agit. On a souvent rapproché Kundry de Judith Gautier, qui en aurait inspiré certains traits. La *Muette* est un opéra d'Auber où Alfonso se trouve déchiré entre deux femmes, Fenella, la muette, qu'il a séduite (son frère veut la venger) et Elvira, l'épouse; la jeune fille se dépasse et se sacrifie, comme Kundry. Par ailleurs, RW, qui connaît bien l'œuvre (il l'a dirigée parfois, après sa création à Paris en 1828), en parle le 19 avril, en disant qu'il est hanté, au moment de composer un passage de *Parsifal*, par la cadence du premier 'aria' de la Princesse Elvire. Lors de la mort d'Auber, en mai 1871, RW écrit des '*Réminiscences*' où il dit qu'Auber avait élevé le cancan à la dignité d'un art. De manière générale, RW fait de la *Muette* le prototype de l'opéra français, gracieux, mais vide.

217 - 18-8   'Il a rêvé que Fidi avait déjà une barbe, à peu près comme celle de Glasenapp', III, p. 174.

o Beauté Phy

C.F. Glasenapp (1847-1915) vient de trier et de classer avec Cosima les papiers de RW. Sa biographie de RW en deux volumes avait paru en 1876 et 1877. Il figure parmi les 'inconditionnels', et le rêve pourrait exprimer l'espoir de RW d'avoir en Fidi un continuateur aussi dévoué et dépourvu de toute originalité que l'était Glasenapp...

218 - 5-9   'Ce matin, il me raconte le rêve qui l'a réveillé, des gens de plus en plus nombreux pénétraient dans sa maison, entre autres Klindworth et en dernier Nietzsche qui ne lui disait que des choses perfides, injurieuses, qui se moquait de lui sur l'air du 'chœur des Pèlerins' dans *Tannhäuser*, c'est-à-dire lui chantait un poème satirique dirigé contre lui, et R. lui

disait: 'Vous me traitez sans doute ainsi parce que je n'ai pas d'armes?' — Je lui demandais par une fenêtre ce qui se passait, et pour ne pas m'inquiéter, il répondait que Nietzsche lui lisait son nouveau poème; la vivacité de son sentiment de malaise l'éveillait cependant'.

i Agr
i Agr-V
d Santé Phy
+ i Sex
b Aff
Ten

Depuis qu'il a lu le poème de *Parsifal*, paru en décembre passé, Nietzsche accentue son hostilité à l'égard de RW. Au début de mai, il avait envoyé son *Humain, trop humain* à Wahnfried, où il malmène les artistes et leur femme. En août, RW avait obliquement riposté 'contre les professeurs' dans son article des *Bayreuther Blätter*. En revanche, K. Klindworth (1830-1916) est ami de RW depuis le séjour de ce dernier à Londres en 1855. Pianiste, il fera des réductions de piano de certains opéras. Sa fille adoptive deviendra Mme Siegfried Wagner (la deuxième 'grande' dame de Bayreuth).

219 - 6-9   '... il me raconte son rêve: il voyait à mon cou une araignée qu'il chassait', III, p. 181.

o Danger
b Prot

220 - 10-9   'Ce matin, il me raconte le rêve épouvantable qui l'a réveillé: nous étions en voyage, dans la chambre à coucher, il y avait un lit pour deux personnes, il m'appelait, et je répondais: 'Tu peux l'occuper seul'; touché au vif, il me demandait si quelque chose m'avait blessée; moi: 'C'est bien possible', puis il allait dans ma chambre où je m'étais installé une sorte de couche; ma sœur Claire intervenait, se moquant aussi de lui, et lui, se souvenant des rêves où toujours plus de personnes moqueuses s'assemblaient contre lui: 'Il va en venir sans doute encore bien d'autres', et il s'éveillait'.

Ten
+ b Sex
b Aff
i Agr-P
b Hum-IA
i Agr-V
r i Agr

Claire-Christine de Charnacé (née d'Agoult), née en 1830, mariée en 1849, était la demi-sœur de Cosima. Les détails du rêve restent énigmatiques, mais ils ne font que varier le thème de 'Cosima le quitte'.

221 - 11-9	'(il a encore eu un cauchemar à mon sujet)', III, p. 186.
	Ten
	Pas d'autres détails sur le contenu. RW ajoute : 'Minna ne suffit plus à me réveiller' (manqué par la tr. fr.), ce qui renvoie une fois de plus à la théorie implicite du rêve.
222 - 27-9	'Il a rêvé d'une clarinette qui jouait toute seule', III, p. 196.
	Sens-Sex?
	Le symbole phallique semble évident. Cependant, à la fin de l'année précédente, Edison avait fait la première démonstration du phonographe qui annonçait l'ère de la musique enregistrée et peut-être automatique. Le rêve trahit peut-être quelque appréhension sur l'avenir de la musique 'inspirée', au moment où RW peine sur l'orchestration de *Parsifal*.
223 - 4-10	'Il a entendu en rêve Fidi qui chantait une chanson sur moi qui étais partie en voyage', III, p. 203.
	Sens-Esth
	i Agr-P
224 - 12-10	'R. a eu une bonne nuit; au matin, il a rêvé qu'il incitait Georges à réveiller M. Kellermann qui ne voulait pas se lever' ['mais pendant ce temps, j'étais celui qu'il fallait réveiller', dit-il en riant]', III, p. 211.
	b Agr-Co
	o d b EvBla
	Georges, cf. n° 179. Berthold Kellermann (1853-1926), présent à Bayreuth avec Liszt dont il est l'élève, en 1876, puis dès 1876, précepteur et copiste dans le ménage de RW.
225 (même nuit)	'Il a rêvé encore que je partais seule en voyage', ibid.
	i Agr-P

226 - 19-10	'Il a eu un rêve prémonitoire de cheminée s'effondrant dans la cuisine, toute la salle de bain salie qui devait être nettoyée par Ross' [ensuite, tôt ce matin, il entendait travailler le ramoneur], III, p. 216.

Danger
o b Constr

Ross est probablement un domestique de la maisonnée. La remarque qui suit le rêve manifeste une fois encore la théorie implicite du rêve.

227 (même nuit)	'Ensuite, il sortait de sa bouche une longue dent blanche qu'il admirait'; [en revanche, une dent cassée lui faisait mal à la langue], ibid.

Mal

A nouveau un rêve de dent qu'il se tire. Notons que le rêve antérieur peut aussi être interprété comme un rêve à éléments sexuels, la cheminée salissant toute la chambre où l'on se purifie d'ordinaire.
Cf. n^os **28, 34, 70, 176.**

228 - 21-10	'Il avait vu en rêve de gros oiseaux auxquels les yeux manquaient dans les orbites' [ne figure pas dans la version française; en all: II, p. 205, note**].

Symboles de mort?

229 - 25-10	'... il a eu ce matin un rêve étrange, il avait dirigé une représentation et voulait s'éloigner du tréteau où il l'avait fait, lorsque des bêtes sauvages, attirées par lui, survenaient, lui léchaient les mains tout en le mordant et en l'empêchant de continuer son chemin, tandis que je me réjouissais des hommages que lui rendaient ces animaux'.

b Constr
i Consi
i Agr
i Aff
(encore i Aff)

RW fait la remarque (à laquelle souscrit Cosima) qu'il attire souvent les animaux, et obtient d'eux des marques d'affection.

230 - 30-10   'Il travaille, après le repas il me raconte gaiement son rêve; Minna et lui étaient ensemble, elle désagréable, lui: 'tu sais que nous sommes séparés'; elle lui jette alors un regard si chagrin qu'il est ébranlé; il pense alors à sa situation au Grand Opéra, où il a des honoraires annuels de six mille francs, il ne peut pas bien s'y montrer, mais il veut charger Nuitter de prélever cet argent et de l'envoyer à Minna; il va ensuite dans un débit de boissons en quête de cognac, n'en trouve pas tout de suite, dérange des gens, ceux-ci deviennent désagréables; il répond, mais devient lâche ensuite quand la situation est dangereuse; là-dessus, il se réveille'.

+ i Sex
i Agr-V
b Auto
i Aff (ou i EvBla?)
+ b Acqui
d b Hum-SI
b Agr-Co
b Nourr
Mil-Inad
b/iAgr
(encore b Agr)
b EvSou

Nuitter est Ch. Truinet, 1828-1899, librettiste français, traducteur, qui fonda et dirigea la bibliothèque de l'Opéra. RW en parle une dizaine de fois dans ML. C'est à lui qu'il avait confié la traduction fr. de *Tannhäuser* lors de l'aventure de 1860-61.

231 - 1-11   'Lenbach nous donnait une fête, et ensuite j'étais assise avec lui, Lenbach, dans une sorte de salon de thé, et R. s'en irritait'.

i Agr-P
b Agr

Franz von Lenbach, déjà rencontré (cf. n° 127), était à Munich depuis 1868.

232 - 6-11   '... il a rêvé qu'il planait dans les airs, il était dans une sorte de pensionnat à Paris où la compagnie se révélait fort désagréable, et, par ironie, il se mettait à s'envoler'.

b Auto
Mil-Inad

i Agr
b Dom

On aura noté tous les rêves qui ramènent à Paris dans cette période.

233 - 10-11   'Je voulais noter mon rêve pour te le raconter avec précision, mais tout s'était envolé', III, p. 238.

—

234 - 12-11   'R. a eu une bonne nuit, mais il a fait un rêve triste : je partais en courant avec mon père, si vite qu'il ne pouvait me rattraper, Kellermann lui barrait la route, lui disait que j'étais déjà bien loin; je rentrais le soir, très grave et silencieuse, R. triste, dans les lits il n'y avait que des arrosoirs et des objets en fer-blanc!', III, p. 241.

Abatt
i Agr-P
d i Sex
i Agr-Co
+ i Sex
Mil-Inad

Variante énigmatique du rêve 'Cosima le quitte'. Kellermann figurait dans le rêve 224, il s'interpose ici entre RW et Cosima; l'intimité du couple est figée, au lieu de l'accueillir, le lit est encombré de choses.

235 - 13-11   'Il a rêvé de lacs', III, p. 243.

—

Généralement, voir d'en haut un paysage traduit à la fois le besoin de contact et l'échec de ce contact, et, dans les tests projectifs comme le Rorschach, une certaine insécurité du Moi. Cosima, dans son commentaire, penche pour une transmission de pensée, car elle venait de songer à des scènes qui se sont passées près d'un lac. Retour mélancolique sur leur rencontre de Starnberg?

236 - 22-11   'Il me raconte son rêve : on perpétrait un attentat en sa présence sur la personne de Napoléon III, mais le poignard tombait à côté, et tandis que Napoléon (qui avait un nez terriblement grand) 'zigouillait' des enfants, lui, R., fichait le camp', III, p. 251-2.

o b Agr-Phy
d Intell
o b Agr
b EvSou

Cosima pense y retrouver l'écho d'un récent attentat contre le Roi d'Italie. Napoléon III en ogre, avec un nez qui souligne sa virilité, renvoie sans doute à de très archaïques paniques de castration. RW est en pleine orchestration du troisième acte de *Parsifal*, où figurent des symboles puissants (la lance, la rencontre de la lance et du Graal, le dépassement de la blessure d'Amfortas, la mort de Kundry, l'accession du 'Fol' au plein statut d'homme, qui le fera ultérieurement père de Lohengrin, etc.) ravivant des situations originelles. Cf. aussi l'Introduction, p. 29-30.

237 - 24-11   'La nuit n'a pas été très bonne pour R. 'Ça' voulait le réveiller, et il rêvait qu'il devait être emprisonné pour dettes, qu'il était cité provisoirement, que toutes sortes de gens se moquaient de lui, lui disant qu'il s'était mal conduit aussi à l'égard de *Wolnsky*; lui, R., avait l'idée de venir me demander de lui donner la fortune provenant de mon père; alors Fidi, envoyé par moi, allait lui dire que je ne voulais plus entendre parler de lui, qu'il s'était trop mal conduit, que je préférais tout supporter plutôt que ces effrois et scandales perpétuels, et alors, il s'éveillait'.

Punition
r b Acqui
i EvBla
i Agr-V
d b Agr
b Ass
i Agr-P
i Evbla

Combinaison des rêves 'permanents' de la culpabilité pour défaut de biens, et pratique abusive de l'emprunt, et de 'Cosima le quitte'. Le personnage semble un amalgame de Wolzogen et d'un autre Russe. On ne trouve pas trace d'un individu de ce nom dans la biographie.

238 - 25-11   'Au café du déjeûner, R. me raconte son rêve: il était avec d'autres personnes devant des à-pics et des crevasses, puis de nouveau dans une salle où un personnage s'écriait: 'la seule chose qui puisse nous aider, c'est quelqu'un qui ait le

génie du commandement!', R. lui donnait raison et tout se passait comme si les crevasses pouvaient ainsi être enjambées'.

Danger
b Aff
b Ass
i Dom

On voit affleurer dans le rêve les lointains besoins d'autorité chez RW, contre lesquels des besoins tout aussi impérieux d'indépendance et d'originalité n'ont cessé de lutter.

239 - 27-11   '... il a fait toutes sortes de rêves de voyage où Fidi jouait un rôle principal'.

—

Pas d'autres détails. Trop vague pour être coté.

240   raconté à Cosima le 2 décembre, mais remontant très loin dans la vie de RW, à ses sept ans: 'R. me raconte ensuite qu'il avait eu un rêve à Eisleben (il était alors un petit garçon de sept ans); après avoir lu à l'école le récit de ce siège dans l'*Histoire mondiale* de Bredow, il rêvait qu'il s'était trouvé à Toulon et qu'il avait vu tous ces cadavres et ces choses terribles'.

On ne peut guère coter ce rêve d'enfant, plus proche de l'hallucination angoissée que de l'expression d'un désir. Mais RW se trouvait à Eisleben juste après la mort de L. Geyer, en septembre 1821. Il est pris en charge par le frère de Ludwig, orfèvre. Il y reste à peu près une année. On se trouve donc devant une 'vision' fortement chargée d'angoisse tournant autour de la mort.

241 - 7-12   'Quel ne fut pas mon étonnement lorsque R. m'apprit aujourd'hui à midi qu'il avait rêvé que j'étais venue le voir, toute contente de lui dire que j'avais reçu une lettre de Hans m'annonçant que tout était arrangé pour les enfants', III, p. 266.

i Sex
i Aff
o i Prot

Cosima doit avoir supprimé quelque chose dans ses notations, car la note d'étonnement renvoie assurément à une transmission de pensée, alors que le contexte ne laisse guère attendre le rêve.

242 - 15-12 [R. s'éveille en parlant d'Ulysse. Et il ajoute] 'Cela vaut mieux en tout cas que de rêver d'une femme que j'aimerais plus que toi!'.

b Sex
d b Auto

Variante curieuse du 'Cosima le quitte...' RW a oublié ces mots-là le matin suivant...

243 - 16-12 '... il a eu seulement un mauvais rêve ce matin: 'je m'étais mis un pince-nez et j'étais d'humeur très moqueuse'', III, p. 276.

Ten
b Agr-V

Difficile de comprendre pourquoi ce contenu de rêve est qualifié de 'mauvais rêve'.

244 - 19-12 '... il a parlé en rêve de musique militaire', III, p. 280.

—

245 - 24-12 'Un rêve ridicule l'amuse pourtant, il a vu sa nièce Johanna qui voulait chanter Brünnhilde, n'y parvenait pas, et se drapait dans un grand morceau d'étoffe pris aux rideaux de notre chambre à coucher, cherchant à pallier l'insuffisance du chant par des gestes à effet, et jetant des coups d'œil à R. pendant tout ce temps'.

o b Constr
o d Intell
o b Acqui
o b FuiBla
o b Aff (ou b Ass?)

Brünnhilde est la Femme, celle qui annoblit son conquérant, qui dépasse son ressentiment, qui meurt avec Siegfried dans un grand geste de générosité. La nièce Johanna (1826-1894) avait en effet amorcé une carrière de cantatrice, et avec le temps, s'était rangée après son mariage avec A. Jachmann. On a l'impression qu'elle fait ici de la figuration, et que par les 'rideaux de notre chambre à coucher', RW désigne en fait ce personnage déprécié comme avatar de Cosima.

246 - 24-12 'R. raconte à table qu'il a encore eu un rêve: le 'voleur' [l'un des violonistes qui jouaient le matin pour la leçon de danse des aînées; les enfants avaient appelé le second 'la poupée'] jouait des passages de *Parsifal* au rez-de-chaussée'', III, p. 285.

—

Le lendemain, selon la version allemande, RW dit que ce rêve était inventé.

247 - 27-12 'R. nous raconte aussi son rêve: il a vu passer sa sœur Claire avec son mari, et, derrière eux, toute une troupe de gens, comme la descendance de Banquo'.

Mort

Cela l'a étrangement ému, ajoute Cosima. Sa sœur (Mme Wolfram) était morte en 1875, un an après son mari. Dans *Macbeth*, c'est le spectre de Banquo qui apparaît avec son cortège.

248 - Dans la nuit du 26 au 27, raconté le 28-12.
'R. raconte un rêve qu'il a eu dans la nuit du jeudi au vendredi et dont il n'avait pas voulu parler jusque-là. Il entrait en ville, venant de la *Fantaisie*, mais à ce moment Seidl était venu à sa rencontre, portant un crêpe noir, toute une foule avec lui, lui avait annoncé qu'il y avait un enterrement et avait cherché à le retenir; R. furieux, cherchant à se frayer un passage, s'était écrié: 'C'est d'abord moi que cela regarde!''.

i Agr-Co
Deuil (Mort)
b Auto

Variante saisissante du rêve 'Cosima le quitte', rêvé le jour de l'anniversaire même...

Anton Seidl (1850-1898) collabore à la 'secrétairerie des Nibelungen', et fera par la suite carrière de chef d'orchestre.

1879. Bayreuth (sauf une brève excursion au début de l'été) (G-D, p. 272-74)

RW va terminer l'esquisse orchestrale de *Parsifal* (le 24 avril) et, entravé par des maux divers (Cosima s'inquiète, en particulier le 17 janvier, le 22 mars, le 26 mai — RW crache du sang —, le 17 août, le 27 octobre; dès le 5 décembre, il est à nouveau atteint d'érésipèle qui le fait sérieusement souffrir), ne parvient pas à s'accrocher à l'orchestration, commencée vers la fin d'août. Il se détend en écrivant divers opuscules sur la situation de l'art, sur les relations entre création littéraire et musique, etc. Le renom s'élargit encore: l'*Anneau* commence sa carrière avec la troupe de Neumann, à Leipzig dès janvier, l'*Or du Rhin* est à Cologne en mars. Un nouveau précepteur, Heinrich von Stein, s'ajoute à la maisonnée dès le 20 octobre, et fournira à RW l'occasion de nombreux prononcés sur tous les problèmes de la philosophie et de la culture. Le 31 décembre, 'la cour' se met en route vers l'Italie, en s'arrêtant à Munich pour une Saint-Sylvestre à l'hôtel Marienbad avec Lenbach, le chef d'orchestre H. Levi, et le conseiller du roi, von Bürkel.

---

249 - 3-1   '[après un réveil agité par de terribles rêves ...]'
Ten

Pas d'autres indications dans la phrase même, mais plus loin, Cosima revient au contenu du rêve:

'Nous, les enfants et moi, et particulièrement Loulou, le chassions de la maison, et lui avait une sorte de mauvaise conscience, il était lâche et se contentait de dire à Loulou: 'Si seulement tu savais combien tu es injuste avec moi'', III, p. 299.

i Agr-P
+ b EvBla
b Ass
Ten

Variante du rêve 'Cosima le quitte'.

---

250 - 10-1   'R. a fait un mauvais rêve à mon sujet', III, p. 304.
Ten
i Agr-P?

RW sent cependant le besoin de rassurer Cosima, en lui disant que si plus rien ne l'éveille, il lui faut cette grande angoisse pour le tirer du sommeil. Indication supplémentaire de l'existence d'une théorie implicite du rêve dans son esprit.

251 - 11-1 'R. a bien dormi, mais il a rêvé de nouveau que je voulais prendre mes affaires et partir avec mon père'.

i Agr-P

Le 'de nouveau' dans ce libellé permet de confirmer l'hypothèse faite sur le rêve précédent. Noter le rôle de Liszt.

252 - 12-1 'Dans un premier rêve, Marke chantait un chœur italien', III, p. 305

i Agr-V?

Marke est le chien de Wahnfried, et les chœurs italiens symbolisent ce que RW rejette dans les opéras de son temps.

253
(même nuit)

Dans l'autre, il 'avait à nouveau la chair de poule': 'Minna s'en mêlait, elle devait me revenir'.

i Agr

254 - 16-1 'Il me raconte en riant son rêve qui l'a mis, dit-il, 'au tournant': 'J'étais entre Minna et Mme Wesendonk, cette dernière me faisait d'horribles avances pour irriter Minna, ne cessait de la regarder; eh bien! aucune des deux, pensais-je, et je tentais de m'échapper, cherchant une bourse dans laquelle il y avait des pièces d'or'', III, 308-09

cft $\left\langle\begin{array}{l}+ \text{ i Sex} \\ \text{ i Sex}\end{array}\right.$

b EvSou
b Auto
b Acqui

Ce rêve associe trois femmes, dont deux seulement sont nommées, Minna et Mathilde, alors que la troisième peut se trouver indiquée par les pièces d'or (à la fois parce que Cosima est blonde, et parce qu'elle a rétabli la situation financière dans laquelle RW s'est régulièrement perdu).

255 - 30.1 '... il ne s'est levé qu'une fois après avoir rêvé que j'avais eu peur d'un bruit; il s'est levé pour voir ce que c'était; comme il partait, je lui ai crié: 'Ne me quitte pas!', il répond: 'Mais je reviens tout de suite'', III, p. 316.

Danger
b Prot
i Aff (+ i Sex)
b Sex

Cosima se demande, ces jours-là, comment s'absenter pour faire à RW la surprise d'un portrait; elle ira de fait un mois plus tard à Munich, chez le dentiste, mais aussi chez Lenbach qui la peint en prévision du 19 octobre, anniversaire du jour où elle avait entendu pour la première fois l'ouverture de *Tannhäuser*. On notera que RW a eu de sérieuses douleurs cardiaques quelques jours auparavant (notées par Cosima le 17 janvier).

---

256 - 4-2   'Il a rêvé qu'il avait à nouveau un poste de maître de chapelle à Dresde, et que son contrat l'obligeait à chanter; il devait paraître dans le rôle de Max dans le *Freischütz* et il se mettait en colère, disant que ce paragraphe était absurde: 'allez me chercher M. de Lüttichau, je ne peux pas sortir une note''', III, p. 321.

Tâche
d Intell
Echec
b Agr-V
b Ass

W. August von Lüttichau (1786-1863) était directeur général du théâtre royal de Dresde de 1824 à 1862, donc pendant toute la période où RW avait fonctionné à Dresde (avril 1842-mai 1849). Max est le jeune premier dans l'opéra de Weber, qui pactise avec le démon pour être sûr de gagner le concours de tir dont le vainqueur épousera Agathe.

---

257 - 16-2   'D'horribles rêves à propos d'argent viennent le tourmenter', III, p. 323.

b Acqui
Ten

258
(même nuit)   '... il a eu au rez-de-chaussée des rêves d'angoisse et de fantômes lui aussi', III, p. 323

Ten
i Agr

Il semble que Cosima implique ici une transmission de pensée.

259 - sans doute le 25-2	'... il a fait des cauchemars à mon sujet, il ne m'a pas suivie dans mon voyage, parce qu'il avait rêvé que tous les enfants étaient malades'. Ten i Agr-P b Prot Cosima est allée trois jours à Munich, chez le dentiste, et surtout pour préparer le cadeau destiné à RW (le tableau qu'elle lui donnera en octobre).
260 - 28-2	'... et je l'ai réveillé d'un cauchemar', III, p. 328 Ten Pas d'indication de contenu.
261 - 21-3	'La bataille de Torgau que je lui ai apportée dans un pâté en croûte lui a donné fort à faire dans ses rêves'. — Il s'agit d'une bataille de Frédéric II, le 3 novembre 1760. Il semble que Cosima soit revenue de Munich avec une 'pièce montée' (la parenthèse 'que je lui ai apportée dans un pâté en croûte' ne ferait alors pas partie du rêve) avec des scènes de bataille, selon des coutumes très allemandes.
262 - 26-3	'R. a eu une nuit supportable malgré un mauvais rêve que lui a inspiré un chat rapidement grimpé dans un arbre, d'où, sûr de la victoire, il se moquait des chiens; il avait vu ce chat dans les jardins du château; j'étais si froide (mon père toujours derrière moi) et lui était le chien qui aboyait', III, p. 341. o b Auto o b Agr i Agr-P b Agr Variante significative du rêve de 'Cosima le quitte'. Noter que le chat est souple et élancé ('meine Schlanke', lui disait RW) et le chien vigueur sexuelle bruyante ...
263 - 19-4	'R. a rêvé de Mendelssohn, qu'il tutoyait', III, p. 354. i Aff

F. Mendelssohn-Bartholdy était mort en 1847, RW l'avait rencontré en juillet 1843, à l'époque où il rédige et va composer *Tannhäuser*. Après la représentation du *Vaisseau fantôme* à Berlin, en 1844, Mendelssohn était venu féliciter RW. Par la suite, les relations se gâtent. Mendelssohn 'exécute' l'ouverture de *Tannhäuser* à Leipzig, mais de façon telle qu'elle 'tombe' complètement. Néanmoins, RW dirige plusieurs fois des œuvres de Mendelssohn à Dresde, à Londres en 1855, mais, dans les années du *Journal* de Cosima, l'attitude de RW est généralement négative. Notons cependant qu'il en entendra passablement, précisément cette année-là.

264
(même nuit)

'... ensuite, il a rêvé que son bateau devait passer par un ponton, que l'on ne savait comment s'y prendre; R. s'adressait, après avoir salué militairement, au général Moltke qui se révélait être un parfait poseur, et R. se disait: 'Non, quelle idée on se fait quand même de lui!''.

Danger
d Intell
b Ass
d i Prot
b Agr-V

Helmut Moltke (cf. n° 22) représentait le militarisme prussien dans sa forme la plus marquée. Le rêve tourne sans doute encore autour de l'entreprise de Bayreuth, bateau qu'on ne sait comment manœuvrer; RW avait un instant caressé de grands espoirs en l'aide de l'Empire allemand, dont la Prusse était l'Etat dirigeant, mais il avait déchanté, et avec son impétuosité habituelle, se répandait en malices et en dépréciations contre tout ce qui venait de Berlin.

265 - 5-5

'R. a rêvé deux fois de mon père, le voyant en manteau de brocart, s'irritant à propos de Lusch qu'il taquinait en jouant au piano d'une manière énervante'.

b Agr
b Agr-V

Le manteau de brocart représente la mondanité de Liszt, que RW jugeait sévèrement. Lusch (Daniéla, cf. n° 58) est l'aînée de H. von Bülow. Le texte allemand n'est pas clair sur l'identité de celui qui taquine en jouant du piano, il serait assez normal que ce soit aussi Liszt. De toute façon, la tr. fr. est complètement à côté.

266 - 6-5	'R. a rêvé que je venais à lui dans une robe lilas pour la lui faire voir'. + i Sex Pas d'indication sur la signification de la couleur lilas dans la vie du couple.
267 - 8-5	'R. a rêvé que nous voulions nous noyer, lui et moi, dans la baignoire, c'était une sorte de cas juridique, sa sœur était morte, et il se disait: 'Cosima fera tout avec moi'', III, p. 366. b Hum-I Mort + i Sex Pas d'indication sur la sœur en question, parmi toutes celles de RW.
268 - 10.5	'Il a rêvé que je partais pour un baptême à Chemnitz, que je l'avais promis à Loulou; il était hors de lui, s'écriant à propos de sa sœur: 'Est-ce nécessaire qu'ils aient encore des enfants?''. i Agr-P b Agr-V Chemnitz est dans la banlieue de Dresde. Il se trouve que c'est là que vivait le père de Minna, c'est aussi là qu'habitait la sœur de RW, Klara Wolfram (1807-1875), mariée dès 1829 à un commerçant; RW s'était réfugié auprès d'elle en 1849 après l'échauffourée de Dresde. Pour Loulou, cf. n° 58.
269 (même nuit)	'Il a fait un deuxième rêve, toujours agité, à propos de Chemnitz. Il me demande si je continue de l'aimer malgré ses lamentations perpétuelles', III, p. 367. Ten La phrase commençant par 'il me demande ...' est sans doute un commentaire et ne fait pas partie du rêve, dont on ne discerne pas le contenu.
270 - 17-5	'Il me raconte qu'il a rêvé de Weber qu'il rencontrait à Stuttgart, il lui adressait la parole, lui demandait s'il trouvait vraiment qu'il (lui R.) avait du talent pour la musique, il lui rappelait le souvenir de sa mère; comme Weber ne répondait

rien, R. se disait: 'Mais il est mort, il ne veut rien dire, il se gêne'".
i Consi
b Aff
b Ass
i Agr-P
Mort
La nuit a été agitée, avec au moins huit rêves inquiets. C.M. von Weber (1786-1826) avait joué un rôle important d'une part dans la vocation musicale et théâtrale de RW, d'autre part dans le début de sa carrière à Dresde. Il est pris ici comme personne d'autorité dont l'avis va décider de la valeur propre du rêveur. Stuttgart également est un lieu d'une certaine importance biographique. C'est là qu'en 1864 l'envoyé du roi Louis II avait enfin rejoint RW et inauguré ainsi la dernière partie de sa vie. En 1872, c'est à Stuttgart aussi qu'il rencontre pour la première fois Nietzsche dont le 'ralliement' avait été un instant très important pour RW, et dont l'éloignement n'avait pas laissé que de lui faire une blessure sensible. Voir aussi n° 256.

271 - 29-5   '... cauchemars, ...', III, p. 378.
Ten

272 - 4-6   'R. a fait un rêve sombre à propos de Loldi [il a soupiré, s'est senti perdu, il a appelé, s'est réveillé]'.
Ten
cf. n° 57.

273 - 13-6   R. a eu une bonne nuit, c'est seulement à la fin qu'est arrivé *son* rêve, comme il l'appelle, c'est-à-dire sa femme Minna', III, p. 387.
i Agr?
'Cette fois, elle a suffi à me réveiller', commente RW.

274 - 14-6   'R. a eu une bonne nuit; il a rêvé de *Fra Diavolo* qu'il devait diriger dans une salle où il ne voyait pas du tout l'orchestre, absurdité qui l'a réveillé'.
Tâche
Mil-Inad
Ten

Opéra d'Auber d'après un livret de Scribe, extrêmement populaire le siècle passé, que H. von Bülow avait dirigé à Zurich en novembre 1850. Le romantisme méridional et sensuel de l'opéra renvoie peut-être à de singulières notations (très rares dans le *Journal*) de Cosima sur le réveil de ses sens, et aux effusions interminables de la veille, (tr. fr. III, p. 387).

275 - 24-6   'R. a rêvé qu'il était chez les Staff à la campagne, qu'il voulait lever un rideau et que tout s'effondrait', III, p. 395.

Tâche (b Constr?)
Mil-Inad

Les Staff (baron, baronne et enfants) sont des amis du voisinage, au reste surtout proches de Cosima (les enfants sont aussi très intimes).

276 - 27-6   'R. a rêvé d'un danger (au bord d'une terrasse) auquel était exposé Fidi, ce qui le réveille', III, p. 396

o Danger
b Prot

277 - 29-6   (rêvé la veille) '... il m'a raconté son dernier rêve, il devait diriger une symphonie de Beethoven; au moment où il veut commencer, le premier basson et le premier hautbois bavardent; il va les rappeler à l'ordre quand le basson lui donne une gifle qui le fait tomber à la renverse, dans la position précisément où il se trouve dans son lit', III, p. 397.

Tâche
i Agr-P
b Agr-Co
i Agr-Phy

278 - 3-7   'R. s'endort, mais il est en proie aux pires cauchemars (des Juives se moquent de lui, etc.)', III, p. 400.

Ten
i Agr-V

279 - 21-7   'Ensuite, R. s'est endormi et s'est réveillé en disant qu'il sort d'un rêve fort agréable; je venais le voir, très gaie, avec

un ruban bleu dont je voulais faire il ne savait quoi, le lui attacher ou lui couper quelque chose par son truchement.'

i Sex
i Agr

Rêve de castration?

280 - 1-8   'Il me raconte ensuite un rêve étrange en deux parties : d'abord réveillé, il dit que Pohl lui raconte que sa femme lui gagne beaucoup d'argent, 17.000 marks par an, puis ... R. se rendort, se réveille de nouveau et me dit: 'Mme von Pohl gagne cet argent en composant des acrostiches pour des journaux''.

i Aff
o b Acqui
o Intell

Nous laissons sous le même numéro ce rêve en deux parties, visiblement unique en effet. R. Pohl (1826-1896), musicologue, ami de RW, se trouve à Bâle lors d'un séjour de RW en octobre 1853, où il lit une partie du poème de l'*Anneau*; le même vient spécialement à Karlsruhe en 1863 lors d'une tournée de concerts de RW, et il est en visite à Tribschen en octobre 1867. On ne discerne pas nettement l'importance symbolique de ce 'wagnérien' finalement pas très intime.

281 - 9-8   'R. a eu une bonne nuit, mais il s'éveille pourtant d'un rêve qui l'a fait pleurer: j'avais été froide et étrangère, et je voulais partir'.

i Agr-P

Forme pure du rêve récurrent 'Cosima le quitte'

282 - 12-8 'R. me raconte qu'il a rêvé qu'il voulait jouer avec moi le quatuor en la mineur, et qu'il ne le pouvait pas parce qu'il voulait le jouer à 4/4'.

Tâche
d Intell

Rêve type d'un musicien (dans le sens que seul un musicien peut en avoir de pareil): le quatuor de Beethoven en la mineur est le n° 15, op. 132, dédié au prince Galitzine; il commence par une introduction lente à ₵. On retiendra que les époux ne parviennent pas à trouver le rythme qui convient.

| 283 (même nuit) | 'Il m'a dit hier qu'il a fait un rêve repoussant à propos d'une Mme Claudius de Magdebourg, et qu'il craint que seules des sottises lui reviennent au moment de la mort'.

i Sex?

Dès octobre 1834, RW est directeur de la musique à l'opéra de Magdebourg. C'est dans la troupe de ce théâtre que figurait Minna; en novembre, RW, atteint d'érésipèle, est soigné par Minna avec laquelle il se fiancera en janvier. Il va quitter Magdebourg en mai 1836. On ne sait rien sur cette 'Mme Claudius'. Noter la théorie sous-jacente que le rêve est une manière que la vie en nous utilise pour nous réveiller, et qu'au moment de la mort, il ne parvient simplement pas à nous attirer suffisamment de ce côté-ci de l'existence. |
|---|---|
| 284 - 4-9 | '... mais il rêve quand même d'une belle campagne pleine de fleurs', III, p. 430.

Mil-Adéq (i Sex?)

Cosima note elle-même que c'est là peut-être l'écho d'une lettre de Judith Gautier, qui les invite à Dinard. RW va se remettre à l'orchestration de *Parsifal*, où il rencontrera de nouveau Kundry et les Filles-fleurs. |
| 285 - 9-9 | 'R. ... s'est réveillé, en me cherchant, tandis qu'un nombre croissant de gens s'interposaient', III, p. 432.

b Sex
i Agr

Encore l'écho de la lettre de Judith? |
| 286 - 15-9 | 'R. n'a pas eu une bonne nuit, il rêve aussi que je le 'froisse', les relations que j'avais autrefois avec mon père interviennent également'.

i Agr |
| 287 - 2-10 | 'R. se réveille au milieu d'un rêve terrible', III, p. 446.

Ten |
| 288 - 14-10 | 'Nous parlons de ses rêves, Mme Wesendonk y apparaît assez souvent ces derniers temps, malheureusement toujours |

folle et désagréable; [une fois, comme il la regardait alors qu'elle avait la bouche molle et qu'elle ne l'ouvrait que pour dire des méchancetés, il s'était dit: 'c'est bien, cela aussi c'est fini']; il n'a en revanche que des rêves agréables et émouvants au sujet de Hans', III, p. 453.

ne peut être coté.

Il ne s'agit pas à proprement parler de rêves, mais de remarques au sujet de rêves antérieurs, dont le contenu n'est pas mentionné ici. On notera la propension de RW à 'dépasser' ses attachements antérieurs, à l'égard de Minna, de Mathilde Wesendonk, de Judith, au moins quand il s'en entretient avec Cosima ...

289 - 27-10   '... il faut que je l'arrache à ses cauchemars, et j'essaie de l'apaiser', III, p. 459.

Ten

Cosima rapporte les cauchemars de cette période à des occlusions sanguines, mais ajoute: 'mais que sont donc des noms!'.

290 - 8-11   'R. a eu une nuit agitée, il a beaucoup parlé en rêve', III, p. 446.

Ten

RW a songé la veille à une dissension entre Cosima et lui.

291 - 25-11   'Il me raconte ensuite son rêve: je voulais partir, il ne pouvait absolument pas se l'expliquer, il cherchait les traits de mon visage, se disait: 'elle a l'air si bon, est-ce que tout cela est fini — les enfants du moins me resteront' — puis: 'moi et les enfants sans elle'... il avait alors pleuré et s'était réveillé', III, p. 447.

Abatt
i Agr-P
d Intell
b Sex
d i Sex
b Prot
b Aff
(encore Abatt)

Enrichissement du rêve permanent, 'Cosima le quitte'.

292 - 25-11   'Ce matin, il rit et dit qu'il a rêvé de jambons très gras, et il en survenait de si maigres: ils n'avaient pas un soupçon de graisse'.

b Nourr
i Agr-P

Il n'y a pas si longtemps que Judith les invitait à venir passer quelques jours à la campagne normande. Est-ce malicieux de noter qu'elle est grassouillette, alors que Cosima était plutôt élancée?

293 - 1-12   'R. a eu une nuit agitée par des cauchemars! Je partais encore une fois et il disait à Siegfried qui se pressait contre lui: 'va-t-en, je ne veux voir en ce moment aucun de vous'; Siegfried, là-dessus, s'éloignait, il s'affaissait, R. le relevait, le trouvait léger comme une plume, [puis il sentait un souffle chaud sur sa bouche et le bas de son visage, c'était Brange qui le léchait, et il lui disait: 'Mais Marke est mort']'.

i Agr-P
Abatt
i Aff
b Iso
b Agr-Co
i Ass
i Aff
Mort

Brange et Marke sont les deux chiens de Wahnfried (cf. n° 252). Pour le reste, variation sur le thème 'Cosima le quitte'. Fidi s'appelle désormais Siegfried.

294 - 3-12   'R. n'a pas eu une bonne nuit, cette fois il a été troublé par des visions qui le faisaient penser à Thénardier', III, p. 485.

Ten
(i Agr?)

L'éditeur allemand renvoie à L. Thénardier, chimiste, alors que Cosima a dû penser à des visions inspirées par les *Misérables*, que RW a lu (il les met après *N.-D. de Paris*, 14-III-1878). Rien dans l'édition française. Il reste que l'allusion est difficile à décrypter.

295 - 4-12   'R. a fait un rêve étrangement fantastique : l'escalier avait soudain disparu et il se réveille en appelant Minna !', III, p. 486.

Danger
b Ass

Il semble bien qu'à cette époque les époux ne se trouvent pas au même étage à Wahnfried. L'appel au secours adressé à la première femme renvoie ce rêve à des situations très lointaines dans la biographie.

296 - 14-12   'Il a pris du chloral (...) qui lui donne au début de la nuit de dimanche à lundi des rêves ridicules et répugnants, sa sœur Claire s'assied sur son cou pour le faire sombrer dans l'eau, Mme Wesendonk veut l'empoisonner !...'.

i Agr-Phy

Pour sa sœur Claire, cf. n°s 247 et 268.

297 - 21-12   'Ce matin, R. évoque en riant son rêve de 'vanité' : il voulait chanter Amfortas, et, pour cela, il travaillait sa voix, comme un de nos amis, quand il chante des Lieder de Schubert !', III, p. 492.

b Consi
d Intell

Dommage qu'on n'en sache pas davantage sur cet 'ami' qui travaillait sa voix. Amfortas est blessé par la lance, privé ainsi de toute vie humaine (sexuelle).

298 - 23-12   « R. me raconte ses rêves : il a vu Hans, étrangement changé, avec des marques de variole, mais le regard étonnamment calme, si bien que R. lui dit : 'Tu as enfin atteint ton âge, Hans'.

i Aff
b Aff

299
(même nuit)   '... puis lui, R., demandait la Marche impériale de Berlioz pour y ajouter une variation, mais personne ne connaissait cette marche ; ensuite, il essayait de jouer la sienne. Puis il

était longé dans une réunion d'un grand synode juif, et deux grands Juifs le recevaient respectueusement à la porte', III, 494.

Tâche
i Agr-P
b Constr
i Consi

Pas d'indications dans le contexte qui éclaireraient ce dernier rêve de l'année. Berlioz n'a pas composé de marche impériale. Celle de RW remonte à 1871, il l'avait écrite pour les fêtes berlinoises après le couronnement de Guillaume Ier à Versailles. Le grand synode juif où RW est accueilli respectueusement trahit probablement ses doutes sur sa propre origine.

1880. Presque toute l'année en Italie, d'abord à Naples pour sept mois, puis, après plusieurs étapes, un mois à Venise; le mois de novembre commence à Munich; dès le 17, les Wagner se retrouvent à Bayreuth (G-D, p. 275-9)

Année de décrochage, de maladie, d'exaspération sur la situation culturelle allemande, puis reprise du travail quotidien à l'œuvre déjà entièrement esquissée, qu'il va s'agir de terminer, de monter, et d'imposer comme un legs unique à Bayreuth, *Parsifal*. Les Wagner sont arrivés à Munich la veille de l'an, ils en repartent pour l'Italie le 3 janvier et parviennent à Naples le 4. Ils y resteront jusqu'au 7 août. Par Rome, Pistoïa et Florence, ils gagnent Sienne où ils demeureront du 24 août au début d'octobre. Ils s'installent alors à Venise durant quatre semaines environ, et regagnent ensuite Munich (au début de novembre) pour enfin retrouver Bayreuth le 17 novembre. RW se guérit difficilement de l'érésipèle qui le tourmente en janvier, puis en juillet. Il s'y ajoute des crachements de sang, des suffocations. Il a réuni autour de lui sa Cour, qui l'accompagnera jusqu'à la fin, son peintre, Joukowski, auquel il confiera les décors de la première de *Parsifal*, Rubinstein qui fonctionne comme son pianiste, les familiers occasionnels qui vont céder leur place aux collaborateurs de Bayreuth dès le retour au foyer. Notons qu'il dicte les dernières parties de son auto-biographie, les années 1861 à 1864, marquées par les tribulations de *Tannhäuser* à Paris, les errances à travers l'Europe, où il est traqué par ses créanciers, jusqu'au moment enfin où 'notre pleine union est gagnée sur le destin', écrit-il à Louis II (mai 1864).

---

300 - 14-1   'R. a rêvé que Beethoven venait l'inviter à assister à l'exécution d'une symphonie, 'mon Dieu, mais il n'est pas mort ? Non, j'ai seulement rêvé qu'il était mort', il va vers lui, tous deux veulent s'agenouiller l'un devant l'autre, mais ils s'arrêtent au milieu de leur génuflexion, car j'entre à ce moment en robe du matin rose, et Beethoven, plutôt à la manière de Goethe dont il avait la stature : 'La belle femme !' — R. veut lui offrir un siège et transformer pour cela en divan le lit de M. von Stein, c'est-à-dire qu'il faut ranger très vite la literie et toute cette vaine agitation le réveille', III, p. 506-7.

    i Aff
    b Aff
    b Déf-Resp
    + i Sex
    o Beauté Phy
    Mil-Inad
    Ten

On notera l'amalgame des deux grandes admirations de RW, Beethoven et Goethe, avec la nuance d'identification supplémentaire qu'il a souvent dit au cours des années précédentes, qu'il s'approchait de 'l'âge de Goethe', une résignation pleine de dignité. Ici le 'modèle' exprime très directement l'admiration permanente de RW à l'égard des femmes. Le lit qu'il s'agit de rapidement transformer est celui du précepteur de Siegfried, Heinrich von Stein (1857-1887), dès 1879, mais qui les quittera bientôt pour devenir privat-docent à Berlin et mourir prématurément.

---

301 - 29-1 '... il me raconte tard le soir qu'il a fait deux rêves; dans le premier, il me voyait avec une photographie de lui fixée à mon chapeau, derrière, sous le voile'.

+ i Sex

302
(même nuit)

'... le second se passait à Paris au moment de la représentation de *Tannhäuser*, au cours de laquelle il me voyait livide, dans une loge, il venait me voir pour me dire: 'Comment as-tu osé avoir le courage et le mérite de venir ici seule?'; ces phrases, prononcées en français, le réveillent'.

i Agr
i Aff (+ i Sex)
b Ass

Cosima rapporte ces deux rêves à la transmission de pensée (peut-être en raison du chapeau?) et au fait que dans ses malaises, RW pense régulièrement à ses mauvais moments (dont l'un des plus sensibles a assurément été les démêlés avec les acteurs et le public lors de la préparation de la première française de *Tannhäuser*, 1860 — 164 répétitions! — et 1861, début de mars).

---

303 - 7-2   'R. a eu une bonne nuit, mais il a rêvé que je n'étais pas gentille avec lui', III, p. 521.

i Agr-P

Le contexte ne précise pas la nature du refus de Cosima.

---

304 - 22-2 'R. a eu une nuit agitée et dit à ce propos que des rêves terribles l'ont effrayé'.

Ten

305 - 8-3   '... quand il s'endort pendant une demi-heure, les rêves les plus terribles viennent le réveiller, j'étais arrogante à son égard, je le chassais de la maison'.

i Agr-V
i Agr

RW n'est toujours pas bien, il a de mauvaises nuits, Cosima s'inquiète beaucoup. Peut-être est-elle ici la figure de la vitalité de sorte que le rêve trahirait l'appréhension de RW devant la mort?

306 - 16-3   'R. a rêvé que le double de Fidi, vêtu de bleu, sort de la glace et marche vers Fidi pour disparaître ensuite par la porte, impression angoissante', III, p. 537.

Danger (Mort)

Cosima ajoute que le bleu la concerne parce qu'elle a beaucoup parlé avec le peintre qui faisait son portrait (Joukowski) pour la couleur du cadre. On aurait donc une variante du 'Cosima le quitte', avec les images traditionnellement liées au double, au miroir, à la mort symbolisée par la traversée du miroir.

307 - 21-3   '... puis il rêve de Minna, ['cette fois, elle a suffi pour m'angoisser']', III, p. 541.

i Agr?

RW vient de recommencer la dictée de ML, la veille. Il reprend (ML, p. 723) juste après un épisode impliquant indirectement H. von Bülow, qui avait incité Cosima à lui écrire une lettre où elle s'indignait de la manière dont il traitait des amis fidèles. Au surplus, toute la période qu'il va évoquer reste encore marquée par la présence de sa première femme.

308 - 3-4   'R. a bien dormi, mais il rêvait de Meyerbeer qu'il revoyait dans un théâtre et qui lui disait: 'Oui, je sais, mon long nez', comme si R. s'était moqué de son nez; là-dessus R. s'excusait presque et le public applaudissait à cette réconciliation', III, p. 549.

i Aff
b Déf-Resp

RW retrouve ces temps-ci l'humeur du dernier séjour parisien, et, en rêve, dépasse ses démêlés avec Meyerbeer.

309 - 4-4   '(R. a rêvé cette nuit en français)', III, p. 550.
Sans cotation possible.
Toujours la biographie.

310 - 10-4   'R. rêve que je confectionne des sachets d'herbes aromatiques que j'envoie au professeur Rohde à Iéna', III, p. 552-3.
b Constr?
b Aff?
Cela les amuse beaucoup. Erwin Rohde (1845-1898) était ami d'études de Nietzsche à Leipzig, il est resté en relation épistolaire avec Nietzsche très tard, vient souvent à Bayreuth, se brouille avec Nietzsche par la suite, en 1888.

311 - 11-4   'R. a eu une bonne nuit, il a rêvé ensuite de Minna, elle lui échappait, il courait après elle, puis il apercevait une lune : 'Mais il est encore très tôt', cela devenait un soleil, ensuite il y en avait un second suivi d'autres encore, et enfin une voix disait : 'Il y a treize soleils''.
i Agr-P
b Aff (b Sex)
Mil-Adéq
Cosima pense qu'il s'agit des treize lettres du nom de RW. On peut ne pas la suivre dans ces symbolisations abstraites. Le rêve semble résumer la première vie conjugale de RW, son amourachement pour Minna, qui se dérobe, qui devient la compagne hargneuse des dernières années de sa vie à elle (noter que 'lune' est 'masculin' en allemand : cette femme d'abord vivement courtisée devient asexuée, RW et elle cessent leurs relations conjugales très tôt). Mais dès qu'elle n'est plus à l'horizon, les 'soleils' (féminin en allemand) accourent, parmi lesquels Cosima (blonde). Il se pourrait bien que jusqu'à cette date, la vie intime de RW ait en effet eu treize ferveurs féminines *sérieuses*. Le *Journal* de Cosima n'est guère explicite sur ces points-là...

312 - 20-4   '... des rêves agités...', III, p. 557.
Ten
Cosima rapporte ces cauchemars non précisés dans leur teneur à la vie sociale des derniers jours, un peu encombrée.

313 - 28-4 'R. me raconte un rêve comique qui le fait encore bien rire ce matin: il voulait saluer le Khédive et toute sa suite, ces messieurs, l'air très grave, étaient déjà en train de le saluer, mais lui ne parvenait pas à enlever son espèce de chapeau de paille qui lui tombait de plus en plus sur les yeux'.

i Consi
b Déf-Resp
Mil-Inad
b Hum-SI

Le titre de Khédive est porté par le vice-roi d'Egypte entre 1867 et 1922. On peut lire ce rêve de diverses façons, ou à plusieurs niveaux. C'est d'une part un rêve 'de vanité': de grands et graves personnages viennent lui rendre hommage. Mais ces personnages viennent d'un Sud sans grand prestige pour RW (tout autre serait la signification de dignitaires hindous ou persans), et renvoient plutôt aux divertissements musicaux qu'il récuse vivement (d'où son incapacité à leur rendre leur salut). Enfin la nuance d'autopunition provenant du chapeau qui l'aveugle pourrait renvoyer aux doutes permanents et sournois que RW entretient sur son propre art.

314 - 5-5 "R. a eu des rêves très gais: mon père, habillé en hindou, se faisait rendre hommage, et lui disait: 'baise-moi la main'", III, p. 563.

i Déf-Resp
o b Consi

Le travestissement de Liszt le projette sur un arrière-fond oriental qui à la fois le tourne en dérision et le rehausse: il est proprement déguisé, et non pas dans son drapé chrétien sévère, mais en Hindou; par ailleurs, RW est en perspective de l'orchestration détaillée de *Parsifal* et il songe à nouveau, sporadiquement, à un projet d'opéra concernant le Bouddha (*Les vainqueurs*) qu'il avait un instant prévu de mettre en travail après l'achèvement de *Parsifal* (*Journal*, sous le 11.1.1878).

315 -
(même nuit)

'Il a rêvé aussi du Dr. Schrön: il tombait d'une chaise et se *cassait*, c'est-à-dire que le tronc se séparait de la tête comme pour une poupée et Mme Schrön considérait cela comme quelque chose d'habituel'.

Danger

Image singulière du médecin qui a traité RW! Otto von

Schrön (1837-1917) dirigeait depuis 1865 l'Institut pathologique de l'Université de Naples.

316 - 14-5 'R. me raconte le rêve qu'il vient de faire: il voyait son oncle Adolphe et s'étonnait qu'il ait toujours l'air aussi jeune, puis il écoutait une symphonie de Mozart et sa sœur Louise s'écriait sottement: 'Ah! le nom de Mozart plane sur nos têtes', puis il pleurait avec moi'', III, p. 567.

i Aff
Sens-Esth
i Agr-V
Abatt
+ i Sex

L'oncle Gottlob Heinrich Adolf Wagner (1774-1835) joue un grand rôle dans l'enfance de RW. Le rêve nous ramène donc très loin en arrière, à des scènes familiales où figure aussi sa sœur (Louise, voir n° 170), importante, elle, lors des premiers séjours à Paris.

317 - 17-6 'R. a fait de mauvais rêves: je partais, il m'appelait de toutes ses forces, mais sans pouvoir trouver mon vrai nom', III, p. 582.

i Agr-P
d Intell

Variante saisissante du rêve récurrent 'Cosima le quitte'.

318 - 2-7 'R. a rêvé d'une entrevue intime avec Napoléon III et son épouse Eugénie. Cette dernière est très modestement habillée, le premier parle allemand (en exil)', III, p. 597.

i Consi

ML touche à sa fin, mais RW a fortement revécu son dernier épisode parisien où il a bénéficié de l'appui de la Cour impériale. Napoléon III est mort en 1873, mais Eugénie vivra jusqu'en 1920.

319 - 8-7 'R. a rêvé de Lord Byron, ils étaient ensemble et R. parlait de Schopenhauer', III, p. 602.

i Consi
b Aff

Lord Byron est mort en 1824, et Goethe l'a introduit dans le personnage d'Euphorion, dans le *Faust II*, que RW a souvent lu et cité. Schopenhauer est mort en 1860, et reste jusqu'à la fin une des références principales de RW; les époux en parlent souvent.

320 - 15-7 'R. a pris un bain, il s'y est endormi, il y a eu des cauchemars et parle des 'possibilités sans limites du rêve''.

Ten

321 - 6-8 'Pendant les six jours qu'a duré l'érésipèle, et surtout au début, R. a fait de nombreux cauchemars', III, p. 617.

Ten

La maladie est relativement grave, elle provoque de fortes fièvres et l'incapacité du patient. Pas d'indications sur la teneur de ces rêves.

322 - 19-8 '... et il fait des rêves d'angoisse au sujet des enfants', III, p. 622.

Ten
b Prot?

Les époux ont quitté Naples où les enfants sont restés, et ils se trouvent présentement à Pérouse.

323 - 26-8 'R. me raconte qu'il a rêvé qu'il avait prêté son crayon d'or et qu'en échange une femme lui en rendait sans cesse un autre, lui donnait enfin un crayon en plomb, tandis qu'il répétait sans cesse: 'mais rendez-moi le mien, c'est un souvenir de ma femme'; elle accédait gentiment à sa demande, mais lui donnait encore un mauvais crayon jusqu'à ce qu'enfin il se réveille', III, p. 626.

b Aff
b Ret
i Agr-P
i Aff
d i Aff

Cosima vient, la veille, de lui chercher un crayon en or, en secret. Parapsychologie? Notons les résonances sexuelles, évidentes pour un moderne, mais qui sont plutôt le support du sens que le référent propre. RW a souvent investi un immense élan d'amour, pour, ensuite, se trouver dépouillé de son essentiel sans véritable contrepartie. C'est le sens de ses relations avec Minna, avec Mathilde. Qu'il continue à faire ces rêves incite à s'interroger sur la satisfaction profonde qu'il peut avoir vécue dans son amour avec Cosima. Peut-être, après tout, reste-il lointainement frustré?

324 - 27-8   'R. me raconte un rêve qu'il vient de faire: un beau lévrier le suivait et parlait avec lui, il devenait de plus en plus tendre et pressant, il posait sa patte sur sa poitrine. R. pensait à un animal enchanté, il l'écarte, et le chien lui dit: 'prends-moi avec toi, je ne t'importunerai plus''.

i Aff
i Agr
(encore i Aff)
b Iso

Rêve énigmatique, tant qu'on ne parvient pas à rattacher ce chien à une des personnes de l'entourage de RW. Cosima? Elle a des allures de lévrier élégant, élancée, très grande (RW lui dit parfois 'meine Reh-Schlanke', ma biche élancée). Les contes orientaux ont souvent des animaux enchantés.

325 - 28-8   '... il me dit qu'il vient de faire un rêve épouvantable à mon sujet, je voulais l'abandonner. Il s'apaise cependant, se rendort...', III, p. 627.

Ten
i Agr-P

326
(même nuit)   '... et me raconte qu'il a rêvé agréablement de nous deux, nous jouions à quatre mains une nouvelle composition de Beethoven, très belle, le thème ne se composait que de quatre notes, mais l'attaque était difficile, il la manquait et se demandait si je l'avais remarqué, car je continuais à jouer avec sûreté'.

i Aff (+ b Sex)
b Constr
d Intell
i Hum-SI

Rêve de musicien type, mais qui cache finalement une situation d'échec. Cosima continue de jouer avec sûreté, alors que lui fait un couac...

327	'Il me raconte en détail son premier cauchemar; nous étions dans un jardin public et je lui déclarais d'une voix énergique et en entrant dans les détails que je ne voulais plus vivre avec lui, supporter son mauvais caractère et l'on me donnait raison, y compris Cornelius qui était assis près de nous et qui approuvait de la tête. R. se levait, s'écartait et quelqu'un lui disait: 'Vous êtes un joli individu, on sait d'ailleurs ce que vous avez dit de Weber'. — 'De Weber! Ce n'est pas vous, Monsieur, qui m'apprendrez qui il était' et, au milieu de sa rage et de sa douleur, il lui venait soudain à l'esprit qu'il n'avait pas bu son café et s'en commandait un; comme cela durait longtemps, l'horrible situation lui revenait à la mémoire et dans tous ses détails', ibid.
(même nuit)	

i Agr-P
i Agr
i Agr-V
b EvBla
b Nourr
Abatt

Peter Cornelius (1824-1874), compositeur et poète, avait été très lié avec RW à Vienne et à Munich. RW lui en avait voulu de n'avoir pas abandonné son travail pour le rejoindre en 1864 au lac de Starnberg.

328 - 2-9	'R. s'éveille en se disant: 'quelle sottise, c'est Noël', et il me raconte que nous étions avec l'ami Joukowski, tôt le matin, on sonnait, et je disais: 'ah! quelqu'un qui vient me féliciter pour mon anniversaire!'. Et R. était hors de lui, parce qu'il l'avait oublié; mais c'est bien le 29 septembre? Oui. 'Alors je deviens fou, car je ne sais plus quelle date nous sommes... et il se réveille''', III, p. 630.

+ i Sex
i Aff
o b Aff
b Agr-P (?)
d Intell

Paul von Joukowski (1845-1912), peintre russe, s'adjoint à la 'cour' de RW dès cette année italienne. C'est lui qui peindra les décors de *Parsifal*. Quant au 29 septembre, on en trouve un dans la biographie ancienne: c'est le jour où RW vient d'urgence au chevet de son père (L. Geyer) à l'agonie, et il joue, sur la demande de celui-ci, au piano de la chambre voisine. Le lendemain, L. Geyer mourait. On retiendra ce jour-là plutôt que le 29 septembre 1879, l'an précédent, où

RW avait écrit un texte sur la vivisection. L'anniversaire de Cosima tombait le jour de Noël. Le mixage est singulier.

329 - 7-9 '... il me dit qu'il a rêvé d'une représentation de *Tannhäuser* sous la direction de Richter, il manquait la clarinette basse, et en conséquence les chanteurs s'étaient trouvés obligés de parler au lieu de chanter; il continuait d'espérer que l'étoile du soir, elle, serait chantée, mais non, et Richter n'y trouvait rien à redire'.

Tâche
Mil-Inad
i Agr-P
o d Intell

Nouveau rêve énigmatique. *Tannhäuser* entier est le débat de l'amour charnel et de l'amour spirituel, et l'absence de la clarinette châtre les chanteurs; la 'romance à l'étoile' à la deuxième scène du IIIe acte est chantée par Wolfram quand il regarde s'éloigner Elisabeth. Version contournée de 'Cosima le quitte?'.

330 - 24-9 '... il s'est éveillé deux fois, poursuivi par un mauvais rêve qui vient toujours le tourmenter quand il n'est pas bien : je le quitte; cette fois, au surplus, les enfants s'en mêlent, ils le regardent avec une expression sournoise et lui disent qu'ils viendront bien le voir une fois par mois'.

i Agr-P
(encore i Agr-P)
o d b Aff

331 -
noté le 5.10 '(R. a fait deux rêves ces derniers jours, mais je ne sais plus quand : dans le premier, il devait épouser sa première femme, et cela lui était d'autant plus pénible qu'il était en relation avec moi'.

r b Sex
i Sex

332 - ibid. 'Dans l'autre, il jouait quelque chose qu'il venait de composer pendant que je dormais, mais en dormant, je donnais des signes de mécontentement: 'Oh! là là!' et lui-même trouvait son œuvre affectée)', III, p. 650.

b Consi
i Agr-V
d Beauté-Esth

333 - 14-10 'R. rêve que j'ai de multiples critiques à faire au poème des Nibelungen et que je lui décris mes doutes dans une lettre de douze pages', III, p. 652.

i Agr-V
(i Agr-P?)

Variante du rêve permanent 'Cosima le quitte'. RW a toujours montré de l'humeur dès qu'on ne partageait pas entièrement ses appréciations, ses enthousiasmes. On peut penser qu'il se sent abandonné dès le moment que Cosima cesse de manifester une adhésion inconditionnelle. Difficile de décrypter le sens des 'douze (ans)'. En 1868, c'est en octobre que le couple a pris la décision de ne plus se séparer, et c'est précisément le 14 octobre que Cosima part avec ses quatre filles pour Munich en vue d'une explication ultime avec Hans von Bülow. Le rêve résume-t-il par ce renvoi à 'douze' le cheminement intérieur de la séparation?

334 - 16-10 'R. rêve que je suis partie et qu'il me court après, trottant le long du train, il crie nerveusement en direction d'Ansbach'.

i Agr-P
b Sex
b Agr-V

Ansbach est une petite ville proche de Bayreuth. En fait, le couple vient de s'installer à Venise, au palais Contarini.

335 - 23-10 'R. rêve qu'il doit diriger le *Vaisseau fantôme* à Munich, il a déjà installé les enfants, il veut se rendre à sa place, mais on le retient, et, à son grand énervement, l'œuvre commence sans lui', III, p. 654.

Tâche
i Consi
b Prot
i Agr-P

Cette œuvre qui démarre sans lui est celle du salut par l'amour...

336 - 7-11   '... R. somnole, il fait des rêves terribles, Fidi tombe à l'eau', III, p. 659.

Ten
Danger

337 - 8-11   'R. rêve d'un point blanc qui devient un cheval bleu, ce cheval introduit l'empereur d'Autriche dans ses rêves, l'empereur tend très gentiment à R. une main énorme qui se révèle être celle de Gedon', III, p. 659.

i Consi
i Aff

Lorenz Gedon (1843-1883) est un sculpteur-architecte (il construira le von Schak Palast à la Prinzregentenstr. à Munich), et il s'était trouvé chez Lenbach quelques jours auparavant (les Wagner sont depuis le début de novembre à Munich). Il se mettra au buste de RW ce jour-là. Rêve de 'vanité' type.

338 - 21-11 'R. rêve à nouveau de froideur de ma part, et de départ'.

i Agr-P

Le couple est de retour à Bayreuth après onze mois d'absence.

339 - 2-12   'Il a rêvé d'un lièvre qui semble courir dans les airs, qui se précipite sur son flanc et s'y cache. R. me cherche pour me le montrer, mais je suis partie !', III, p. 671.

i Aff
b Cur
+ b Sex
i Agr-P

340 - 3-12   'R. a rêvé avec tant de conviction d'une grosse verrue noire qu'il se lève ce matin pour se regarder dans la glace', III, p. 672.

Danger - Mal

Quelque chose de menaçant qui grandit en lui : rêve de mort ?

341 - 30-12   'Au café, il raconte le rêve qu'il vient de faire et qui se termine par ces vers: 'Debout, vous tous, tailleurs, vaillants citoyens de Bayreuth!'', III, p. 694.

b Constr?

RW rapporte lui-même ce rêve à la réflexion que bientôt, dans moins de dix ans, les Français vont fêter le centenaire de leur Révolution. Les 'vers' cités sonnent comme une injonction belliqueuse, à la manière de la Marseillaise, mais bifurquent vers la tradition allemande, où le 'vaillant petit tailleur' des frères Grimm est le symbole de la germanité.

1881. Centrés sur Bayreuth, les Wagner se rendent à fin avril et en mai à Berlin, en septembre à Dresde, et partent pour l'hiver à Palerme, dès le début de novembre (G-D, p. 279-84)

L'essentiel reste le travail à *Parsifal*. RW orchestre l'acte I jusqu'au 25 avril, l'acte II jusqu'au 20 octobre, et, à l'arraché, termine le tout pour l'anniversaire de Cosima, le 25 décembre. Parallèlement, on prépare les décors et les costumes (Joukowski), on arrête le calendrier de la première en 1882, on amorce les répétitions dès le mois d'août. E. Humperdinck, dès janvier et jusqu'en avril suivant, établit une copie de l'orchestration, Rubinstein prépare la réduction de piano. L'avenir de Bayreuth s'est éclairci, le roi Louis II en assume le patronage et renonce même à exiger *Parsifal* pour la scène de Munich. Le renom de RW a désormais de fermes assises. Les représentations de l'*Anneau* à Berlin (en mai), du *Vaisseau* à Dresde (en septembre) sont autant de triomphes. La France s'ouvre toujours plus à son influence. Mais la santé de RW reste tendue. Il a de fréquentes crampes pectorales, que les médecins ne rapportent pas à une maladie de cœur, mais qui angoissent Cosima. Notons l'intimité nouvelle avec Gobineau, qui passe trois semaines à Bayreuth en entretiens quotidiens ('C'est mon seul contemporain', dira RW), et la visite, à Wahnfried même, de Judith Gautier, à la fin de septembre.

---

342 - 11-1   'Le neutralité de Corfou, dont je viens de rêver...', IV, p. 17.

Pas d'indication sur le sens de cette insertion de l'actualité dans les rêves de RW.

---

343 - 17-1   'R. a rêvé des idées qui m'occupent le plus profondément', IV, p. 22.

Pas d'autres indications. L'année verra de pénibles débats avec Hans, pour l'adoption des enfants que souhaite RW, et que Hans refuse (en juillet, Cosima aura avec son premier mari des entrevues douloureuses à Nuremberg).

---

344 - 25-1   'R. a rêvé de disputes avec Minna, du traitement qu'il reçoit du Grand Opéra comme presque toujours dans ses rêves (parfois 12.000 marks, parfois 6.000), puis des enfants, se demandant, mais de manière confuse, s'il se séparerait d'eux'.

i Agr(?)

b Acqui
b Aff
(b Iso?)

Pas de contexte pour éclairer les détails du rêve. Noter le retour de 12 (ce qui nous reporterait au début de 1869, où les Wagner commencent leur vie commune à Tribschen, dans l'essor du 'recommencement'), et la notation de 6 (1875/6) dont le sens n'est pas évident.

345 - 26-1 "Ma petite femme, nous ne retournerons pas à Bayreuth, Cicéron m'invite à rester ici", IV, p. 31.

i Aff
i Consi

Cosima l'entend prononcer ces paroles, mais le matin RW avait tout oublié.

346 - 31-1 'R. me raconte le rêve qu'il vient de faire: nous étions chez nous, dans une pièce, mais pas dans cette maison, il était debout devant la cheminée, je commençais à jouer de manière très mélancolique; il s'était demandé ce que c'était, peut-être du Chopin, mais il s'était presque endormi; je l'avais alors regardé avec une expression d'extase douloureuse, ce regard qu'il connaît si bien, puis j'avais continué à jouer avec une tristesse croissante une sorte d'improvisation, il s'était approché de moi, m'avait touché la main, m'avait dit: 'Ah! arrête!' et il avait alors remarqué que j'étais à genoux: 'Mon père s'en va aujourd'hui, il faut que je l'accompagne', 'ah! alors, il faut que je me prépare aussi', il était allé dans sa garde-robe, avait voulu faire du feu, aucune allumette ne prenait; tout à ce travail, il remarquait l'un des grands chiens, 'comment est-il venu là?' et il s'était réveillé'.

+ i Sex
d Intell
i Aff
(i Agr-P?)
o b Aff
b Aff
b Constr
Echec
(i Aff?)

Grand rêve, qui reste énigmatique. RW n'a guère apprécié la musique de Chopin, de toute façon liée pour lui à la France, à Liszt également (par l'instrument). Dès le début du rêve, Cosima le quitte, et il ne parvient pas à faire le feu qui lui permettrait de l'accompagner. Brusque substitution de l'un des chiens à la présence fidèle de Cosima...

---

347 - 3-2 'Voyant dans les jardins du château un soldat (uniforme vert avec revers rouges), il se souvient d'un rêve qu'il me raconte : il y voyait les revers rouges devenir, en punition, des blessures sanglantes', IV, p. 38.

Punition (castration?)

---

348 - 15-2 'R. me raconte un rêve comique qu'il vient de faire : le comte Du Moulin, qui est bègue, avait lu son article, et avait si bien buté sur le mot *Bitzbarkeit* (je lui avais fait remarquer cette faute la veille) que nous avions tous beaucoup ri', IV, p. 47.

o d Intell
o i Agr-V

Il s'agit du comte Edouard du Moulin, représentant du Cercle Wagner de Ratisbonne, père du biographe futur de Cosima. Cosima en parle comme de 'notre ami' (13-3-1878). Le terme sur lequel il bute n'existe pas en allemand. Il doit s'agir, dans le manuscrit du comte, de Reizbarkeit, excitabilité, et l'hilarité du couple s'éclaire quand on se souvient que RW se reproche souvent son emportement et qu'il craint parfois que Cosima veuille le quitter pour cette raison-là.

---

349 - 26-2 '... il a rêvé entre autres choses que je ne revenais à la maison qu'à minuit et que j'annonçais tranquillement que j'avais essayé des costumes chez Lenbach : 'veux-tu donc que je me suicide tout de suite?' avait-il demandé hors de lui'.

i Agr-P
o Sens-Phy (?)
b Hum-I
Ten

Variante du rêve récurrent 'Cosima le quitte', avec une nuance de jalousie et de plaintivité. On se souvient que Lenbach est à peine plus âgé que Cosima (il était né en 1836), et que des lettres anonymes avaient déjà mêlé Cosima à d'autres de ses contemporains.

350 - 23-2   'R. rêve à haute voix en français de voleurs, et appelle la police', IV, p. 73.

i Agr
b Ret
b Ass

Dans les jours précédents, R. est vexé par un article de Saint-Saëns se plaignant qu'on donne la préférence à un Allemand (RW) sur un Français (Gounod). On veut lui voler sa place...

351 - 4-4   '... il a rêvé de communion, ce qui est sans doute la conséquence de notre dernière conversation au sujet de Parsifal; il communiait et gobait le vin, ce qui l'éveillait', IV, p. 80.

b EvBla (?)
b Nourr (?)

Rêve énigmatique dans sa signification existentielle. RW est toujours en plein travail d'orchestration.

352 - 7-4   '... et sa réflexion approfondie sur la musique de Claire se mêle dans ses rêves au malaise de Fidi, il l'entend comme si elle se rapportait à Fidi et il s'éveille plein de nostalgie', IV, p. 82.

o Danger

Fidi a une angine, et le couple a parlé la veille d'*Egmont*. La musique de Claire est celle que Beethoven a composée pour le drame de Goethe. Claire, jeune fille symbolisant le peuple dans son élan de sincérité et d'amour, a une 'chanson' au premier acte, 'Roulez, tambours, sonnez fifres!' où elle regrette de ne pas être un homme pour pouvoir suivre Egmont dans les combats. A l'acte III, nouvelle 'chanson' qui se termine par une profession de foi en l'amour ('seule est heureuse l'âme qui sait aimer!'). Au cinquième acte, Claire essaie de soulever le peuple de Bruxelles pour sauver Egmont; en vain: elle s'empoisonne pour ne pas lui survivre. Dans son cachot, Egmont voit la Liberté, sous les traits de Claire, l'assurer que sa mort ne sera pas inutile, et que la liberté du peuple hollandais en sortira. On ne sait trop auquel de ces passages le rêve de RW fait allusion, mais dans la conversation du soir précédent, il avait surtout cité une modulation dans la scène de la mort de Claire.

353 - 10-4 	'R. a eu une nuit agitée, il a rêvé de blessés et de cris d'angoisse'.
Ten
i Ass?

354 - 12-4 	'R. me raconte ce matin qu'il a rêvé de 'ses anciennes bien-aimées', toutes mêlées en une seule personne, qui se pressaient autour de lui pour entrer au théâtre, si bien qu'il était heureux d'être arrêté par les gendarmes à la suite d'une erreur', IV, p. 85.
i Sex
b Iso
b Ass
d Faute (= b EvBla)

Malgré son apparente clarté, le rêve est énigmatique dans la combinaison de réminiscences d'attachements anciens et de sentiments de culpabilité. Une fois encore, RW se rêve l'objet d'assiduités auxquelles il se dérobe.

355 - 22-4 	'R. a rêvé qu'un pape qui ressemblait au musicien Bruckner lui rendait visite, introduit par mon père (à peu près l'empereur du Brésil) et comme R. voulait lui baiser la main, c'était Sa Sainteté qui baisait la sienne en emportant une bouteille de cognac', IV, p. 89.
i Consi
i Déf-Resp
o b Acqui
o d b EvBla

On sait qu'A. Bruckner (1824-1896) était ardent partisan de RW depuis 1865; en 1868, il lui demande l'autorisation d'exécuter en avant-première la scène finale des *Maîtres chanteurs*, à Linz; il lui dédie sa Troisième symphonie en 1873; il est au premier *Anneau* en 1876, et sera à *Parsifal* en 1882. Sa dévotion est magnifiée par le rêve et devient celle du Chef de l'Eglise, mais dans le même temps, ce 'pape' est rabaissé par une mesquinerie. L'empereur du Brésil assistait en 1876 au premier festival. Liszt est à la fois magnifié et caricaturé par cette identification.

356 - 28-4 '... Il a rêvé de Madame von Kalb qui lui faisait des 'avances' [il rit beaucoup quand, pensant à *Parsifal,* je lance une note sonore; il m'appelle Chanteclair]', IV, p. 91.

i Sex
o Beauté esth
b Agr-V

Charlotte von Kalb (1761-1843), fervente de Schiller, puis de Jean-Paul, apparaît aussi dans la biographie de Hölderlin. Le 16 août 1873, parlant des femmes du XVIIIe siècle, RW dit que c'est Charlotte von Kalb la plus sympathique. Le couple en reparle en février 1878. Le 5 avril 1879, RW montre à Cosima le portrait de Ch. von Kalb, qu'il trouve très ressemblant à ... Cosima. Désir que Cosima 'lui fasse des avances'? Le commentaire qui enchaîne sur le rêve prend immédiatement distance. En donnant à Cosima le nom du coq dans le *Roman de Renart* (Chanteclerc), il la désexualise et la renvoie à ses attaches françaises, dont on sait qu'il les voyait de mauvais œil.

357 - 8-5 '... il a rêvé que Siegfried tombait dans un précipice, que nous le retrouvions sans visage (sans doute un souvenir des fouilles de Pergame), mais que nous lui rendions la vie; il voulait marcher tout de suite, mais nous étions mis en garde par une femme de ne pas le laisser marcher trop tôt, et qu'un enfant était vraiment mort'.

Danger
b Prot
o b Auto
i Ass
Mort

Le couple est à Berlin, alors que les enfants sont restés à Bayreuth. La représentation de *Siegfried* n'est pas allée comme RW l'entendait, le jour suivant. Le rêve est-il prémonitoire? L'enfant qui tombe dans l'abîme pourrait aussi être la pièce, qui demande au surplus quelques précautions ultérieures pour ne pas 'mourir' (disparaître) tout à fait. Au reste, ce ne serait pas la première fois que RW, dans un rêve, manifesterait quelque inquiétude pour l'avenir de son fils.

358 - 14-5   'R. a rêvé que je le quittais', IV, p. 98.

i Agr-P

La veille, elle n'avait pas deviné que c'était lui qui agitait la sonnette du dîner, et il s'en était fortement irrité.

359 - 17-5   'R. a rêvé que je voulais mourir à cause d'un amour malheureux, que j'étais déjà habillée pour cela, une couronne de fleurs dans les cheveux, lui, furieux, m'appelait et me disait: 'mais il y a quelques jours encore tu m'as appelé Puschel''.

i Agr-P
d i Sex

Le terme d'affection que Cosima aurait employé n'a pas de sens défini; il est du type de ceux qu'un couple invente dans son intimité. Dans le rêve n° 40, elle lui disait 'Tichtel'.

360   21-5   'R. rêve que je m'en vais et que je dis à Joukowski qui veut s'interposer qu'il n'est qu'un âne, ce qui nous met tous de bonne humeur'.

i Agr-P
o b Agr-V
Elat

L'allemand dit 'qu'il n'est qu'un mouton, Schaf', mais l'expression française littérale a d'autres connotations. Au reste, l'on ne sait pas si l'âne est Joukowski ou RW. Le rêve est d'autant plus dissonant que l'on est à la veille de l'anniversaire de RW, et que Cosima lui prépare quelque chose, qui, à dire vrai, l'exclut transitoirement de la grande salle de Wahnfried.

361 - 7-6   'R. a fait des rêves terribles: M. von Staff avait tué son chien Peps d'un coup de fusil!'.

i Agr
Ten

Il s'agit d'un voisin de Bayreuth. Cosima est surtout amie de la femme. Peps est un des chiens de RW, celui qu'il avait à Dresde en 1849, au moment de l'échauffourée. Il est mort le 10 juillet 1855 à Zurich. Malgré sa brièveté, ce rêve opère une coupe temporelle dans la vie de RW.

362 - 20-7	'... il a d'abord rêvé que je ne l'aime pas', IV, p. 130. i Agr-P
363 (même nuit)	'... puis qu'il est entouré de Juifs qui deviennent de la vermine', IV, ibid. i Agr Rêve d'hostilité fraternelle ? RW n'a sans doute jamais cessé, intérieurement, de se croire fils de Geyer, même s'il professe allègrement le contraire en public, en raison des associations juives que le nom même impose pour tout Allemand de l'époque (à tort, comme on sait maintenant). La vermine est souvent renvoi aux frères et sœurs...
364 - 19-8	'R. a eu une nuit quelque peu agitée, des rêves échevelés'. Ten
365 - 2-10	'A table, il raconte aux enfants le rêve amusant qu'il vient de faire parce qu'il s'était endormi avec un doigt dans le nez : il a vu une grotte pleine de stalactites, puis un étang de lait, et enfin la masse du cerveau sous forme de purée', IV, p. 169. — Des paysages sont difficiles à coter. Dans des tests projectifs, ils renvoient à l'insécurité du Moi (Rorschach par exemple).
366 - 5-10	'R. a rêvé de moi cette nuit, je m'en allais, il criait 'Minna!', il se lève, me raconte ce rêve ...', IV, p. 170. i Agr-P b Ass?
367 (même nuit)	'... rêve de nouveau, et me dit cette fois: 'C'était bien toi'', IV, p. 170. (encore i Agr-P) Liszt est à Bayreuth, et Judith Gautier vient d'y passer quelques jours.

368 - 14-11   'R. a crié cette nuit, et ce matin, il me dit qu'il a à nouveau rêvé que je le quittais avec quelque maudit peintre, personne de connu, que j'enlevais auparavant un tableau dans son cabinet, faisant un trou dans la tapisserie, et il ne trouvait rien à dire. Il avait eu le sentiment d'avoir été très mal élevé et il faisait en sorte que je revienne pour que je m'explique avec lui. Il sait, dit-il, ce que cela veut dire, il faut qu'il se réveille, et c'est alors que le rêve devient le plus affreux'

i Agr-P
d + i Sex
o d b EvBla
d b Agr-V
b Hum-I
b Aff
Ten
Abatt

Le rêve récurrent s'est augmenté d'images et de résonances supplémentaires. RW a plusieurs fois obscurément ressenti les séances de Cosima chez Lenbach, ou chez tout peintre qui la faisait poser. De plus il vient de s'accuser de mauvaises manières, et ajoute très gaiement qu'il est trop goinfre, qu'il mange trop de beurrées pour le café, et que cela ne lui convient pas. Un peu plus loin dans le *Journal,* à une question des enfants auxquels RW raconte son rêve, il répond : 'Justement, je pensais : puisque les enfants restent avec moi, elle finira bien par revenir'.

369 - 24-11   'R. parle de ceux de ses rêves qui reviennent sans cesse, dont l'un dans lequel il abandonne ou oublie Friederike Meyer à Paris', IV, p. 200.

b Agr-P

Il s'agit d'une actrice que RW avait vue à Francfort au printemps de 1862. Ils deviennent assez intimes pour qu'il la suive dans ses divers engagements, et qu'elle s'inscrive en parallèle avec Cosima dans la période qui précède l'aveu réciproque. Ainsi, le 7 novembre 1862, il visite Mayence avec elle, et le 13, ils partent ensemble pour Vienne. Mais au cours du même hiver, Friederike quitte Vienne et la vie de Wagner.

370 - 27-11   'R. a fait un rêve si charmant à propos de mon père qu'il en est presque inquiet. Il chantait si bien des pages des *Maîtres chanteurs* que R. n'avait jamais rien entendu de pareil, ils

s'embrassaient l'un l'autre, se regardaient dans les yeux longuement et profondément comme dans le plus vif épanchement d'amitié. Sulzer aussi était présent, apportant un album comprenant des illustrations tirées des *Maîtres chanteurs* : 'je n'aurais pas attendu cela de toi', lui disait R.', IV, p. 201.

Sens-Esth
b & i Aff
i Aff

Le rêve représente une coupe temporelle dans les relations entre Liszt et RW, complexes comme on l'a vu, souvent traversées de jalousie et de ressentiment, mais retrouvant constamment un nouveau souffle. Si RW est inquiet, c'est que la théorie du rêve en fonction de laquelle il s'interprète ses songes suggère que le rêve dit le contraire du réel et que des rêves trop affectueux à l'égard de quelqu'un annoncent sa mort ou un malheur qui le concerne. Sulzer est un familier du temps de Zurich : philologue, philosophe, mais surtout homme politique (1821-1897), il occupe une position directrice dans le parti démocrate de Zurich, et siégera au Conseil national (le législatif fédéral suisse) et au Conseil des Etats (la Chambre des cantons). Dans la réalité, les *Maîtres chanteurs* sont postérieurs à l'amitié avec Sulzer.

371 - 15-12   'J'ai entendu R. gémir cette nuit et s'écrier : 'Bonne Cosima !'. Il s'éveille d'humeur triste et me raconte son rêve : 'Nous étions chez ton père, Hans et Loulou aussi, et moi ; pour montrer que l'éducation est sévère chez nous, je voulais corriger Loulou en lui donnant une gifle ; elle voulait me la rendre, nous décidions de partir, Hans intervenait pour nous apaiser et nous réconcilier, il me baisait la main, je l'embrassais sur le front, nous continuions ainsi à nous donner des baisers, et il disait : 'je savais bien que tu n'aurais pas répondu à tout ton amour pour moi si tu n'y avais mis le prix le plus élevé' ; là-dessus, il voulait sortir ; au moment où il ouvre la porte, son double entre, et nous fondons en larmes et en sanglots, comprenant que c'est l'annonce de sa mort', IV, p. 218-9.

i Aff
b Prot
b EvBla
b Agr-Co
i Agr-Phy
b Auto
i Aff

b Aff
i Agr-P
Mort
Abatt

Grand rêve qui met bien en lumière les relations ambiguës et ambivalentes que RW a eues avec Hans (et Hans avec lui : malgré des expressions transitoires d'exaspération ou d'hostilité, il revient sans cesse à l'admiration devant le génie de RW, et surtout devant la personnalité de Cosima). Il avait essayé de se faire attribuer entièrement la garde des enfants, sur le plan juridique de l'adoption, mais Hans avait refusé d'aller jusque-là, en juillet. Loulou, cf. n° **58**.

1882. Encore en Sicile au début de l'année, puis quinze jours à Venise en avril, retour à Bayreuth pour *Parsifal* et, tout de suite après les dernières représentations, nouvel exode vers l'Italie (Venise dès le 15 septembre) (G-D, p. 284-92).

L'œuvre de RW est maintenant partout au répertoire. La troupe d'A. Neumann la transporte avec les meilleurs artistes et les décors et costumes agréés par RW, sur les diverses scènes d'Europe. Ainsi, l'*Anneau* fera-t-il sensation à Londres au début de juin. Mais, bien sûr, l'année a son foyer incandescent en *Parsifal*. RW en achève l'orchestration le 13 janvier et recevra bientôt 100.000 marks d'avance de son éditeur. Dès le retour à Bayreuth, les travaux avancent rapidement : les décors se mettent en place dès le début de juin, les costumes suivent le 20 (avec une certaine exaspération de RW sur leur présentation), on répète les éclairages et les costumes à la fin du mois, et les répétitions 'sérieuses' commencent. Les 'premières' vont se succéder du 26 juillet au 29 août (l'emploi du pluriel est justifié par le fait que divers chefs conduiront et que les principaux rôles seront tenus en alternance par les meilleurs chanteurs et cantatrices wagnériennes du temps). Le 4 septembre, on peut faire un premier bilan réjouissant : l'excès des rentrées sur les dépenses efface les échecs du premier Festival (finalement, un excédent de 143.139,75 DM, selon une note des *Journaux*, éd. all., t. II, p. 1274). Une ombre cependant plane désormais, toujours plus sombre. RW a des crises de cœur de plus en plus fréquentes, et de plus en plus graves (lors de l'une d'elles, encore en Italie, Cosima s'évanouit), de sorte qu'il s'enfuit en Italie dès qu'il le peut pour esquiver l'hiver de Bayreuth. Au cours de cette année, il compagnonne à nouveau longuement avec Gobineau ('ils sont tous deux malades et donnent des signes de débilité', dit à ce propos G-D, p. 285) en mai-juin, et la mort de ce dernier, le 13 octobre, apprise à Venise le 25, agit comme un pressentiment. Par ailleurs, l'une des filles aînées (Blandine von Bülow) se marie (elle devient la comtesse Gravina, après des fiançailles siciliennes en mars, et un mariage mixte à la fin août). Judith vient à Bayreuth pour *Parsifal*, à la fin de juillet.

---

372 - 1-1 'R. a rêvé qu'il battait un petit garçon avec une bougie qui n'était pas propre au but qu'il poursuivait, car elle était trop molle, ce qui l'éveillait en sursaut!', IV, p. 235.

b Agr (Agr-Co?)
Mil-Inad

Le terme allemand de 'bougie' précise qu'il s'agit de suif

(Talglicht). Le symbolisme sexuel apparent a fait jaser; RW révélerait là ses penchants homosexuels, tels qu'il y en a du reste dans chaque adulte. On peut se demander cependant s'il ne traduit pas son inquiétude sourde sur la capacité de Siegfried de reprendre et de continuer son œuvre, couplée avec un retour critique sur cette œuvre même ('bougie trop molle, qui ne jette pas assez de flamme').

373 - 4-1   'R. a rêvé d'une représentation de *Lohengrin* où les chanteurs, notamment Scaria, ont oublié leur rôle', IV, p. 238.

Tâche
o d Intell

Emile Scaria (1840-1886) chantera Gurnemanz à la première de *Parsifal*. Rêve de réassurance? De fait, il ne s'est jamais produit une telle défaillance, et RW, qui vient d'avoir de sérieux ennuis de santé, a peut-être besoin de se rassurer.

374 - 5-2   '... le premier rêve de R. dans la nouvelle maison a été pour Fidi; R. était chez quelqu'un, peut-être Mathilde Maier, et dans une sorte d'embarras, il avait essayé son chapeau, Fidi lui en avait présenté un tout petit: 'tiens, papa!''.

b Sex
Ten
i Prot

Les Wagner viennent de s'installer dans une villa aux portes de Palerme. Mathilde Maier (1833-1910), fille de notaire, fait connaissance de RW en mars 1862. RW tourne autour d'elle en parallèle avec Friederike Meyer et bientôt Cosima. L'ambiance sexuelle du rêve est soulignée par le thème du chapeau qui figure chez Freud comme symbole génital masculin. Mais le détour par Fidi n'éclaire guère la signification d'un rêve qui reste énigmatique, faute d'associations personnelles.

375 - 7-2   '... il se réveille, poursuivi par ce mauvais rêve: je me détournais de lui en le raillant'.

i Agr-P
i Agr-V

376 - 26-2 'La nuit de R. a été quelque peu agitée, mais il me raconte gaiement ce matin les deux rêves qu'il a faits; le premier: 'Je

revenais auprès de Minna, celle-ci me disait que j'étais sûrement allé chez Mme Tichatschek; je répondais : oui, mais en société; elle se mettait dans une folle colère, je m'en allais; je me disais : je vais dormir à l'hôtel et demain j'irai chez un avocat, et je me disais encore : il faut que cela cesse, et elle me jetait des boules de billard '.

+ b Sex
i Agr-V
d b Auto
i Agr
b Iso
b Ass
i Agr-Phy

Joseph Aloys Tichatschek (1807-1886), ténor de Bohème qui chantait à l'Opéra de Dresde de 1838-1872, a créé là *Rienzi* et *Tannhäuser*. RW était l'idole de son ténor, et ils sortaient souvent ensemble à Dresde. Il dit de plus (18-V-1879) que sa femme (Pauline) 'avait aussi compté dans sa vie ', dans une phrase où il parle également de la Schröder-Devrient comme d'une femme qu'il 'avait'. On se retrouve donc dans des réminiscences de Dresde, dont la structure est la situation conjugale, ici avec Minna, l'escapade (reprochée, mais niée), l'exaspération et des intentions de divorce. Lumières singulières sur le monde intérieur de RW à cette date, à la veille du travail de réalisation de *Parsifal*.

377 (même nuit)	'Le second rêve : ' Je regardais de l'extérieur la fenêtre de ton père; il y avait un piano à la fenêtre et agile comme je suis, je grimpais et je jouais à ton père, quand il revenait, le thème de Marguerite; dans la rue, étonné, il levait les yeux vers sa fenêtre; pour qu'il ne sache pas qui avait joué, je voulais repartir par la fenêtre, mais je trébuchai et je me réveillai ', IV, p. 273.

Santé-Phys
b Aff
Danger
b EvBla (?)

Rêve énigmatique. RW revient sur ses relations ambivalentes avec Liszt. Son agilité (elle était restée stupéfiante, et avait épouvanté ses proches lors du premier Festival, quand il avait grimpé à la galerie de Wahnfried) lui permet de mettre en scène une farce affectueuse. Le thème de Marguerite est celui du deuxième mouvement de la *Faust-Symphonie*, de Liszt, celui de la femme attentive et profondément aimante, celui de Cosima, et RW semble par ce second rêve de la nuit corriger le premier ou marquer le contraste entre sa vie aventureuse et déserte lors du premier mariage et sa vie chantante dans le second.

378 - 7-3 'R. me dit en manière de plaisanterie que 'Mme Minna' est apparue à son horizon à la suite de congestions; *bon, je sais ce que c'est*, s'est-il dit en s'éveillant et en prenant de la baldriane. Il intervient toujours dans ces scènes la récupération d'un objet mis en gage et oublié à Paris', IV, p. 280.

b Acqui
d b Ret
(i Agr?)

379 - 10-3 'Cette nuit, j'entends R. crier: 'Vous me dites: ton Ottilie, mais vous êtes fou!' — il semble qu'il ait rêvé de Georges qui a pris des libertés qu'il ne devait pas se permettre'.

i Sex ?

Le rêve est trop confus pour être véritablement coté, ou interprété. Georges, cf. n° 179. Ottilie est un personnage des *Affinités électives* de Goethe, et l'on sait que le roman concerne deux couples croisés. Charlotte et Edouard sentent leur union se désagréger par l'arrivée à leur château d'Ottilie et du Capitaine. L'enfant qui naîtra des époux aura des traits des 'chers absents', le visage du Capitaine qui hante Charlotte, et les yeux d'Ottilie qu'Edouard ne parvient pas à oublier. Par ailleurs, Ottilie est le nom d'une sœur de RW (1811-1883) qui, femme de H. Brockhaus, jouera un certain rôle lors du séjour parisien des années quarante. On ne voit pas quelles libertés Georges a pu prendre, et à l'égard de qui.

380 - 5-4 'R. a eu une bonne nuit, même s'il se réveille avec ces mots: 'Je meurs, comme c'est beau!' — ... il rêve ensuite qu'il a vu dans le ciel le nom de Nadar', IV, p. 301.

Mort

Nadar, note Cosima, mettait son nom en lettres zigzaguées sur tous les murs de Paris. Désir de RW que son nom soit répandu de la même façon ?

381 - 4-5	'R. a bien dormi et s'éveille d'un rêve fort drôle dans lequel il donnait un coup de pied aux enfants'. b Agr-Co
382 - 31-5	'... ce matin, R. me raconte qu'il a rêvé que Fidi avait des favoris', IV, p. 330. Impossible de décrypter ce rêve. Il faudrait savoir quels personnages avaient des favoris. Peut-être Louis II, mais RW ne l'a plus vu depuis le 12 novembre 1880. Peut-être le rêve exprime-t-il une certaine inquiétude de ne pas voir la maturité de Siegfried, qui va avoir 13 ans.
383 - 14-6	'R. a eu une nuit agitée, il se plaint des cauchemars qui l'angoissent encore le matin', IV, p. 340. Ten
384 - 16-6	'R. a bien dormi, mais avec bien des rêves, deux fois au sujet de l'Empereur d'Allemagne, celui-ci lui faisait une visite fort amicale, R. lui baisait la main, l'impératrice était aussi fort gracieuse mais, au moment de partir, au lieu d'emprunter l'escalier, ils partaient par une sorte d'échelle prévue pour les poules; R. se demandait comment ils allaient pouvoir passer, et cela le réveillait', IV, p. 342. i Consi b Déf-Resp (encore i Consi) Danger
385 - 20-6	'... Il raconte quelques-uns de ses rêves les plus fréquents; il n'a pas envoyé de l'argent à sa femme Minna; il est avec le roi Frédéric-Guillaume IV sur un pied d'intimité; il donne d'anciens opéras de lui qui n'ont pas de succès; il doit aller percevoir de l'argent à Paris, mais il en a honte car c'est une indemnité, puis ce qu'il appelle ses rêves de 'lâcheté''. d b EvBla d + b Sex

i Consi
i et b Aff
échec b Constr
b Acqui
b EvBla
r b Auto (?)

386 - 27-6 '... il a rêvé qu'il comparaissait devant un tribunal et qu'il avait à y subir des choses désagréables!', IV, p. 551.

i EvBla
i Agr

Rêve de réassurance? On en est aux préparatifs ultimes pour *Parsifal* dont on essayera les décors le lendemain.

387 - 28.6 'R. a eu une bonne nuit, bien qu'il ait rêvé avec beaucoup de vivacité', IV, p. 352.

—

Pas d'indications qui précisent une cotation.

388 - 4-7 'Il s'endort tout doucement, et nous sommes très amusés lorsqu'il prononce après peut-être deux minutes de sommeil en gémissant le nom de tante Schinkel qu'il voit dans le jardin enchanté', IV, p. 356.

—

Il s'agit de la sœur de la mère de H. von Wolzogen, née sans doute vers 1820, assez mêlée au ménage pour qu'on l'appelle 'tante', notamment dans les Lettres à Daniéla. *Parsifal* le hante.

389 - 9-7 'R. a eu une bonne nuit, même si elle a été animée par des cauchemars',

Ten

On est en pleine répétition de *Parsifal*.

390 - 26-7 'Je l'entends dire doucement dans son rêve: 'mes enfants, je m'en vais, je souffre ...'', IV, p. 367.

b Iso?
Mort?

Le terme allemand traduit par 'je m'en vais' est aussi celui qu'on utilise pour dire 'je quitte, je divorce'. Judith est à Bayreuth, et la veille, c'est à elle qu'il faisait des signes de respect et de dévotion alors qu'elle se trouvait sur le balcon de l'appartement de Joukowski. Cosima enregistre le fait en disant qu'il avait pris cette silhouette pour Malvida ...

Pas de rêves notés pendant le mois d'août, celui des représentations de *Parsifal*.

391 - 8-9 '... il a rêvé de grands bouleversements à l'intérieur de Wahnfried; on donnait partout des ordres pour une réception, on lui demandait qui il était, il disait son nom avec colère et très fort, il m'entendait alors rire dans une pièce contiguë et là-dessus, il s'éveillait', IV, p. 384.

Mil-Inad
i Agr-P
b Consi
i Agr-V

On prépare le départ de Bayreuth pour Venise. Les lampions sont éteints. RW vient de parler de la nostalgie qu'il a des Filles-fleurs de *Parsifal* (on sait qu'il avait beaucoup remarqué une jeune Anglaise, Carie Pringle, parmi elles, et c'est peut-être elle qui sera l'occasion de la dernière dispute de RW et de Cosima, à Venise, le jour même de sa mort).

392 - 19-9 'R. a eu une mauvaise nuit, avec des cauchemars; il a d'abord rêvé des fiançailles de Lusch'..., IV, p. 389.

Ten
i Agr-P?

Les fiançailles de Lusch (cf. n° 58) représentent peut-être une menace supplémentaire d'abandon. La maisonnée est maintenant à Venise, et vient de prendre ses quartiers dans le premier étage du Palais Vendramin.

393
(même nuit)
'... puis de deux cavaliers qui étaient avec moi et qui se moquaient par toute leur attitude de lui, R.; il s'adressait alors à eux pour leur donner à comprendre qu'il savait quelle vie ils menaient; je me fâchais; eux demandaient si c'était bien d'eux qu'il avait parlé. R. répondait: 'oui', et sur leurs menaces, il appelait: 'Police!'', IV, p. 389.

i Agr
b Agr-V

d o b EvBla
i Agr-P
i Agr-V
b Agr-V (encore)
b Prot

Le second rêve de la nuit précise le thème du premier: Cosima le quitte dans la mesure où elle ne s'offusque pas de la cour que lui font 'deux cavaliers' (il est difficile de discerner de qui il pourrait s'agir; des rumeurs, des lettres anonymes l'accusaient de relations avec le chef d'orchestre H. Levi (1839-1900) qui dirigera l'une des premières de *Parsifal* — notamment le 28 juin 1881, G-D, p. 281-82, qui précise les indications allusives et voilées de Cosima en date du 29).

394 - 27-9 'R. a eu aujourd'hui l'autre de ses rêves les plus fréquents: il avait volé, se comportait avec lâcheté en passant auprès de deux messieurs dont il voulait prendre le porte-feuille sans se faire remarquer, mais ils s'en apercevaient, ce qui le réveillait'

b Acqui
b Agr
b EvSou
i EvBla

Cosima ne précise pas quel est 'l'autre' des rêves fréquents. Il nous est naturel de penser qu'il s'agit de 'Cosima le quitte'.

395 - 28-9 'R. raconte le rêve qu'il vient de faire: je lui montrais en souriant une lettre signée Léopold, dans laquelle un prince demandait la main de Lusch, et il se réveillait, se sentant assez flatté', IV, p. 393.

i Consi

Pas d'indications sur ce Léopold. Pour Lusch, cf. n° **58**.

396 - 2-10 «... il a rêvé d'une représentation solennelle de *Rienzi* (quarantième année) qu'il dirigeait à Dresde, mais il s'attardait en route avec moi sur un pont; comme nous arrivions, il entendait la musique d'église du premier acte et se disait: 'la cour va regarder ce retard comme une marque d'orgueil de ma part'».

Tâche
b Agr-P
b FuiBla

Le thème du pont (cf. n° 149) revient ici, les Wagner sont à Venise, et leurs déplacements connaissent bien des ponts à passer; mais l'image renvoie aussi aux représentations de la mort en Perse ancienne, que *Parsifal* avait réveillées. La crainte de passer pour 'orgueilleux' est singulière chez le plus impérieux des musiciens, qui vit à ce moment-là une période princière dans le palais d'un noble vénitien où il occupe douze pièces...

397 - 13-10   'R. rêve qu'il voulait partir en voyage avec Sulzer; tous deux s'apercevaient qu'ils n'avaient ni argent ni bagages, ce qui leur faisait dire en riant qu'ils s'en feraient envoyer; R. cependant s'adressait à Vreneli qui était entre temps devenue bas-bleu et qui s'occupait d'un historien de la littérature !'.

Echos de Zurich et de Tribschen. Pour Sulzer, voir n° 370; Vreneli était la femme de charge à Tribschen. Est-elle figure de Cosima?

398 - 24-10   'R. a rêvé d'une nuit éclatante dans laquelle il découvrait trois planètes', IV, p. 417.

b Cur

Cosima parle d'une comète qui aurait été visible, mais que RW, éveillé à tort à plusieurs reprises, finit par manquer. Le rêve compenserait avec surabondance.

399 - 26-10   (la nuit qui suit l'annonce de la mort de Gobineau, 1816-1882, donc presque exactement contemporain de RW), 'R. a rêvé de Gobineau, il parlait beaucoup, ce qui était sa manière', IV, p. 419.

b Aff
Mort

400
(même nuit)   '... il a rêvé de Herwegh, il faisait du patin à glace avec lui', IV, ibid.

b Aff
Mort

Sur Georg Herwegh (1815-1875), autre contemporain presque exact, voir n° 140. On notera que les deux rêves de la nuit évoquent des morts.

401 - 28-10   'R. est triste dans son sommeil, j'entends des paroles indistinctes que je devine plutôt que je ne les comprends et je l'entends s'écrier enfin doucement: 'Pauvre petite femme!'. Il parle enfin de barques que Biagino a détournées de Gênes. Il se réveille et me raconte que Biagino avait, dans son rêve, fait de la contrebande'.

Ten
(Mort?)
(b Prot?)
o b Acqui
o d b EvBla

Biagio, comte de Gravina († 1897) a épousé le 25 août 1882 Blandine von Bülow, la deuxième fille de Cosima. Il ne semblait guère financièrement à l'aise.

402 - 29-10   'R. a rêvé de Minna', IV, p. 421.
—
... et rappelle ensuite des disputes et l'incident de Königsberg (sans doute la fuite de Minna avec un tiers, en suite de laquelle, à Dresde, la mère de Minna lui aurait fait une scène violente).

403 - 31-10   'Au début de la nuit, R. a eu un rêve d'angoisse, on voulait m'assassiner et il ne pouvait me défendre', IV, p. 423.

o i Agr
n Prot
Echec

Variante sanglante de 'Cosima le quitte'...

404 - 7-11   '... il fait encore un mauvais rêve à mon sujet: 'Je te disais en pleurant: je sais bien que tu veux te débarrasser de moi, que tu veux partir'', IV, p. 427.

Abatt
i Agr-P

405 - 15-11   'Au dîner, il se rappelle le rêve qu'il a fait et me le raconte. Il avait un chapeau étrange et   grand dont des franges pendaient et le gênaient beaucoup; il voulait les redresser, il voyait alors une énorme sauterelle qui lui faisait très peur', IV, p. 435.

Mil-Inad
b Constr
Danger

Il venait d'appeler Cosima pour lui montrer une sauterelle à grands yeux. Le rêve semble chargé de symboles sexuels, ceux que repérait Freud : le chapeau est symbole génital, les franges qui pendent représenteraient l'impuissance, on voit dans le 'redressement' le désir d'érection et la sauterelle aux grands yeux représenterait la menace de castration. Il faudrait mieux connaître la vie intime du couple pour décider de l'adéquation de telles interprétations.

406 - 27-11   '... il me raconte qu'il a rêvé d'un beau jardin appartenant aux Wesendonk, toujours le même, et qu'il a vu assez souvent dans ses rêves un jardin qu'ils se sont acheté après l'interruption de leurs relations. Cette fois, la femme nous avait invités à le visiter', IV, p. 445.

Mil-Adéq
b Cur
i Aff (i Sex?)

Le 'jardin' joue un rôle important dans les derniers mois de RW. Celui de *Parsifal* contenait les Filles-fleurs, images de la volupté. Ici l'on revient sur la relation zuricoise, mais neutralisée, et Cosima est associée à une 'visite'.

407 - 13-12   'R. a eu une nuit agitée, et il nous raconte à table que ses rêves d'angoisse lui ont présenté Voltz et Batz, mais aussi Eva avec un verre de lait (prescription du médecin)', IV, p. 456.

Ten
i Agr
b Prot

Voltz et Batz sont des impresarii avec lequels RW avait conclu en 1872 un contrat pour la perception de tantièmes, et avec lesquels il a eu de graves difficultés en 1880. Ils lui réclamaient 100.000 marks pour le dégager de ses engagements. Eva (cf. n° 3) vient d'être malade, et le médecin lui a prescrit en effet de prendre du lait.

408 - 15-12   '... il rêve ensuite de moi, je dois transpercer une tour', IV, p. 458.

—

Le terme allemand 'durchbrechen', transpercer, passer à travers, entre dans des locutions comme 'son vrai naturel se révèle'. Difficile de préciser le sens de ce rêve-là.

409 - 18-12 'R. raconte à table le rêve qu'il a fait cette nuit : M. Bassani, un Israélite, présentait à mon père un 'éleuve', et R. répondait : 'On dit 'élève'; Bassani : je voulais dire Elèvi''.

Jeux de mots. Bassani ne figure pas ailleurs : ce doit être un agent de spectacle. Noter le renvoi à Lévi, voir n° 393.

410 - 30-12 '... il a beaucoup rêvé à haute voix et il me dit qu'il a rêvé que Hans était mort', IV, p. 470.

o Mort

1883. Mort à Venise (G-D, p. 292-4)

Liszt est là pour le passage à la nouvelle année, et il repartira le 13 janvier. RW tient sa cour, à laquelle H. Levi s'adjoindra le 4 février. Il a ses habitudes à Venise, il se mêlera aux foules du Mardi-Gras, le 6, jusqu'à passé minuit. Mais les malaises sont maintenant quotidiens, il y en a un particulièrement impressionnant le 7. Le 11, RW se met à une nouvelle rédaction, 'Du féminin dans l'humain'. La soirée du 12 est 'usuelle': le groupe est rassemblé dans la salle commune, RW lit (*Ondine*, de La Motte-Fouqué) pendant que Joukowski fait son portrait, puis il se met au piano, joue un thème qui date du séjour de Sicile, et, dans la lancée du conte romantique, la Plainte des Filles du Rhin, au dernier tableau de l'*Or du Rhin*.

'Le 13 février, RW fait dire par son valet qu'on se mette à table pour déjeûner sans lui. Dans son cabinet de travail, il continue la rédaction de l'essai *Du féminin dans l'humain*. Après avoir jeté sur le papier les notes: 'Pourtant, l'émancipation de la femme ne procède et ne progresse que par convulsions extatiques. Amour — tragique...', il est en proie à une crise cardiaque. Vers 15 h. 30 il meurt dans les bras de Cosima', G-D, p. 293.

---

411 - 5-1		'R. s'est bien reposé, il a parlé de moi en rêvant', IV, p. 477.

---

412 - 11-1		'J'entends R. dire en rêve: 'S'il m'a créé, qui le lui a ordonné, et si je suis son image, il s'agit de savoir si cela m'est agréable'.
		b Agr-V?
		Ce dialogue avec Dieu est hors de toute cotation possible.

---

413 - 16-1		'R. a refait son vieux rêve: il me blesse, je veux partir, et là-dessus il veut se laisser mourir de faim'.
		b Agr-V
		i Agr-P
		b Hum-I

---

414 - 18-1		'R. a rêvé que Minna l'avait vu pleurer et que cela la rendait présomptueuse (elle croyait que c'était à cause d'elle), et qu'elle maniait la cafetière de telle manière qu'il croyait qu'elle était devenue folle'.

i EvBla
Abatt
o d Intell

415 (même nuit)	'Il a rêvé ensuite que nous escaladions une haute montagne de neige et que nous avions en même temps Rus en laisse'. b Constr + b Sex i Aff Rus (cf. Introduction, p. 27). Cette escalade dans la neige, avec un chien fantomatique, a toutes les allures d'une anticipation de la mort.
416 - 20-1	'Au retour il me raconte le rêve qu'il a fait : il montait avec moi sur une haute montagne, pensait qu'il me conduisait jusqu'à ce qu'il remarque que je le soutenais ; il prenait alors conscience de l'étroitesse du chemin qui devenait toujours plus angoissante ; je m'appliquais de manière absurde à le soutenir, ce qui l'éveillait', IV, p. 487. Tâche b Prot i Prot Danger Abatt o d Intell Mort Rêve décisif, à la fois sur le moment existentiel (la santé de RW se détériore de jour en jour) et sur les nuances des relations entre époux. Cosima a toujours su donner à RW l'impression que c'était de lui que tout venait alors que sans elle, il avait accumulé les détours et les échecs et qu'il aurait sans doute achevé sa vie dans l'errance et le discrédit. Mais il est maintenant parvenu à l'épreuve suprême, et elle ne peut plus réellement la lui éviter. Le rêve les unit dans le gravissement de 'la montagne'. Ils ont longtemps et souvent parlé de leur union dans la mort, et, de fait, le décès de RW a pour un temps privé Cosima de tout élan, de toute présence au monde. Mais elle lui a survécu pendant plus de quarante-cinq ans, en assumant au début entièrement la charge de Bayreuth et en institutionnalisant sa gloire. Ce n'était certes pas une manière absurde de maintenir sa mémoire.

417 - 27-1   'R. me raconte qu'il a rêvé qu'il allait au théâtre, dans une loge avec moi, dans le vêtement de nuit violet qu'il a justement revêtu; on se conduisait mal avec lui, il ne voulait pas se montrer et devait le faire quand même, j'en étais extrêmement gênée, ce qui le réveillait'.
b Cur
Beauté physique (?)
i Agr
b Iso
i Consi
o b Hum-IA
Ten

418 - 4-2   'R. me raconte le beau rêve qu'il a fait: il était avec Schopenhauer qui était extrêmement gai et amical (il avait les cheveux tout blancs et R. se disait: 'non! qui s'imaginerait que c'était là le grand philosophe!'. R. attirait ensuite l'attention de Schopenhauer sur un vol de rossignols, mais il le connaissait déjà)', IV, p. 497.
i Consi
i Aff
b Cur
i Agr-P
Schopenhauer était mort en 1860. RW en était tout plein, dès le moment qu'il a découvert le *Monde comme...*, qu'il a lu à quatre reprises dans les mois de 1854. Il n'avait cependant pas réussi à entrer véritablement en contact avec l'homme révéré, ce que le rêve pourrait finement exprimer par le trait final (RW ne parvient pas à montrer à Schopenhauer quoi que ce soit d'inédit).

419 - 10-2   'R. a rêvé de sa mère qu'il rencontrait chez les Brockhaus, elle lui apparaissait jeune et gracieuse, telle qu'il ne peut se souvenir d'elle que grâce à son portrait, et même très élégante'.
b Aff
b Déf-Resp
Beauté physique
Sa mère était décédée en 1848. Les Brockhaus sont sans doute Friedrich (mort en 1865), qui avait épousé Louise, morte également, en 1872 (cf. n° 170). Il est accueilli dans le cercle de famille...

420 - 11-2   'R. a vu en rêve la Schröder-Devrient', IV, p. 502.
i Sex

RW ajoute à Cosima: 'toutes mes femmes défilent maintenant devant moi'. Cela, comme d'autres rêves antérieurs, tels les n°s 36, 108 et 183, laissent entendre que la cantatrice-actrice ('la chanteuse allemande' des fameux mémoires) a effectivement joué un rôle dans la vie amoureuse de RW. Elle était morte en 1860, de sorte qu'une fois encore, RW dialogue avec une morte.

421   février 1883, de la main de Daniéla
'L'un des rêves des deux dernières nuits: il recevait des lettres de femmes, l'une de Mme Wesendonk, une autre d'une femme oubliée de Papa et de Maman [peut-être Friedericke Meyer dont Papa a parlé ces derniers jours, admettant qu'elle est sans doute morte]; il n'ouvrait aucune des deux lettres, les posait de chaque côté de la table, et se disait: 'si maintenant Cosima se mettait à être jalouse...''.
i Sex
b EvBla
d b Sex
i Agr-Co?

Mme Wesendonk ne mourra qu'en 1902. Friedericke Meyer a disparu de la vie de RW depuis la période qui précède immédiatement l'ère de Cosima (elle est généralement assez maltraitée par les biographes, par exemple par Gutman, et l'on ne parvient pas à connaître les dates de sa biographie; peut-être vivait-elle encore au moment de ce rêve). Le rêve reprend cependant peut-être un élément de la vie de RW dans les tout derniers temps. Il s'était entiché d'une des Filles-fleurs de *Parsifal* une jeune Anglaise, Carie Pringle, et elle venait de lui écrire qu'elle venait en Italie et désirait lui rendre visite. Cosima, redoutant toute émotion nouvelle, s'était vivement élevée contre cette éventualité. Il semble cependant que le télégramme de l'Anglaise n'est arrivé que le 13, le jour même de la mort, ce qui rend le renvoi au rêve hasardeux. Comme cette anecdote provient de sources indirectes, et ultimement d'Isolde qui semble avoir adopté assez tôt une attitude assez hostile à Cosima, le rêve pourrait pourtant être un bon reflet des choses. De toute façon, RW semble passer en revue son existence, et prendre congé des personnages lointains dont elle était plus que chargée.

Annexe I

Fiche de travail pour l'interprétation des rêves selon Erikson/Jones

	Z Zones psychosexuelles	M Modes psychosexuels	P Zones psychosociales	Y Modalités psychosociales	G Crises dans la croissance
1.	Oral-respiratoire-sensoriel-kinesthétique	a. incorporatif-passif b. incorporatif-actif	Personne maternelle	a. accueillir b. prendre	confiance / méfiance
2.	Anal-urétral-musculaire	a. rétentif b. éliminatoire	Personnes parentales	a. retenir b. lâcher	autonomie / honte-doute
3.	Infantile-génital-locomoteur	♂ intrusif ♀ inclusif	Famille de base	a. 'faire' (faire une touche) b. 'faire semblant', jouer	initiative / culpabilité
5.	Cérébral-cortical	conceptuel	Voisinage, école communauté	se tourner vers; savoir faire: faire des choses faire des choses ensemble	ingéniosité / infériorité
5.			Groupe des pairs, groupes d'exclusion; modèles de commandement	être soi-même ou ne pas être; partager ce qu'on est	identité et refus / diffusion de l'identité
6.			Partenaires dans l'amitié et l'amour, compétition, coopération	se perdre et se trouver dans un autrui ♂ avoir et protéger ♀ avoir et produire	intimité et solidarité / isolement
7.			Division des tâches et ménage partagé	laisser être ♂ faire être ♀ prendre soin de	générativité et autorité / auto-centration
8.			'Humanité'	être par ce qu'on a été affronter de ne plus être savoir être celui qui a été	intégrité / désespoir

Annexe II

Le système de codage employé pour les rêves dans la seconde partie s'inspire de celui que B. Aron a élaboré pour coter les histoires racontées au Thematic Aperception Test de Murray (*A Manual for Analysis of the TAT,* WE. Berg, Berkeley, 1949), que nous avons adapté à la version enfantine du TAT (CAT), aux éditions Huber, Berne, 1958 (sous le titre: *Le CAT, recherches sur le dynamisme enfantin*). Par rapport au dépouillement d'épreuves projectives, la procédure est quelque peu simplifiée. C'est ainsi qu'il ne s'impose pas de prévoir des colonnes séparées pour les divers personnages du récit, puisque le rêveur *est* tous ses personnages; il n'est pas nécessaire de déterminer le héros, ni d'identifier les 'sources' des variables. Nous avons cru pouvoir nous dispenser d'attribuer des valences différentes aux variables cotées. Nous n'avons pas spécialement coté les issues ou la fin de l'histoire. Nous retenons:

I. Les variables décrivant la conduite du héros

Tendances ou besoins dirigés vers un certain effet

- *Besoins destructifs* (les numéros en corps gras renvoient aux rêves de RW)

1.1. Besoin 'agression' (b Agr)
L'hostilité est indéniable, mais indifférenciée dans son mode d'expression: besoin brut de s'en prendre à quelqu'un.
Ex.: 'il était jaloux de Lenbach' **127**.

2. Besoin 'agression passive' (b Agr-P)
On exprime son hostilité en se détournant des gens auxquels on en veut; on les ignore, on les rejette, on s'en va quand on est appelé.
Ex.: 'Et R. était hors de lui parce qu'il l'avait oublié (l'anniversaire de Cosima)' **328**.

3. Besoin 'agression physique' (b Agr-Phy)
L'attaque est directe, physique; le héros frappe, blesse, tue autrui.
Ex.: '(une dame)... à laquelle il donnait... une bourrade' **144**.

4. Besoin 'agression verbale' (b Agr-V)
L'hostilité est verbale, dédain, moquerie, raillerie, injure, gros mots.
Ex.: '... contre laquelle il ne peut se défendre qu'en lui criant: 'mais tu es morte!'' **18**.

5. Besoin 'agression coercitive' (b Agr-Co)
L'attaque sert à plier autrui à faire quelque chose dont la seule justification est le caprice du héros.

Ex.: 'C'est une chaise de poste qui arrive, mais elle est occupée par des femmes que R., furieux, veut en faire sortir' **98**.

2.6. Besoin 'humiliation soumissive-intragressive' (b Hum-SI)
Le héros se soumet, se plie à une situation désagréable, qui fait souffrir son amour-propre. Il accepte sa dégradation.
Ex.: '... mais lui ne parvenait pas à enlever son espèce de chapeau de paille qui lui tombait de plus en plus sur les yeux' **313**.

7. Besoin 'humiliation-intragressive' (b Hum-I)
L'attaque contre soi est plus prononcée, elle est physique dans le cas extrême: le héros se punit lui-même, se blesse volontairement, à la limite il se tue.
Ex.: '... et là-dessus, il veut se laisser mourir de faim' **413**.

- *Besoins constructifs*
cherchant la dépendance à l'égard d'autrui

3.8. Besoin 'assistance' (b Ass)
Le héros cherche aide et sympathie, appelle au secours.
Ex.: 'j'arrivais ainsi en soufflant jusqu'à une auberge où je demandais une voiture et un restaurant' **25**.

9. Besoin 'déférence-obéissance' (b Défob)
Le héros se plie aux désirs, ordres, injonctions d'un autrui dominant (aîné, plus fort, adulte, personne parentale).
Nous n'avons pas utilisé cette cotation dans le dépouillement des rêves de Wagner.

10. Besoin 'déférence-respect' (b Défres)
Le héros exprime respect et admiration.
Ex.: 'il voulait saluer le Khédive et toute sa suite' **313**.

cherchant l'indépendance

4.11. Besoin 'autonomie' (b Auto)
Le héros n'en fait qu'à sa tête, il désobéit, il s'échappe. Nous y avons ajouté les rêves de vol (dans les airs).
Ex.: 'R. a rêvé qu'il planait dans les airs avec moi' **9**.

12. Besoin 'isolement' (b Iso)
Le héros fait retraite, il s'isole expressément, il cherche la solitude.
Ex.: 'je sortais de mauvaise humeur' **19**.

cherchant la supériorité

5.13. Besoin 'considération' (b Consi)
Le héros cherche à se faire valoir, à gagner applaudissement ou

prestige, à se mettre en avant, à jouer un rôle bien en vue.

Ex.: 'R. me raconte qu'il a rêvé cette nuit qu'il était ministre de la reine Anne d'Angleterre' **14**.

14. Besoin 'domination' (b Dom)
    Le héros cherche à influencer la conduite ou les idées d'autrui — cette variable tend à se confondre avec le n° 5 ci-dessus. On notera b Dom lorsque l'influence cherchée est durable, ou censée l'être.

    Ex.: '... et par ironie, il se mettait à s'envoler' **232** (le contexte montre que cet envol est senti comme affirmation de supériorité).

15. Besoin 'protection' (b Prot)
    Inverse du b Ass: ici le héros donne de l'aide, vient au secours, protège, console. C'est la variable 'parentale' par excellence.

    Ex.: '... et me conseillait d'aller lentement' **11**.

cherchant l'égalité

6.16. Besoin 'affiliation' (b Aff)
    Le héros cherche la compagnie d'autrui par besoin de compagnie, d'amitié, sur un pied d'égalité. L'accent est sur ce dernier trait (l'égalité).

    Ex.: 'R. a rêvé qu'il se promenait avec Goethe, ... voulait rester près de lui' **16**.

    Il arrive que nous reprenions b Aff même quand il s'agit des époux, mais c'est alors que le rapprochement est plus affectif que sexuel à proprement parler.

17. Besoin 'sexe' (b Sex)
    Le héros cherche la compagnie d'autrui pour avoir avec ce dernier des relations sexuelles, se marier avec lui.

    Ex.: 'Hier, R. m'a raconté un rêve qu'il a fait à Bayreuth, il m'a vue avec des dents brillantes comme de l'opale, et, là-dessus, il m'a étouffée de baisers' **44**.

dirigés vers des objets (manipulation des choses)

7.18. Besoin 'curiosité'
    Le héros 'saisit' des yeux les objets, il explore activement son entourage, il pose des questions, épie, surveille.

    Ex.: 'J'allais ensuite par d'étroites rues tortueuses où je croyais reconnaître les lieux où les chrétiens s'étaient cachés lors des persécutions, je passais devant des bâtiments très étranges, des ménageries, etc.' **25**.

19. Besoin 'construction' (b Constr)
    Le héros fait quelque chose pour arriver à un résultat, il organise, met en œuvre, édifie.

Ex.: R. me raconte qu'il a dansé avec moi cette nuit, c'est-à-dire qu'il a fait une démonstration aux enfants' **31**.

20. Besoin 'acquisition' (b Acqui)
    Le héros cherche à augmenter ses possessions, à acheter, à recevoir un objet.
    Ex.: '... et qu'il en demande une avance de 4.000 thalers pour les enfants' **38**.

21. Besoin 'rétention' (b Ret)
    Le héros veut conserver ce qu'il a, il le retient, le défend, ne veut pas le lâcher ou le donner.
    Ex.: '... tandis qu'il répétait sans cesse: 'mais rendez-moi le mien, c'est un souvenir de ma femme'' **323**.

II. Les variables décrivant les forces environnementales (influences)

Dans la première section, l'analyse part de l'acteur principal, et les variables détaillent les diverses modalités de sa conduite spontanée. Cette section-ci concerne les influences que les autruis ou les choses cherchent à exercer sur le sujet. Il est clair que toutes les variables citées jusqu'ici, dans la mesure où elles sont attribuées à une autre source que le sujet, peuvent fonctionner comme influence. C'est le cas pour l'agression et ses nuances (un coup d'œil à nos cotations montrera que nous avons toujours noté 'Cosima le quitte' par i Agr-P, i dénotant l'influence en place du besoin). C'est le cas de la recherche de supériorité, de la dépendance, de l'égalité, c'est encore le cas pour les variables de la manipulation. Cependant, il a fallu introduire des variables spécifiquement liées aux provocations de l'ambiance. Ce sont:

8.22. 'Danger physique'
   (Danger) Le héros est exposé à un danger qui ne provient pas clairement d'une attaque d'autrui (elle serait cotée i Agr-Phy), mais d'un animal mal identifié, d'une force naturelle. Il risque un accident.
   Ex.: 'il traversait un pont avec moi, et me conseillait d'aller lentement, mais j'étais imprudente et tombais à l'eau' **11**.

23. 'Maladie' (Mal)
    Le héros est blessé au cours du rêve, il tombe ou il est malade, il se fait plus ou moins gravement mal.
    Ex.: 'Il a rêvé qu'il vomissait' **47**.

24. 'Mort'
    Le héros ou l'un des personnages du rêve meurent ou sont morts.
    Ex.: 'récemment, il a rêvé de son enterrement sous les marronniers' **59**.

9.25. 'Punition/Tâche'
Le héros est puni par une figure d'autorité — il est contraint par les circonstances à faire quelque chose qui lui est désagréable.
Ex.: 'Ensuite, il a encore rêvé qu'il avait volé et qu'il était en prison' **41**.

III. Tonalités affectives ('humeurs') accompagnant la conduite

Nos conduites se répartissent selon des modalités agréables ou désagréables. On en tient compte dans la cotation, en prévoyant deux degrés pour chaque tonalité affective.

10.26. 'Abattement' (Abatt)
Le héros est déprimé, triste, chagrin — il désespère.
Ex.: 'Richard me raconte qu'il s'est réveillé en pleurant cette nuit' **30**.

27. 'Tension' (Ten)
Le héros est tendu, préoccupé, se réveille en sursaut, parle en dormant, s'agite.
Ex.: 'R. a rêvé que je devais partir pour Munich et que j'avais l'air si bouleversée' **13**.

28. 'Calme' (Calm)
Le héros est détendu, satisfait, comblé, paisible.
Ex.: aucun dans notre cotation des rêves.

29. 'Elation' (Elat)
Le héros est joyeux, exubérant.
Ex.: '... et se réjouissait que je l'eusse appris à Siegfried' **11**.

IV. Aspects sensuels des conduites

Le système de codage introduit des nuances dans la gustation des situations. On peut penser que cet aspect renvoie au 'principe du plaisir', c'est-à-dire à l'agrément des rencontres de notre organisme et des aspects particuliers de notre milieu. Nous introduisons ici, comme dans le CAT, le besoin de Nourriture (b Nourr) et le besoin de Jeu (Jeu) comme facettes de la sensualité physique. En cela, nous respectons le caractère quelque peu infantile du rêve. Nous n'avons jamais pu noter la sensualité proprement sexuelle, mais elle est certainement présente plus d'une fois dans les rêves de RW: seulement, c'est Cosima qui nous les transmet, et l'on n'a aucune information sur les pratiques du couple.

11.30. 'Sensualité mentale' (Sens-Ment)
Le héros se tourne vers sa vie intérieure, il prend plaisir à ce qui se

passe en lui, à ses idées et à ses imaginations, à ses rêves. Dans la théorie de la personnalité de H.C. Smith, cet aspect correspond à l'une des cinq dimensions des traits, opposant l'introversion à l'extraversion.

Ex.: 'Le spectacle de la ville me plongea à nouveau dans le ravissement' **25**. On a d'abord coté comme Sens-Esth la beauté de l'endroit, au début de ce rêve. Visiblement, la seconde mention renvoie à une gustation centrée sur le rêve lui-même.

31. 'Sensualité physique' (Sens-Phy, plus Jeu, b Nourr)
    Le héros porte son intérêt sur ses sensations corporelles, il désire manger quelque chose de bon, il va se promener pour le plaisir de l'activité et du contact avec des choses nouvelles, il joue par exubérance de mouvements.

    Ex.: 'Depuis plusieurs jours, R. rêve de charmants paysages à travers lesquels il se promène avec Rus' **158**.

32. 'Sensualité sexuelle, (Sens-Sex)
    Le héros porte son attention sur ses zones érogènes.

    Point d'exemple dans les rêves de Wagner. Nous l'évoquons prudemment au rêve **222**: 'Il a rêvé d'une clarinette qui jouait toute seule'.

33. 'Sensualité esthétique' (Sens-Esth)
    Le héros est attiré par la beauté, naturelle ou artistique.

    Ex.: 'il assistait avec moi à une représentation du *Vaisseau fantôme*' **102**.

V. Les régulations de la conduite

Il ne s'agit plus ici d'élans, de tendances, de pulsions appétitives, mais d'une modification dynamique de la conduite dont l'origine est la peur de la souffrance, de l'infériorité sociale, du blâme encouru lorsque la 'mauvaise conduite' est publique, ou enfin du blâme intérieur provenant de la conscience morale intériorisant les valeurs culturelles.

12.34. Besoin 'Eviter la souffrance' (b EvSou)
    Le héros agit en fonction de la crainte qu'il a de se faire physiquement mal, de se blesser, de se tuer.

    Ex.: 'il a cru que c'était un fantôme, il a crié si fort qu'il s'est réveillé' **40**.

35. Besoin 'Eviter l'infériorité' (b EvInf)
    Le héros a peur de s'exposer, de perdre la face, il fuit une situation où il risque d'être humilié.

    Point d'exemple dans les rêves de Wagner.

36. Besoin 'Fuite devant le blâme' (b FuiBla)
   Le héros a commis quelque chose qu'il sait répréhensible, et il cherche à esquisser les conséquences de son action en la masquant, en s'échappant.
   Ex.: 'il ne pensait qu'à s'échapper' 147.
37. Besoin 'Eviter le Blâme' (b EvBla)
   Le héros agit en conformité avec un principe moral, une règle de conduite qu'il accepte comme norme. Il manifeste un haut sens du devoir, il se conduit expressément bien, fait ce qu'il faut faire.
   Ex.: 'La peur que tout cela ne m'inquiète le réveillait' 177.

VI. Les variables concernant les caractéristiques favorables ou défavorables du héros ou de l'environnement

Il faut enfin faire une place à des qualificatifs déterminant soit le rêveur et ses personnages, soit le milieu dans lequel il évolue.

13.38. 'Bénéfices endogènes' (Ben Endo)
   On peut discerner ici quelques dimensions particulières, comme *Beauté physique* (Beauté), *Force physique* (Force), *Santé mentale - Intelligence* (Intell). Nous avons recouru avec parcimonie à ces cotations-là.
39. 'Privations endogènes' (PrivEndo)
   Derechef, on peut discerner: *Laideur physique, Faiblesse physique, Sottise*. Même économie que pour la variable précédente.
40. 'Bénéfices exogènes' (BenExo)
   ... avec les nuances de: *Milieu adéquat* (Adéq) et de *Milieu adéquat-Richesse* (Rich).
41. 'Privations exogènes' (PrivExo)
   ... avec les nuances *Milieu inadéquat* (Inad) et *Milieu inadéquat-Pauvreté* (Pauvr).

Des épreuves projectives aux rêves

On aura noté que la cotation n'indique pas la source de la motivation ou de l'influence, ni sa direction, comme il fallait le prévoir dans les épreuves projectives. Nous avons également simplifié les variables complémentaires. Finalement, nous n'indiquons que très rarement les conflits (la notation Cft précède, dans le dépouillement du TAT ou du CAT, les conduites en compétition), rarement la *dénégation* (d) quand la variable est formulée de manière négative (Ex.: 'là-dessus arrivait Niemann, qui lui serrait vaguement la main' 71, coté: d i Aff), jamais le rejet, ni le déplacement dans l'imaginaire. En revanche, nous reprenons la notation o pour exprimer les variables concernant un personnage 'objet':

Ex. : ' R. a rêvé de l'oncle Liszt ... il me disait d'un ton de reproche : 'Pourquoi vous maquillez-vous, ma nièce ? ' o i Agr-V (o i EvBla ?), **178**.

De même, nous reprenons la notation + pour caractériser un besoin à ce point intégré dans un acteur qu'il devient expression de sa nature. Le type en est ' ma femme ' qui renvoie à la cotation + b Sex ou + i Sex, selon les cas.

Nous avons coté deux fois notre corpus de rêves. Les différences résident surtout dans une plus grande *perspicacité* (nous cotons la deuxième fois davantage d'éléments par rêve, et le total général s'améliore de plusieurs dizaines de cotations) et non dans l'attribution de notation différente aux éléments des rêves. Les grandes catégories finissent par présenter des pourcentages analogues.

Pour la tabulation, nous ne comptons chaque variable qu'une fois par rêve.

Annexe III: Autre approche descriptive: l'analyse des contenus oniriques selon C.S. Hall

L'inconvénient majeur des notations inspirées des épreuves projectives réside dans l'absence de normes en fonction desquelles juger le corpus individuel de RW. Il existe cependant un système de codage doté d'une double échelle normative, masculine et féminine. Il émane de C.S. Hall qui l'a publié avec un collaborateur (R.L. Van de Castle) sous le titre *The Content analysis of Dreams*, Century Psych. Series, Appleton-Century-Crofts, NY, 1966. Il l'a appliqué par ailleurs à l'analyse des 37 rêves publiés de F. Kafka (Hall & Lind, *Dreams, life and literature* — a study of F. Kafka, The U'ty of North Carolina Press, Chapal Hill, 1970). Il écarte l'objection qui vient immédiatement à l'esprit, selon laquelle on ne saurait appliquer de normes à un sujet qui n'aurait pu figurer dans la population d'étalonnage: alors que les sujets des deux échelles de référence sont des étudiants des deux sexes de 18 à 25 ans, les rêves de Kafka s'inscrivent dans une période plus tardive de sa vie, proviennent d'une personne de tout autre enracinement culturel, et d'une autre période de l'histoire — et pourtant, ils ne s'écartent pas significativement, dans la grande majorité des catégories, des groupes retenus. Certes, la distance entre RW et 1.000 étudiants américains d'après la dernière guerre mondiale est encore plus considérable. Mais la comparaison de certaines des échelles proposées par Hall et le dépouillement de ses rêves, surtout quand il s'agit d'éléments plutôt formels comme le nombre et la proportion relative des modulateurs (paragraphe X ci-dessous) nous assure que l'on peut, au moins à titre d'hypothèse de travail, appliquer à RW les normes américaines. Pour en tenter la démonstration, nous avons repris de notre corpus les rêves formellement comparables à ceux des normes, c'est-à-dire les rêves comprenant entre 50 et 300 mots, soit les n°s 11, 19, 24, 25, 29, 32, 53, 57, 58, 71, 81, 86, 98, 100, 101, 103, 105, 106, 112, 116, 132, 135, 141, 149, 150, 159, 161, 165, 177, 179, 181, 183, 184, 190, 193, 198, 201, 208, 216, 220, 230, 237, 248, 256, 270, 299, 300, 323, 324, 327, 328, 329, 346, 368, 370, 371, 376, 377, 393, 397, soit un total de 61. Nous avons repris les libellés allemands, et pratiqué un peu d'indulgence quant à la borne inférieure pour ne pas trop restreindre notre population.

Nombre de mots par rêve	Nos de rêves
48 - 52	11
53 - 57	9
58	4
63	2
68	5
73	4
78	2
83	3
88	3
93	2
98	0
plus de 102	11

Cette distribution en J aplati a pour conséquence que l'on doit s'attendre à moins d'éléments par catégorie; les comparaisons se faisant par proportion, on renoncera à tirer trop parti des différences résultant d'un ou de deux cas de divergence seulement.

Rêves retenus pour le codage de l'Annexe III

O	S	Car	Agress.	Amicale		Sexuelle				Activ.	Succès Incas	
O	Echec	M-Fort	G-Fort	Emot.	M	T	N	OI	OE	CA	CW	PE	Activ.	LI	WD

Fig.: Fiche de cotation utilisée pour chaque rêve.

I. Le cadre du rêve (Setting)

Procédant comme pour l'analyse d'une pièce de théâtre, on commence par fixer le décor général. RW en présente 1.08 en moyenne $< \genfrac{}{}{0pt}{}{1.29}{1.31}$ (à partir d'ici tous les chiffres concernant RW seront comparés aux normes USA, le chiffre des M sur la ligne supérieure, le chiffre des F sur l'inférieure).

Ce léger déficit reflète sans doute l'imparfaite *transmission* des rêves. Les étudiants du groupe normatif notent eux-mêmes leurs rêves, et les 500 rêves sont constitués de 5 rêves de 100 étudiants. On peut estimer que le double criblage, de RW à Cosima, et de celle-ci à son *Journal* a fait tomber les indications de cadrage.

Intérieurs : $.68 < \genfrac{}{}{0pt}{}{.44}{.55}$ On note que RW est plus proche des normes
Extérieurs : $.26 < \genfrac{}{}{0pt}{}{.47}{.35}$ féminines, et que l'effet de la transmission se marque dans la forte proportion des rêves
Pas de cadres : $.16 < \genfrac{}{}{0pt}{}{.02}{.01}$ sans cadres.

C. familiers : $.50 < \genfrac{}{}{0pt}{}{.31}{.37}$ Va dans le sens des normes F. La forte proportion provient aussi, sans doute, de la prédominance des 'Intérieurs' sur les 'Extérieurs'. Dans la cotation, on a rangé dans les C. familiers les indications comme théâtre, loge, etc.

C. géographiques : $.19 < \genfrac{}{}{0pt}{}{.08}{.04}$ Ce trait renvoie sans doute aux mille voyages de RW, qui se trouve 'chez lui', dans presque toutes les scènes d'Europe.

Très peu de cadres 'discutables' (questionable), sans doute en raison des notations par Cosima.

Un peu plus de cadres peu familiers $.26 < \genfrac{}{}{0pt}{}{.19}{.10}$, cette fois en direction du groupe M, et sans doute en relation avec le caractère créateur du rêve chez RW.

En combinant les catégories, on constate que RW présente, comme le groupe F, une prédominance des 'intérieurs familiers', $.31 < \genfrac{}{}{0pt}{}{.18}{.26}$, et un certain excès d'Intérieurs géographiques (voir plus haut).

Au total, les rêves de RW concernent plutôt des cadres *intérieurs*, trait féminin, plutôt des cadres familiers (id), et dispersent leur théâtre aux quatre coins de l'Europe; ils sont probablement plus 'créateurs' que les rêves de référence.

II. Les objets du rêve

Dans le décor viennent prendre place des accessoires; on va compter comme objet toute chose bien circonscrite dans l'espace et le temps, généralement déplaçable ou maniable; en rupture avec les consignes de Hall, nous intégrons dans une des catégories les œuvres théâtrales et musicales (notamment les opéras) que l'on peut assimiler, chez un musicien comme RW, à des *choses* fortement structurées.

RW en présente un total de 254, couvrant presque toutes les catégories de Hall (sauf quatre). La moyenne de $4.16 < \genfrac{}{}{0pt}{}{4.8}{5.3}$ est un peu inférieure, dans le sens du groupe M, mais sans doute explicable par la brièveté générale des rêves de RW.

1. Architecture: RW $.20 < \genfrac{}{}{0pt}{}{.27}{.32}$ Proportion un peu inférieure aux normes, mais en partie pour la raison indiquée ci-dessus (qui influe sur toutes les proportions du chapitre).

Dans les sous-catégories, seules sont fournies les AE (bâtiments de divertissement où figurent les théâtres), et les AD (détails de bâtiment, chambre, scène, etc.), mais pour des proportions fort restreintes.

2. Objets de ménage: RW $.07 < \genfrac{}{}{0pt}{}{.08}{.10}$ On s'étonne qu'il n'y ait pas plus de ces objets-là, en raison de la prédominance des intérieurs.

3. Aliments et boissons: RW $.03 < \genfrac{}{}{0pt}{}{.02}{.02}$ Rien à tirer de différences aussi minimes, sauf l'avertissement de ne pas accorder trop d'importance aux rêves où ces objets figurent chez RW, puisqu'il en présente finalement peu, et reste dans les normes.

4. Instruments: RW $.02 < \genfrac{}{}{0pt}{}{.07}{.02}$ On reste dans la direction du groupe F, avec une prédominance des instruments récréatifs (musique). On notera cependant la rareté des notations de ce genre.

5. Objets liés au voyage: RW $.08 < \genfrac{}{}{0pt}{}{.11}{.08}$ La proportion est dans la direction F, et étonne chez un voyageur comme RW. On notera qu'il n'a pas connu le monde des autos, qui figurent en bonne place dans le groupe USA M.

6. Objets liés aux routes, carrefours, ponts, rails, etc.: RW $.04 < \genfrac{}{}{0pt}{}{.07}{.04}$ trait plutôt F.

7. Régions (cette catégorie concerne tout ce qui est enclos dans le paysage, cité, village, champ de jeu, cimetière, camp militaire, etc.): RW $.03 < \genfrac{}{}{0pt}{}{.06}{.05}$

8. Nature (tous les objets existant en plein air, arbres, etc.): RW $.05 < \genfrac{}{}{0pt}{}{.09}{.08}$

9. Corps humain et ses composantes: RW $.13 < \genfrac{}{}{0pt}{}{.10}{.12}$ catégorie assez peu fournie chez RW, comme dans les rêves normatifs. On s'en étonnera à juste titre, en fonction des années pénibles pendant lesquelles Cosima note ces rêves, hantées par l'érésipèle, par les crampes, par les arrêts de digestion ou de cœur. Dans les sous-sections de cette catégorie, RW ne mentionne ni l'intérieur du corps (au moins pas dans les 61 rêves de l'échantillon), ni les parties génitales. Il cite:

- la tête: $.07 < \genfrac{}{}{0pt}{}{.03}{.06}$ trait plutôt F

- les extrémités (pas de différence avec les groupes normatifs): $.04 < \genfrac{}{}{0pt}{}{.04}{.03}$

- le torse (idem, proportion très basse, .01 partout).

10. Les pièces d'habillement: RW $.07 < \genfrac{}{}{0pt}{}{.06}{.10}$ dans la direction des F.

11. Les objets liés à la communication (cf. plus haut): RW $.22 < \genfrac{}{}{0pt}{}{.04}{.04}$

De toute évidence, les groupes de référence ne rêvent pas qu'un chef malicieux introduit une cavatine inopportune dans l'opéra sorti de leur plume...

12. Argent (monnaie): 10 mentions au total dans les 61 rêves retenus, c'est assurément peu pour un impécunieux notoire... RW $.04 < \genfrac{}{}{0pt}{}{.02\,(.015)}{.01\,(.007)}$ mais c'est tout de même nettement plus que dans les groupes de référence.

13. La catégorie 'divers' (tous les objets non classés ci-dessus) n'est indicative ni pour RW, ni pour les groupes USA.

Un regard d'ensemble sur le paragraphe fait ressortir l'allure générale des mentions d'objets, très analogue chez RW et dans les groupes de référence. Cela nous donne l'assurance que les normes restent applicables, malgré les différences évidentes d'âge, d'ère historique, et de niveau culturel.

III. Les personnages

Le personnage principal est bien entendu le rêveur, au point que l'on prétend souvent que c'est lui aussi qui se dissimule derrière les autres protagonistes du rêve. Dans le décodage de Hall, chacun est identifié par un symbole à quatre variables, le nombre, le sexe, l'identité et l'âge (ainsi Cosima apparaît sous 1 FWA, Louis II sous 1 MPA, Siegfried d'abord, comme bébé, sous 1 MAB, puis sous 1 MAC).

RW cite 158 personnages, entrant dans 45 catégories différentes, $2.6 < \genfrac{}{}{0pt}{}{2.4}{2.8}$ en moyenne par rêve, exactement comme les groupes normatifs, dans la direction F.

1. Les animaux : RW en met en scène 12, généralement isolés, deux fois métamorphosés. La seule indication normative intéressante porte sur le total :

   RW $.08 < \genfrac{}{}{0pt}{}{.06}{.04}$ la proportion est un peu plus forte que dans les groupes normatifs, dans la direction M.

2. Les personnages humains : RW 146 $.92 < \genfrac{}{}{0pt}{}{.94}{.96}$

Parmi ce total, il utilise 22 catégories de personnages individuels, avec un total de 115 :

RW $.72 < \genfrac{}{}{0pt}{}{.69}{.72}$, dans la moyenne des F.

Il rêve de personnages masculins pour un total de 73, $.46 < \genfrac{}{}{0pt}{}{.53}{.38}$ moins que les M du groupe USA, plus que les F, dans cette dernière direction.

Ses 51 personnages féminins le situent à nouveau entre les groupes normatifs, dans la direction du groupe F : RW $.32 < \genfrac{}{}{0pt}{}{.26}{.40}$

Parmi les personnages M, 55 sont familiers . $35 < \genfrac{}{}{0pt}{}{.25}{.23}$ et 18 non $.11 < \genfrac{}{}{0pt}{}{.28}{.15}$

Pour les personnages F, les chiffres correspondants, 49, sont $.31 < \genfrac{}{}{0pt}{}{.16}{.29}$ ce qui est la proportion F, et les 2 non familiers font $.01 < \genfrac{}{}{0pt}{}{.10}{.11}$

Les rêves de RW le confrontent ainsi de préférence avec des personnages de son entourage et de son histoire. Cela est notamment dû à Cosima, qui entre dans nos 61 rêves pour une proportion de .16, sans contrepartie dans les groupes de référence, où les maris ou épouses ne figurent que pour .01 chaque fois. Au total, les 104 personnages familiers constituent à peu près les quatre cinquièmes de ceux de ses rêves, tandis que les groupes de référence n'en ont que M .45 et F .58 : une fois de plus, les chiffres le placent en dehors du groupe masculin, dans la direction, voire en excès du groupe féminin.

Dans les rêves retenus, RW ne rêve qu'une fois de son père, jamais de sa mère ni de ses sœurs, une fois de Siegfried, quatre fois de ses filles. Tous ces proches, du reste, sont également peu mentionnés dans les groupes normatifs.

Comme dans ces derniers, ses personnages sont généralement adultes $.94 < \genfrac{}{}{0pt}{}{.97}{.93}$

IV. Les interactions

Dans le théâtre intérieur du rêve, les personnages se comportent selon un scénario plus ou moins discernable. CS. Hall sépare les interactions des activités en général, non sans quelque recoupement pour les productions verbales, et certains gestes concernant d'autres personnes et non seulement des objets. Mais cela permet de conduire une étude séparée pour les trois modes d'interaction dominants, les agressions, les 'caresses' (ou conduites amicales) et les relations sexuelles.

1. Les interactions agressives : il y en a chez RW dans 36 rêves $.59 < \genfrac{}{}{0pt}{}{.47}{.44}$ ce qui est d'emblée supérieur aux proportions de référence. On discerne dans ces 36 rêves 47 agressions, réparties d'après la gravité, selon le tableau suivant :

8	meurtre	RW 0	$.00 < \genfrac{}{}{0pt}{}{.06}{.02}$
7	attaque	6	$.12 < \genfrac{}{}{0pt}{}{.22}{.15}$
6	chasse, contrainte	4	$.08 < \genfrac{}{}{0pt}{}{.15}{.13}$
5	destruct.	1	$.02 < \genfrac{}{}{0pt}{}{.06}{.04}$
5-8		11	$.23 < \genfrac{}{}{0pt}{}{.50}{.34}$
4	menace sérieuse	RW 0	$0.00 < \genfrac{}{}{0pt}{}{.05}{.04}$
3	rejet	11	$.23 < \genfrac{}{}{0pt}{}{.18}{.36}$

2 agress. verbale	24	$.51 < \genfrac{}{}{0pt}{}{.18}{.15}$
1 simple intention	2	$.04 < \genfrac{}{}{0pt}{}{.10}{.11}$
1-4	36	$.76 < \genfrac{}{}{0pt}{}{.50}{.66}$

Les dimensions précédentes ont largement légitimé le recours aux groupes normatifs, surtout celle des objets. On peut donc retenir comme caractéristique la constellation des agressions chez RW. Dans l'ensemble, tout en étant plus agressif que les références, il se sert plutôt d'agressions *moins graves* (1-4). On ne tue pas dans ses rêves, on n'attaque guère physiquement, on ne chasse ni ne contraint, on ne détruit pas les objets appartenant à autrui. En revanche, le rejet est plus fréquent que dans le groupe M (mais moins que dans le groupe F), c'est surtout sur le plan verbal que RW se donne libre cours. Le total des agressions non physiques s'élève aux trois quarts de toutes les agressions.

L'allure générale est ainsi très proche de la constellation *féminine*. Est-ce un fait de culture ou une qualité propre à RW? On notera qu'il a vécu dans une période de relative stabilité, sauf les journées de Dresde, lointaines au moment où Cosima note les rêves, et que la présence de la violence physique, dans une vie de 1869-83 même aventureuse, mais non militaire, est bien moindre qu'à notre époque de presse à sensation et de reportage TV (on a calculé que des jeunes Américains arrivaient à 18 ans en ayant pu voir 18.000 meurtres à la télévision). Il faudrait donc corroborer les résultats de cette section par des études de rêves de la fin du siècle passé. Mais comme l'indication d'une certaine féminité chez RW revient souvent dans ce livre, et qu'elle est manifeste dans divers traits de sa biographie, voire de son œuvre, on aura tendance à interpréter nos résultats actuels en les rapportant à la personne de RW.

Quand on pousse l'analyse, on constate que RW est dans la norme pour les agressions réciproques (4), qu'il est un peu plus souvent impliqué $.95 < \genfrac{}{}{0pt}{}{.80}{.80}$ qu'il agresse plus rarement, $.14 < \genfrac{}{}{0pt}{}{.31}{.28}$, qu'il est bien plus souvent victime $.70 < \genfrac{}{}{0pt}{}{.48}{.57}$ comme c'est le cas, un peu moins, dans le groupe F, il se trouve assez rarement dans la réciprocité, et est rarement témoin $.06 < \genfrac{}{}{0pt}{}{.20}{.20}$.

Généralement, le rêveur se trouve impliqué avec un ou des personnages F: Rêveur avec M, RW $.26 < \genfrac{}{}{0pt}{}{.51}{.41}$. Rêveur avec F $.46 < \genfrac{}{}{0pt}{}{.15}{.29}$ ce qui est plutôt conforme aux normes F de référence.

Quand il est victime, il l'est plus rarement de M que de F: Rêveur victime de M RW $.30 < \genfrac{}{}{0pt}{}{.53}{.43}$ Rêveur victime de F $.54 < \genfrac{}{}{0pt}{}{.14}{.24}$

Il est dans la norme quant aux agressions impliquant des animaux, un peu en dessous des deux groupes USA, RW .06 < $\genfrac{}{}{0pt}{}{.08}{.09}$

2. Les interactions amicales ('caresses')

Comme pour les agressions, RW est légèrement en avance pour les rêves 'amicaux', 28 .45 < $\genfrac{}{}{0pt}{}{.38}{.42}$ et le total des interactions qui y figurent, 34, est légèrement en dessous de ce que les groupes de référence feraient attendre : moyenne par rêve, RW 1.21 < $\genfrac{}{}{0pt}{}{1.30}{1.45}$

Pour l'intensité, nous obtenons le tableau suivant :

7	mariage	0	.00 <	$\genfrac{}{}{0pt}{}{.04}{.08}$
6	caresse	8	.23 <	$\genfrac{}{}{0pt}{}{.09}{.08}$
5	invitat.	4	.11 <	$\genfrac{}{}{0pt}{}{.08}{.15}$
4	aide, prot.	5	.14 <	$\genfrac{}{}{0pt}{}{.42}{.32}$
3	don	4	.11 <	$\genfrac{}{}{0pt}{}{.11}{.10}$
2	parole	12	.35 <	$\genfrac{}{}{0pt}{}{.20}{.19}$
1	intention	1	.02 <	$\genfrac{}{}{0pt}{}{.06}{.08}$

La constellation est ici assez personnelle, à distance des deux groupes de référence. Elle renvoie à un rêveur qui rêve de contacts caressants (non sexuels toutefois) et surtout d'échanges verbaux tendres.

Le rêveur est impliqué ici dans toutes les interactions amicales 1.00 < $\genfrac{}{}{0pt}{}{.90}{.84}$ Il est à l'origine de l'amitié dans 12 cas, .35 < $\genfrac{}{}{0pt}{}{.45}{.41}$, moins que dans les groupes de référence, il en est l'objet dans 15 cas comme dans les normes .44 < $\genfrac{}{}{0pt}{}{.45}{.46}$, il entre dans des relations réciproques dans 4, .11 < $\genfrac{}{}{0pt}{}{.03}{.01}$, ce qui tranche nettement sur les groupes USA.

RW manifeste de l'amitié ou en est l'objet à l'égard de personnages M dans 12 cas .35 < $\genfrac{}{}{0pt}{}{.44}{.47}$ ce qui le met en dessous des normes de manière sans doute significative, et ce que confirme et accentue l'analyse ultérieure, puisqu'il est amical à l'égard de M dans 2 cas seulement .06 < $\genfrac{}{}{0pt}{}{.45}{.37}$ mais il est aussi inférieur dans ses relations amicales à l'égard des F, 8 cas, .24 < $\genfrac{}{}{0pt}{}{.45}{.39}$

C'est lui qui a l'initiative dans les catégories précédentes, quand c'est lui auquel l'amitié s'adresse, même retrait par rapport aux normes USA : amitié provenant de M 10 .29 < $\genfrac{}{}{0pt}{}{.59}{.45}$, de la part de F 4 .12 < $\genfrac{}{}{0pt}{}{.23}{.30}$.

Pas de différence sensible dans le cas où les animaux interviennent.

On conclura que les rêves de RW renvoient à un désir de caresses tendres, et d'échanges verbaux, dont il tend à laisser l'initiative à autrui. La direction de ces interactions amicales reste sexuelle dans un sens très large, et RW implique de préférence des personnages féminins dans ces échanges-là.

3. Les interactions sexuelles RW 3 $.04 < \genfrac{}{}{0pt}{}{.12}{.04}$ (.036) (nombre de rêves)

Comme dans les groupes de référence, pourtant à distance de l'ère victorienne des époux W, les rêves notés 'sexuels' sont rares. Le rêveur n'y est jamais impliqué (alors qu'il l'est pour près de la totalité dans les rêves M USA, et pour les 7/10 dans les rêves F de référence). RW n'est jamais que témoin d'assiduités dont l'objet est généralement Cosima. L'intensité (que C.S. Hall cote sur cinq points, allant de relations sexuelles explicites à la simple intention ou imagination) nous situe au milieu, en 3, pour l'une, et en 2 pour les deux autres interactions relevées dans les rêves retenus.

Cette dimension n'est guère significative dans nos 61 rêves, mais elle ne l'est pas non plus dans le groupe de référence. Les censures victoriennes ont sans doute éliminé les rêves où RW aurait été acteur, et adouci l'expression du désir.

V. Les activités

Les personnages du rêve ne font pas qu'interagir: ils font toutes sortes de gestes, de mouvements, d'activités diverses. Pour les 61 rêves de RW, nous enregistrons 212 activités, soit 3.48 par rêve $< \genfrac{}{}{0pt}{}{4.72}{4.92}$. Le nombre total d'activités est ainsi sensiblement plus faible que dans les groupes de référence. Chez RW, aucun rêve ne présente plus de 9 activités, alors que dans le groupe M 6 % et dans le groupe F 7 % des rêves en comportent plus que 9. Nous avons là sans doute la plus directe incidence de la relative brièveté des rêves de RW: il semble évident qu'un rêve qui a passé par deux écluses successives (le récit de RW, la notation ultérieure par Cosima) laisse tomber un certain nombre de détails.

C.S. Hall discerne 8 sous-catégories:

1. Les activités physiques, P: RW 40 $.18 < \genfrac{}{}{0pt}{}{.27}{.20}$ tendance féminine.

   On retient ici tout mouvement volontaire du corps ou d'une de ses parties, alors que le personnage reste en place, globalement. Le critère est ici pour le cotateur d'être en mesure d'imiter le mouvement par pantomine.

2. Les mouvements, M: RW 44 $.20 < \genfrac{}{}{0pt}{}{.25}{.25}$ un peu moins fréquents que dans les normes.

   On code ainsi le changement de place à l'intérieur d'un cadre, en marchant, en courant, en grimpant, etc.

3. Les locomotions, L : RW 10 $.05 < \genfrac{}{}{0pt}{}{.08}{.07}$ différences peu significatives, dans le sens F.

   On réserve ce symbole L pour les changements de cadres par un autre moyen que l'activité musculaire, grâce à un véhicule quelconque, à un voyage, etc. On n'attribue pas L quand le rêve saute d'un cadre à l'autre sans qu'intervienne activement le personnage ou le rêveur.

4. L'activité verbale, V : RW 66 $.31 < \genfrac{}{}{0pt}{}{.22}{.26}$ excès en direction du groupe F.

   Cette sous-catégorie couvre toute vocalisation, y compris la vocalise du chant.

5. Les activités expressives, E : RW 8 $.04 < \genfrac{}{}{0pt}{}{.02}{.03}$ léger excès en direction F.

   On regroupe ici toutes les 'expressions' non verbales, comme rire, pleurer, etc.

6. Les activités visuelles, S (pour See) : RW 16 $.08 < \genfrac{}{}{0pt}{}{.12}{.12}$ léger déficit.

   On y code toute attention visuelle, voir, regarder, contempler, etc. Certains rêves, très 'prégnants', donnent l'impression que RW vit intensément par les yeux, par la contemplation. La comparaison avec les normes USA ramène cette impression à sa juste mesure.

7. Activité auditive, A : RW 6 $.03 < \genfrac{}{}{0pt}{}{.01}{.01}$ léger excès, moins que ce qu'on attendrait d'un musicien comme RW.

8. Activité interne (C, pour 'covert') : RW 22 $.10 < \genfrac{}{}{0pt}{}{.03}{.03}$ léger excès.

   On y couvre toute activité de pensée délibérée visant à résoudre un problème, à l'exception de notations comme 'je pense que c'était bleu', ou 'je ne parvenais pas à le reconnaître' plus proches du commentaire que du récit du rêve.

Dans l'ensemble, on parle davantage, on pense plus, on gesticule moins, on contemple un peu moins dans les rêves de RW que dans les groupes normatifs. Le tableau se personnalise un peu quand on est attentif à qui, du rêveur ou de ses personnages, l'activité est attribuée :

Rêves où figure le rêveur, ou le rêveur et d'autres personnages

P	M	L	V
32	28	8	59
$.15 < \genfrac{}{}{0pt}{}{.13}{.12}$	$.13 < \genfrac{}{}{0pt}{}{.16}{.15}$	$.04 < \genfrac{}{}{0pt}{}{.06}{.05}$	$.28 < \genfrac{}{}{0pt}{}{.02}{.02}$
E	S	A	C
6	16	5	22
$.03 < \genfrac{}{}{0pt}{}{.01}{.01}$	$.08 < \genfrac{}{}{0pt}{}{.11}{.10}$	$.02 < \genfrac{}{}{0pt}{}{.01}{.01}$	$.10 < \genfrac{}{}{0pt}{}{.03}{.04}$

V et C ressortent nettement, surtout les activités verbales, ce qui renvoie à une constellation de verbalisation externe et interne donnant la prédominance à des activités 'intellectuelles' ou mentales sur toutes les autres catégories. Malgré l'agilité physique de RW, qui lui faisait faire la pièce droite sur les tables de Bayreuth ou grimper à la façade de Tribschen pour épater Judith Gautier, c'est encore dans ses monologues intarissables et ses réflexions et méditations qu'on le retrouve le plus dans ses rêves.

Au reste, les personnages autres que le rêveur (48 M et 46 F) sont également en rupture de normes :

$$M\ .23 < \genfrac{}{}{0pt}{}{.12}{.10} \qquad F\ .22 < \genfrac{}{}{0pt}{}{.04}{.09}$$

mais si l'on vérifie les interactions qui reviennent également ici sous V et sous P, c'est surtout, cette fois, par ses interactions avec les M que se détachent nos rêves de RW :

D + D & ... / M   V: 29 $.14 < \genfrac{}{}{0pt}{}{.07}{.07}$

               P: 13 $.06 < \genfrac{}{}{0pt}{}{.03}{.02}$

D + D & ... / F   V: 7 $.03 < \genfrac{}{}{0pt}{}{.04}{.07}$

               P: 9 $.04 < \genfrac{}{}{0pt}{}{.02}{.01}$ (.007)

VI. La réussite (Success, S)

C.S. Hall analyse les épilogues des rêves sous deux grandes dimensions, le succès ou l'échec d'un côté, qui découle de ce que fait le personnage et dénote le prolongement de son action en fonction de son intention initiale ou de son projet. Contrairement à l'attente du sens commun ('qui dort, dîne'), le rêve ne comporte guère l'aboutissement manifeste d'efforts faits par le personnage qui rêve ou ceux qu'il met en scène. RW est dans la norme, un peu en dessus :

Nombre de rêves avec réussite : 13 $.21 < \genfrac{}{}{0pt}{}{.15}{.08}$

Un des rêves comporte deux réussites; sur le total, les succès du rêveur arrivent à 10 $.77 < \genfrac{}{}{0pt}{}{.89}{.87}$, un peu moins que les normes, avec 3 succès couronnant les efforts d'un personnage F (Cosima), $.23 < \genfrac{}{}{0pt}{}{.01}{.03}$, ce qui est nettement hors des normes, et un succès d'animal (sans contrepartie dans les groupes américains).

Les chiffres dans cette dimension sont trop faibles pour tolérer de nombreux commentaires. On marquera une tendance à se procurer, par le rêve, des sentiments de triomphe, donc à esquiver la frustration, mais cette faible tendance sera aussitôt démentie par la tonalité légèrement dépressive de nos 61 rêves de RW.

VII. L'échec

Cette dimension, l'inverse de la précédente, est peu présente dans le rêve en général (nos groupes en témoignent, M. 15, F. 10 de tous les rêves normatifs). RW détonne à cet égard : il a 28 rêves à échec, et un total de 33 échecs (.45). De plus, 32 des 33 échecs mentionnés concernent le rêveur $.97 < \genfrac{}{}{0pt}{}{.86}{.83}$ et le seul restant, un personnage F (Cosima), $.03 < \genfrac{}{}{0pt}{}{.00}{.04}$.

Voilà la tonalité dépressive annoncée. Si on la combine avec la dimension précédente, qui laisse entrevoir un 'besoin de succès', les échecs enregistrés ici sont d'autant plus douloureux.

VIII. La veine et la déveine

Parmi les 'influences' de l'environnement, C.S. Hall ne retient que les 'déveines' ('misfortunes') ou les 'veines' ('good fortunes'), l'ensemble de ce qui frustre ou gratifie le rêveur ou ses personnages sans intervention active de leur part. Il distingue 6 degrés parmi les premières :

M 1 - un personnage se heurte à un obstacle, se perd, risque d'arriver trop tard
RW 14 cas $.30 < \genfrac{}{}{0pt}{}{.28}{.30}$, il est dans la norme féminine, mais la différence n'est pas considérable entre les groupes M et F.

M 2 - ... risque de tomber ou tombe effectivement RW 6 $.13 < \genfrac{}{}{0pt}{}{.05}{.03}$
Ici, la proportion est en excès sur les groupes normatifs. On peut songer à l'importance des acrobaties chez RW, qui se traduiraient par les appréhensions de chute. Cosima et lui rapportent ces rêves à des crises de cœur.

M 3 - ... est menacé par le milieu (autrement que par la chute) 13   .28 $<\genfrac{}{}{0pt}{}{.13}{.13}$

Ici encore, la proportion est forte par rapport aux normes de même que dans les interactions agressives où RW se trouvait plus souvent victime.

M 4 - ... est impliqué dans un accident sans blessures graves, ou possède un objet qui se révèle défectueux RW 4   .09 $< \genfrac{}{}{0pt}{}{.25}{.39}$, nettement moins que dans les groupes de référence. Peut-être le même effet d'une vie plus abritée de la violence ouverte et physique que nous relevions dans notre discussion des interactions agressives.

M 5 - ... est blessé, ou malade (ce qui inclut les infirmités) RW 5   .10 $< \genfrac{}{}{0pt}{}{.21}{.25}$

Même remarque que pour M 4.

M 6 - ... est tué, est mort : RW 5   .10 $< \genfrac{}{}{0pt}{}{.08}{.10}$.   On retrouve la norme.

Au total, RW présente 34 rêves avec 47 'déveines', .53 $< \genfrac{}{}{0pt}{}{.36}{.33}$, 1.38 $< \genfrac{}{}{0pt}{}{1.13}{1.23}$ ce qui fait de lui un rêveur plus 'frustré' que nos groupes normatifs, bien que les déveines soient plutôt groupées dans les catégories 'bénignes'.

Le rêveur est concerné par 36 cas, .76 $< \genfrac{}{}{0pt}{}{.71}{.68}$ ce qui n'est guère exceptionnel, la déveine atteint d'autres personnages 10 fois .21 $< \genfrac{}{}{0pt}{}{.29}{.32}$ un peu moins que dans les groupes normatifs, deux fois des M .04 $< \genfrac{}{}{0pt}{}{.39}{.39}$, 7 fois des F .15 $< \genfrac{}{}{0pt}{}{.39}{.36}$, deux fois des animaux .04 $< \genfrac{}{}{0pt}{}{.10}{.18}$. Enfin, 5 fois la déveine est supprimée par l'évolution du rêve, .10 $< \genfrac{}{}{0pt}{}{.07}{.03}$.

Les nombres en cause sont trop exigus pour qu'on puisse pousser l'analyse comme nous y inviterait C.S. Hall dans sa table 14-27.

Quant aux 'veines' ou 'bénéfices exogènes', nous n'en avons noté que 2 .03 $< \genfrac{}{}{0pt}{}{.06}{.06}$ (ce qui n'est pas très différent des normes) — concernant toutes deux le rêveur, 1.00 $< \genfrac{}{}{0pt}{}{.90}{.79}$. Des chiffres si petits ne permettent guère de commentaires.

XI. Les émotions

C.S. Hall avoue son embarras à leur égard, et présente comme une solution de résignation la réduction de la vie émotive du rêve à cinq nuances, rapportées, dans le codage, au personnage qui les éprouve.

1. Colère (anger) RW est soupe au lait même dans ses rêves 12   .26 < $\frac{.16}{.13}$.

2. Appréhension, peur, anxiété, etc., RW 10   .21 < $\frac{.34}{.37}$ moins que les groupes normatifs : même ses rêves sont de tendance désinvolte, comme tant de ses conduites qui ont notoirement embarrassé Cosima.

3. Bonheur (Elation) 7 cas, .15 < $\frac{.20}{.20}$ un peu moins que dans les groupes USA.

4. Tristesse (abattement), l'inverse de l'émotion précédente, 10   .21 < $\frac{.09}{.13}$.

Nous retrouvons une tendance un peu dysthymique qui confirme d'autres constatations antérieures.

5. Confusion : un peu moins viscérale, cette émotion couvre les surprises, les étonnements, la perplexité, le doute, le conflit cognitif : 8   .17 < $\frac{.22}{.18}$.

RW est ici proche du groupe F.

Au total, les rêves de RW sont un peu plus teintés d'émotions que nos références M   47 cas, .77 < $\frac{.56}{.84}$ ce qui lui confère derechef une certaine féminité. C'est surtout le rêveur qui est concerné, au reste comme dans les groupes USA, il est un peu plus souvent en colère, moins souvent appréhensif ou heureux.

XII. Les modulateurs (modifiers)

On note sous ce terme général tout adjectif ou déterminant qui précise les descriptions. C.S. Hall en limite les sous-classes à 9, bipolaires en + et −. L'intérêt de la table que nous en dressons est de montrer la surprenante analogie des rêves de RW à l'égard des rêves USA, si différents par le recrutement des rêveurs et leurs autres caractéristiques. On perçoit là, dans ces convergences formelles, une sorte d'invariant dans les rêves, une structuration transculturelle et transindividuelle qui en fait peut-être un produit d'un métabolisme corporel comme d'autres sécrétions organiques.

Nombre total de modulateurs : 105, moyenne par rêve : 1.72 < $\frac{2.22}{2.92}$ (transmission ?)

C + coloré	6	.06 <	.07/.01	T + chaud	0	.00 <	.01/.01
C − achromatique	2	.02 <	.04/.05	T − froid	0	.00 <	.01/.01
S + grande taille	16	.15 <	.18/.13	V + véloce, rapide	9	.09 <	.04/.02
S − petite taille	0	.00 <	.10/.08	V − lent	2	.02 <	.01/.01
I + intense	30	.29 <	.30/.30	A + âgé, vieux	3	.03 <	.04/.04
I − faible	6	.06 <	.05/.04	A − jeune, récent	4	.04 <	.05/.04
D + dense, rempli	4	.04 <	.02/.02	E + joli, bon	13	.12 <	.05/.07
D − ténu, vide	0	.00 <	.01/.00	E − laid, mal	8	.08 <	.04/.06
L + linéaire, droit	0	.00 <	.00/.00				
L − courbe	2	.02 <	.01/.01				

L'analogie d'ensemble est nette. Tout au plus relèvera-t-on que RW ne note pas la petitesse (peut-être un signe de sa sensibilité à l'égard de sa petite taille) et utilise un peu plus, en positif comme en négatif, la dimension 'beau/laid'.

XI. L'échelle des notations temporelles

On regroupe ici toutes les notations de localisation temporelle, ou de durée. Elles sont rares dans les rêves en général, mais il y en a encore moins chez RW.

- rêves sans mentions temporelles	44	.86 <	.69/.60	forte diff. en faveur de RW
- rêves avec 1 mention temporelle	13	.21 <	.24/.24	diff. sans signification
- rêves avec 2 mentions temporelles	2	.03 <	.08/.10	
- rêves avec 3 et + mentions temp.	2	.03 <	.03/.04	

XII. L'échelle des tournures négatives

On regroupe ici les négations proprement dites, et les termes intrinsèquement négatifs, comme 'incapable', 'irremplaçable', etc. On obtient pour RW les données suivantes :

Rêves à ... tournures négatives

0	RW	20	$.33 < \genfrac{}{}{0pt}{}{.28}{.19}$	un peu en excès sur les groupes normatifs
1	RW	19	$.31 < \genfrac{}{}{0pt}{}{.29}{.27}$	un peu en excès sur les groupes normatifs
2	RW	12	$.20 < \genfrac{}{}{0pt}{}{.22}{.23}$	un peu en retrait des groupes normatifs
3	RW	10	$.16 < \genfrac{}{}{0pt}{}{.12}{.14}$	un peu en excès dans la direction F

La différence dans les proportions n'est guère interprétable. Elle provient en partie des rêves à plus de trois tournures négatives, qui figurent pour .08 chez les M et pour plus de .18 chez les F USA. On a sans doute là l'incidence de la brièveté relative des rêves retenus chez RW.

Nous ne reprenons pas les échelles que C.S. Hall nomme 'théoriques', inspirées par la psychanalyse, comme l'incorporation orale, l'accentuation de la zone buccale et les divers aspects du complexe de castration. De toute façon, les proportions citées pour les groupes normatifs feraient jouer les comparaisons sur de très petits chiffres, où la moindre différence apparaîtrait de manière excessive (il y a plus des quatre cinquièmes des rêves, dans le groupe M comme dans le groupe F, qui ne contiennent aucun renvoi à ces dimensions 'théoriques').

Nous avons noté au passage les tendances que le codage de C.S. Hall permet de discerner dans les rêves de RW. Si regroupe les comparaisons normatives faites (plus de cent cinquante dispersées dans les dimensions ci-dessus), on constate que RW se rapproche des normes M dans 11 cas, des normes F dans 45 cas.

Il s'identifie plus ou moins complètement aux groupes normatifs dans 18 cas, il s'inscrit en excès dans 41 cas, et en défaut dans 42. Ce qui finalement surnage de toutes les comparaisons faites, à part la légitimité de cette procédure elle-même, c'est une constellation de rêves de tendance un peu féminine, un peu émotive, à l'agression prononcée, mais généralement de forme bénigne (et de ce fait moins ouvertement masculine), de coloration légèrement dépressive, avec une nuance de plaintivité, bref ce qu'on est en droit d'attendre de quelqu'un d'attentif à toutes les nuances des relations humaines, pas très bien adapté aux duretés matérielles de l'existence et généralement dépendant ou exigeant à l'égard d'autrui, avec un gros problème conjugal ...

Index

*Les noms de Richard et de Cosima Wagner ne font pas partie de cet index.

Agoult d', M., 50, 61, 106, 117
Angyal, A., 11, 38, 54
Anne, reine d'Angleterre, 64, 206
Aristophane, 17
Aron, B., 204
Auber, D.F.E., 17, 139, 156

Bach, J.S., 24, 131
Bakounine, M., 29
Banville, Th. de, 52
Baudelaire, Ch., 110
Baumgartner, W., 125
Bassani, (?), 198
Batz, K.W., 197
Beethoven, L. van, 17, 64, 71, 74, 80, 116, 124, 137, 156, 157, 163, 164, 170, 179
Benedictus, 53, 114
Berlioz, H., 161, 162
Betz, F., 33, 80
Bismarck, O. (prince), 25, 36, 70, 74, 79, 87, 102, 110, 129
Blandine, voir Flavigny
Boieldieu, F.A., 109
Boni, voir Bülow, Blandine von
Borch, G. ter, 60
Brahms, J., 28, 95
Brandt, F.C., 72, 73, 118, 126

Brange (chien de Wahnfried), 160
Bredow, G.G. (auteur d'une Histoire mondiale), 146
Brockhaus, L. (sœur de RW), 26, 120, 168
Brockhaus (neveux et nièces), 97, 201
Brockhaus, O., 190
Bruckner, A., 180
Bülow, Blandine von, 24, 25, 60, 81, 109, 187, 196
Bülow, Daniéla von, 24, 25, 60, 81, 109, 117, 149, 153, 154, 185, 192, 193, 194
Bülow, F. (mère de Hans) von, 123, 124, 137, 138
Bülow, Hans von, 14, 15, 23, 25, 28, 29, 46, 51, 59, 62, 63, 74, 82, 83, 87, 88, 104, 108, 112, 117, 121, 122, 123, 146, 153, 156, 159, 161, 165, 173, 176, 185, 186, 198
Bulwer-Lytton, E.G., 17
Burckhardt, J., 16
Bürkel, L. von, 149
Burnouf, E., 89
Byron, G.G.N. (lord), 168

Calderon, P., 16
Cécilie (sœur de RW), voir Geyer
Cervantès, M. de, 15, 16

Chailley, J., 56
Charnacé, C.C. de, 140, 141
Chopin, F., 17, 108, 177
Cicéron, 177
Claudius, Madame, 158
Cornélius, P., 14, 171
Chrétien de Troyes, 123

Dahn, F., 95
Daru (comte), 16
Darwin, C.R., 16
Daumer, G.F., 31, 83, 91
Dumas, A. (fils), 81
Du Moulin, E. (comte), 178

Eckermann, J.P., 16
Edison, T.A., 141
Empereur d'Autriche, 26, 174
Empereur du Brésil, 26, 114, 180
Erikson, E.H., 11, 40, 54, 203
Eschenbach, W. von, 16
Eschyle, 16
Eugénie, impératrice, 26, 168
Euripide, 16
Eva, voir Wagner, Eva
Evans (lord), 64

Favre, J., 129
Felix, Elisa-Rachel, 37, 93
Feuerbach, L., 13
Fidi, voir Wagner, Siegfried
Flavigny, Blandine de (sœur de Cosima, épouse d'E. Ollivier), 61
Frédéric II, 108, 152
Frédéric-Guillaume IV, roi de Prusse, 25, 71, 79, 83, 107, 191
French, T., 11, 35, 37, 49
Freud, S., 32, 49, 108, 122
Fritsch, E.W., 89

Garrick, D., 17
Gaspérini, A. de, 26, 120
Gautier, Judith, 22, 51, 52, 53, 54, 59, 62, 81, 114, 117, 119, 120, 123, 127, 129, 130, 131, 135, 137, 139, 158, 159, 160, 176, 183, 187, 193, 223
Gédon, L., 174
Geyer, Cécilie (plus tard Avenarius), 49, 90
Geyer, Ludwig (père de RW?), 29, 30, 49, 89, 96, 109, 113, 129, 132, 137, 146, 171, 183
Georges (domestique), 123, 124, 141, 190
Gessler (personnage de Schiller), 108, 109
Glasenapp, C.F., 139
Gluck, C.W., 93
Gobineau, J.A. (comte de), 27, 176, 187, 195

Goethe, J.W., 9, 14, 16, 17, 25, 48, 56, 65, 163, 164, 168, 179, 190, 206
Gounod, Ch., 179
Grand-Duc de Bade, 95
Gravina, B. (comte de, mari de Blandine von Bülow), 196
Grimm (frères), 175
Guillaume Ier, Empereur d'Allemagne, 26, 74, 79, 95, 114, 162, 191
Gutman, R., 15, 202

Hall, C.S., 212, 215, 217, 218, 221, 223, 224, 225, 226
Händel, G.F., 95
Hanovre, roi de, 104
Hanslick, E., 137
Hauser, G., 31, 91
Haydn, J., 130
Hegel, G.W.F., 31
Heim, I. et E., 39, 79
Herweg, G., 27, 108, 195
Hitler, A., 29
Hölderlin, F., 181
Homère, 16
Hugo, V., 160
Humperdinck, E., 176

Impératrice d'Allemagne, 191
Italie, roi d', 145

Jachmann, A. (mari de la nièce de RW, Johanna), 147
Jean-Paul (Richter), 181
Johanna (mère de RW), 27, 28, 49, 89, 110, 111, 113, 201
Jones, R.M., 11, 20, 35, 40, 203
Joukowski, P. von, 163, 165, 171, 176, 182, 193, 199
Jung, C.G., 10

Kafka, F., 212
Kalb, Ch. von, 39, 181
Keller, G., 72, 73, 125
Kellermann, B., 141, 144
Khédive, le (vice-roi d'Egypte), 167, 205
Klindworth, K., 139, 140
Krockow, E. (comtesse de), 87, 88

Lachner, F., 125, 126
Lamartine, A. de, 13
La Motte-Fouqué, F. (baron de), 199
Lang, J., 60
Laussot, J., 66
Lenbach, F. von, 67, 103, 143, 149, 151, 174, 178, 184, 204
Lessing, G.E., 16
Lévi, H., 149, 194, 198, 199
Liszt, E. (oncle de Franz), 123, 211

Van de Castle, R.L., 212
Verdi, G., 81
Villiers de l'Isle-Adam, J.M. (comte de), 52, 59
Voltz, K., 197
Vreneli (femme de charge à Tribschen), 195

Wagner, Adolphe (oncle de RW), 72, 168
Wagner, Albert (frère aîné de RW), 81
Wagner, C.F. (père de RW), 132
Wagner, Elise (femme d'Albert), 24, 81
Wagner, Eva, 20, 25, 60, 61, 73, 107, 197
Wagner, Frédérique (tante de RW), 72
Wagner, Johanna (fille d'Albert et d'Elise, nièce de RW), 81, 147
Wagner, Isolde, 25, 73, 80, 82, 155, 202
Wagner, Siegfried (Fidi), 15, 25, 52, 62, 63, 88, 93, 98, 102, 112, 122, 126, 128, 131, 134, 138, 139, 141, 145, 146, 156, 160, 164, 165, 174, 179, 181, 188, 191, 208, 217, 218
Wagner, W. (femme de Siegfried), 140
Weber, C.M. von, 17, 154, 155, 171
Weimar, Duc de, 113
Wesendonk, Mathilde, 11, 12, 13, 23, 30, 64, 66, 92, 96, 150, 158, 159, 161, 170, 197, 202
Wesendonk, O., 13
Westernhagen, C. von, 130
Wille, E. et F., 78
Wolfram, Cl. (sœur de RW), 148, 154, 161
Wolzogen, H. von, 133, 145, 192

Xénophon, 16

INDEX 231

Liszt, F. (père de Cosima), 16, 17, 23, 27, 46, 49, 50, 52, 61, 71, 75, 77, 79, 80, 86, 87, 106, 108, 109, 117, 135, 144, 150, 152, 154, 158, 167, 177, 178, 180, 183, 184, 185, 189, 199
Loewe, K., 124, 125
Loldi, voir Wagner, Isolde
Louis II (roi de Bavière), 12, 14, 21, 24, 28, 37, 59, 63, 64, 67, 70, 71, 74, 82, 85, 86, 87, 88, 90, 92, 93, 95, 114, 119, 155, 163, 176, 191, 217
Louis-Phillipe, 86
Louise, voir Brockhaus
Loulou, voir Bülow, Daniéla von
Lusch, voir Bülow, Daniéla von
Lüttischau, W.A.A. von, 151

Maier, M., 188
Malraux, A., 56
Mann, Th., 9, 30, 57
Marke (chien de Wahnfried), 150, 160
Marschner, H.A., 122
Mathilde, voir Wesendonk
Mendelssohn-Bartholdy, F., 30, 60, 95, 98, 152, 153
Mendès, C., 51, 52, 53, 59, 114
Meyer, F., 184, 188, 202
Meyerbeer, G., 29, 30, 83, 165
Meysenbug, M. von, 193
Minna (Wagner), 11, 12, 13, 23, 26, 27, 28, 31, 36, 41, 45, 65, 66, 67, 68, 73, 84, 86, 96, 97, 98, 103, 105, 129, 133, 139, 141, 143, 150, 155, 158, 159, 161, 165, 166, 170, 172, 176, 183, 189, 190, 191, 196, 199
Moltke, H. (comte von), 26, 27, 153
Mozart, W.A., 17, 130, 168
Müller, H., 134
Muller, Ph., 42, 204
Murray, H., 204

Nadar (Tournachon), 190
Napoléon III, 26, 40, 144, 145, 168
Neumann, A., 149, 187
Newman, E., 15, 49, 50
Niemann, A., 33, 80, 85, 121, 210
Nietzsche, F., 16, 25, 59, 70, 95, 114, 119, 139, 140, 155, 166
Nuitter, voir Truinet, Ch.

Ollivier, E., 61, 64, 100

Pasdeloup, J.E., 51
Pecht, F., 72
Peps (chien domestique), 182
Pétrarque, F., 16
Piaget, J., 22

Pie IX, 26, 30, 132
Platon, 16
Pohl, R., 157
Pringle, C., 193, 202
Proudhon, P.J., 13
Prusse, reine de, 113
Pusinelli, A., 12
Putz (chien domestique), 99

Rachel, voir Felix, Elisa-Rachel
Renan, E., 17
Richter, H., 24, 114, 119, 172
Ritter, K., 66
Rietz, M., 100
Roeckel, A., 29
Rohde, E., 166
Ross (domestique), 142
Rothschild (banquier), 129
Rubinstein, A., 30, 124, 125, 132, 163
Rus (chien domestique), 27, 68, 94, 99, 107, 115, 176, 200

Saint-Saëns, C., 179
Sand, G., 78
Sans, E., 19
Sapho ou Sappho, 17
Scaria, E., 188
Schiller, F., 16, 17, 39, 109, 181
Schleinitz, M. von, 103, 131
Schnorr, L., 93
Schopenhauer, A., 16, 19, 27, 31, 49, 90, 168, 169, 201
Schott, F., 14
Scribe, E., 156
Schröder-Devrient, O., 59, 60, 116
Schröder-Devrient, W., 30, 51, 74, 98, 125, 126, 134, 189, 202
Schrön, O. von, 167, 168
Schubert, F., 17, 161
Schumann, R., 95
Schuré, E., 92
Seidl, A., 148
Semper, G., 92
Servais, A.F. ou F., 24, 116
Shakespeare, W., 16, 48, 64, 134, 148
Siegfried, voir Wagner
Smith, H.C., 209
Sophocle, 16
Staff (baron et famille, von), 156, 182
Stekel, W., 32, 33, 34, 45
Stein, H. von, 149, 163, 164
Sterne, L., 16
Sulzer, J.J., 185, 195

Talleyrand, C.M. de, 17
Tausig, K., 26, 31, 70, 73, 120
Tichatschek, P. (Madame), 189
Truinet, Ch., 143

Table des matières

Première partie
Introduction: L'œuvre, ou l'homme? 9

A. Wagner et ses trois femmes directrices 11
   Aa - Minna 11
   Ab - Mathilde 12
   Ac - Cosima 14

B. L'établissement du 'corpus' des rêves 15

C. Survol du corpus 21
   Approche quantitative 21
   Approche thématique 23

D. Choix de l'interprétation 30
   La théorie des rêves partagée par les époux Wagner 30
   D.1. L'interprétation analytique 32
   D.2. Les interprétations du contenu manifeste 34
      D.2.1. Le rêve projeté sur le conflit focal 35
      D.2.2. Le rêve comme exemple d'ambiguïté universelle 37
      D.2.3. Le rêve, témoin de la croissance intérieure 40
   D.3. Le renoncement à un schème unique d'interprétation, le codage projectif 41
   D.4. 'Cosima le quitte' 45

E. L'énigme de l'unicité 56

Bibliographie succincte 57

Deuxième partie:
le corpus des rêves 59

1869, p. 59 - 1870, p. 64 - 1871, p. 70 - 1872, p. 77 - 1873, p. 86 - 1874, p. 95 - 1875, p. 106 - 1876, p. 114 - 1877, p. 119 - 1878, p. 127 - 1879, p. 149 - 1880, p. 163 - 1881, p. 176 - 1882, p. 187 - 1883, p. 199

Annexe I: Fiche de travail pour l'interprétation des rêves selon Erikson/Jones   203

Annexe II: Principe du codage simplifié inspiré de la cotation d'épreuves projectives 204

Annexe III: Codage selon Calvin Hall et comparaison avec les normes américaines 212

Index 219

PSYCHOLOGIE ET SCIENCES HUMAINES
collection publiée sous la direction de MARC RICHELLE

1. Dr Paul Chauchard
   LA MAITRISE DE SOI, 9e éd.
5. François Duyckaerts
   LA FORMATION DU LIEN SEXUEL, 9e éd.
7. Paul-A. Osterrieth
   FAIRE DES ADULTES, 16e éd.
9. Daniel Widlöcher
   L'INTERPRETATION DES DESSINS D'ENFANTS, 9e éd.
11. Berthe Reymond-Rivier
    LE DEVELOPPEMENT SOCIAL DE L'ENFANT ET DE L'ADOLESCENT, 9e éd.
12. Maurice Dongier
    NEVROSES ET TROUBLES PSYCHOSOMATIQUES, 7e éd.
15. Roger Mucchielli
    INTRODUCTION A LA PSYCHOLOGIE STRUCTURALE, 3e éd.
16. Claude Köhler
    JEUNES DEFICIENTS MENTAUX, 4e éd.
21. Dr P. Geissmann et Dr R. Durand
    LES METHODES DE RELAXATION, 4e éd.
22. H. T. Klinkhamer-Steketée
    PSYCHOTHERAPIE PAR LE JEU, 3e éd.
23. Louis Corman
    L'EXAMEN PSYCHOLOGIQUE D'UN ENFANT, 3e éd.
24. Marc Richelle
    POURQUOI LES PSYCHOLOGUES ?, 6e éd.
25. Lucien Israel
    LE MEDECIN FACE AU MALADE, 5e éd.
26. Francine Robaye-Geelen
    L'ENFANT AU CERVEAU BLESSE, 2e éd.
27. B.F. Skinner
    LA REVOLUTION SCIENTIFIQUE DE L'ENSEIGNEMENT, 3e éd.
28. Colette Durieu
    LA REEDUCATION DES APHASIQUES
29. J.C. Ruwet
    ETHOLOGIE : BIOLOGIE DU COMPORTEMENT, 3e éd.
30. Eugénie De Keyser
    ART ET MESURE DE L'ESPACE
32. Ernest Natalis
    CARREFOURS PSYCHOPEDAGOGIQUES
33. E. Hartmann
    BIOLOGIE DU REVE
34. Georges Bastin
    DICTIONNAIRE DE LA PSYCHOLOGIE SEXUELLE
35. Louis Corman
    PSYCHO-PATHOLOGIE DE LA RIVALITE FRATERNELLE
36. Dr G. Varenne
    L'ABUS DES DROGUES
37. Christian Debuyst, Julienne Joos
    L'ENFANT ET L'ADOLESCENT VOLEURS
38. B.-F. Skinner
    L'ANALYSE EXPERIMENTALE DU COMPORTEMENT, 2e éd.
39. D.J. West
    HOMOSEXUALITE
40. R. Droz et M. Rahmy
    LIRE PIAGET, 3e éd.
41. José M.R. Delgado
    LE CONDITIONNEMENT DU CERVEAU ET LA LIBERTE DE L'ESPRIT
42. Denis Szabo, Denis Gagné, Alice Parizeau
    L'ADOLESCENT ET LA SOCIETE, 2e éd.
43. Pierre Oléron
    LANGAGE ET DEVELOPPEMENT MENTAL, 2e éd.
44. Roger Mucchielli
    ANALYSE EXISTENTIELLE ET PSYCHOTHERAPIE PHENOMENO-STRUCTURALE
45. Gertrud L. Wyatt
    LA RELATION MERE-ENFANT ET L'ACQUISITION DU LANGAGE, 2e éd.
46. Dr. Etienne De Greeff
    AMOUR ET CRIMES D'AMOUR
47. Louis Corman
    L'EDUCATION ECLAIREE PAR LA PSYCHANALYSE
48. Jean-Claude Benoit et Mario Berta
    L'ACTIVATION PSYCHOTHERAPIQUE
49. T. Ayllon et N. Azrin
    TRAITEMENT COMPORTEMENTAL EN INSTITUTION PSYCHIATRIQUE
50. G. Rucquoy
    LA CONSULTATION CONJUGALE
51. R. Titone
    LE BILINGUISME PRECOCE
52. G. Kellens
    BANQUEROUTE ET BANQUEROUTIERS
53. François Duyckaerts
    CONSCIENCE ET PRISE DE CONSCIENCE
54. Jacques Launay, Jacques Levine et Gilbert Maurey
    LE REVE EVEILLE-DIRIGE ET L'INCONSCIENT
55. Alain Lieury
    LA MEMOIRE
56. Louis Corman
    NARCISSISME ET FRUSTRATION D'AMOUR

57 E. Hartmann
LES FONCTIONS DU SOMMEIL
58 Jean-Marie Paisse
L'UNIVERS SYMBOLIQUE DE L'ENFANT ARRIERE MENTAL
59 Jacques Van Rillaer
L'AGRESSIVITE HUMAINE
60 Georges Mounin
LINGUISTIQUE ET TRADUCTION
61 Jérôme Kagan
COMPRENDRE L'ENFANT
62 Michael S. Gazzaniga
LE CERVEAU DEDOUBLE
63 Paul Cazayus
L'APHASIE
64 X. Seron, J.L. Lambert, M. Van der Linden
LA MODIFICATION DU COMPORTEMENT
65 W. Huber
INTRODUCTION A LA PSYCHOLOGIE DE LA PERSONNALITE, 2ᵉ éd.
66 Emile Meurice
PSYCHIATRIE ET VIE SOCIALE
67 J. Château, H. Gratiot-Alphandéry, R. Doron et P. Cazayus
LES GRANDES PSYCHOLOGIES MODERNES
68 P. Sifnéos
PSYCHOTHERAPIE BREVE ET CRISE EMOTIONNELLE
69 Marc Richelle
B.F. SKINNER OU LE PERIL BEHAVIORISTE
70 J.P. Bronckart
THEORIES DU LANGAGE
71 Anika Lemaire
JACQUES LACAN, 2ᵉ éd. revue et augmentée
72 J.L. Lambert
INTRODUCTION A L'ARRIERATION MENTALE
73 T.G.R. Bower
DEVELOPPEMENT PSYCHOLOGIQUE DE LA PREMIERE ENFANCE
74 J. Rondal
LANGAGE ET EDUCATION
75 Sheila Kitzinger
PREPARER A L'ACCOUCHEMENT
76 Ovide Fontaine
INTRODUCTION AUX THERAPIES COMPORTEMENTALES
77 Jacques-Philippe Leyens
PSYCHOLOGIE SOCIALE, 2ᵉ éd.
78 Jean Rondal
VOTRE ENFANT APPREND A PARLER
79 Michel Legrand
LE TEST DE SZONDI
80 H.J. Eysenck
LA NEVROSE ET VOUS
81 Albert Demaret
ETHOLOGIE ET PSYCHIATRIE
82 Jean-Luc Lambert et Jean A. Rondal
LE MONGOLISME
83 Albert Bandura
L'APPRENTISSAGE SOCIAL
84 Xavier Seron
APHASIE ET NEUROPSYCHOLOGIE
85 Roger Rondeau
LES GROUPES EN CRISE?
86 J. Danset-Léger
L'ENFANT ET LES IMAGES DE LA LITTERATURE ENFANTINE
87 Herbert S. Terrace
NIM, UN CHIMPANZE QUI A APPRIS LE LANGAGE GESTUEL
88 Roger Gilbert
BON POUR ENSEIGNER?
89 Wing, Cooper et Santorius
GUIDE POUR UN EXAMEN PSYCHIATRIQUE
90 Jean Costermans
PSYCHOLOGIE DU LANGAGE
91 Françoise Macar
LE TEMPS PERSPECTIVES PSYCHOPHYSIOLOGIQUES
92 Jacques Van Rillaer
LES ILLUSIONS DE LA PSYCHANALYSE
93 Alain Lieury
LES PROCEDES MNEMOTECHNIQUES
94 Georges Thinès
PHENOMENOLOGIE ET SCIENCE DU COMPORTEMENT
95 Rudolph Schaffer
COMPORTEMENT MATERNEL
96 Daniel Stern
MERE ET ENFANT LES PREMIERES RELATIONS
97 R. Kempe & C. Kempe
L'ENFANCE TORTUREE
98 Jean-Luc Lambert
ENSEIGNEMENT SPECIAL ET HANDICAP MENTAL
99 Jean Morval
INTRODUCTION A LA PSYCHOLOGIE DE L'ENVIRONNEMENT
100 Pierre Oleron et al.
SAVOIRS ET SAVOIR-FAIRE PSYCHOLOGIQUES CHEZ L'ENFANT
101 Bernard I. Murstein
STYLES DE VIE INTIME